みんなが欲しかった!

公務員 憲法の教科書&問題集

早川兼紹 著

はしがき

独学者も楽しく読めて、しっかり解ける！
20年以上の過去問対策がこれ１冊！

このシリーズは、学習経験のない受験生が、独学で、
公務員試験の合格を目指せるように編集された教科書＆問題集です。

「公務員試験って、科目が多くて大変…」
➡だから、１冊で知識のインプットと問題演習が両方できるようにしました！

「そもそも学習に苦手意識があって、最後まで続けられるか心配…」
➡だから、フルカラーの教科書で楽しく、わかりやすく学べるようにしました！

「文字ばかり読んでいると、眠くなってきてしまう…」
➡だから、図解を豊富に取り入れた解説を心掛けました！

「あまり試験に出ないところは避けて、効率よく合格を目指したい…」
➡だから、過去の出題データから合格に必要ない部分を大胆にカットしました！

「そうは言っても、きちんと合格できるレベルは確保してほしい…」
➡だから、合格に十分な論点はきちんとカバーしました！

時間がない、お金を掛けたくない、初学者にとってわかりやすい解説がほしい…
そんな受験生のことを第一に考え、徹底的に寄り添って作られたのがこのシリーズです。

「みんなが欲しかった！」シリーズは独学で公務員試験合格を目指す受験生の味方です。
ぜひ本書を利用して、楽しく、効率よく合格を勝ち取りましょう！

2023年３月
早川（はやかわ） 兼紹（けんしょう）

本書の特徴と使い方

❶ 教科書と問題集が合体！　でもセパレートできて学習に便利！

科目の多い公務員試験だからこそ、各科目1冊で知識のインプットと十分な問題演習ができるようにしました。これ1冊で科目学習は十分です。

また、「教科書」と「問題集」は別々の冊子に分割でき、学習しやすい仕様としました。

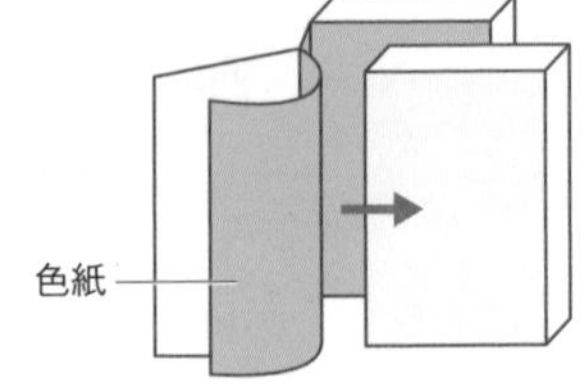

❷ まずはフルカラーの「教科書」で、見やすく、わかりやすく、楽しく学習！

初めて学習する内容は、新しい情報ばかりで頭がパンクしそうになってしまうこともあるかもしれません。そのような負担を少しでも減らすため、教科書部分はフルカラーの誌面で図解を豊富に配置し、初学者の方が少しでも楽しく学習できるように配慮しました。

まずはここを読んでその節の学習のアウトラインをつかみましょう。

視覚的に理解できるように、板書や図解を豊富に取り入れています。

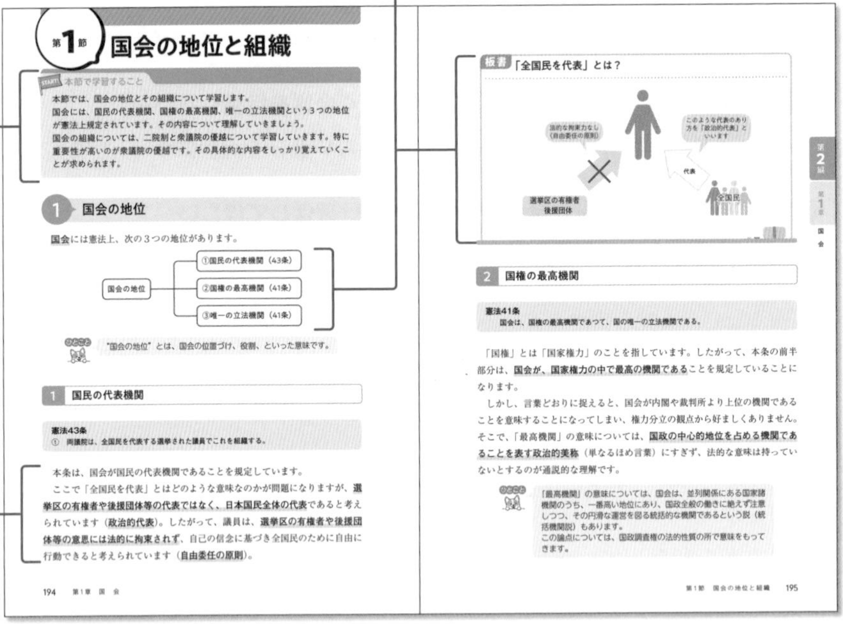

第1節 国会の地位と組織

START! 本節で学習すること

本節では、国会の地位とその組織について学習します。
国会には、国民の代表機関、国権の最高機関、唯一の立法機関という3つの地位が憲法上規定されています。その内容について理解していきましょう。
国会の組織については、二院制と衆議院の優越について学習していきます。特に重要性が高いのが衆議院の優越です。その具体的な内容をしっかり覚えていくことが求められます。

1 国会の地位

国会には憲法上、次の3つの地位があります。

国会の地位
①国民の代表機関（43条）
②国権の最高機関（41条）
③唯一の立法機関（41条）

ひとこと　"国会の地位"とは、国会の位置づけ、役割、といった意味です。

1 国民の代表機関

憲法43条
①　両議院は、全国民を代表する選挙された議員でこれを組織する。

本条は、国会が国民の代表機関であることを規定しています。

ここで「全国民を代表」とはどのような意味なのかが問題になりますが、**選挙区の有権者や後援団体等の代表ではなく、日本国民全体の代表**であると考えられています（**政治的代表**）。したがって、議員は、**選挙区の有権者や後援団体等の意思には法的に拘束されず**、自己の信念に基づき全国民のために自由に行動できると考えられています（**自由委任の原則**）。

194　第1章　国　会

板書 「全国民を代表」とは？

法的な拘束力なし（自由委任の原則）
このような代表のあり方を「政治的代表」といいます
代表
選挙区の有権者 後援団体
全国民

2 国権の最高機関

憲法41条
国会は、国権の最高機関であつて、国の唯一の立法機関である。

「国権」とは「国家権力」のことを指しています。したがって、本条の前半部分は、**国会が、国家権力の中で最高の機関である**ことを規定していることになります。

しかし、言葉どおりに捉えると、国会が内閣や裁判所より上位の機関であることを意味することになってしまい、権力分立の観点から好ましくありません。そこで、「最高機関」の意味については、**国政の中心的地位を占める機関であることを表す政治的美称**（単なるほめ言葉）にすぎず、法的な意味は持っていないとするのが通説的な理解です。

ひとこと　「最高機関」の意味については、国会は、並列関係にある国家諸機関のうち、一番高い地位にあり、国政全般の働きに絶えず注意しつつ、その円滑な運営を図る統括的な機関であるという説（統括機関説）もあります。
この論点については、国政調査権の法的性質の所で意味をもってきます。

第1節　国会の地位と組織　195

第2編 第1章 国会

本文では重要なところを太字＋マーカーで示しています。

まずは「教科書」の本文をじっくり読んで、板書の図解と合わせて重要事項をチェックしましょう。

❸ かゆいところに手が届く！「ひとこと」解説で理解度アップ！

過去問を解く際に重要なポイントが特に印象に残りやすいよう、「ひとこと」解説で強調しています。「教科書」を読んでいるだけで自然と肝心な部分が頭に入ります。

ここに**問題を解くためのヒント**やわかりづらい部分の**補足**、より**印象に残るようにするための説明**を乗せています。本文と合わせてチェックしましょう。

❹ 判例の理解もバッチリ！　Q＆A方式で理解が進む！

法律科目の学習に欠かせない「判例」。でも難解な表現ばかりでは嫌になってしまいます。「みんなが欲しかった！」ではQ＆A方式で判例のポイントを簡単に抜き出し、理解しやすくしました。

ただ、そうは言っても試験問題には判例の独特の言い回しがそのまま出てくることが多くあります。これにピンとくるように、頻出のフレーズを印象づける強調を行っています。

事案の概要を示しています。

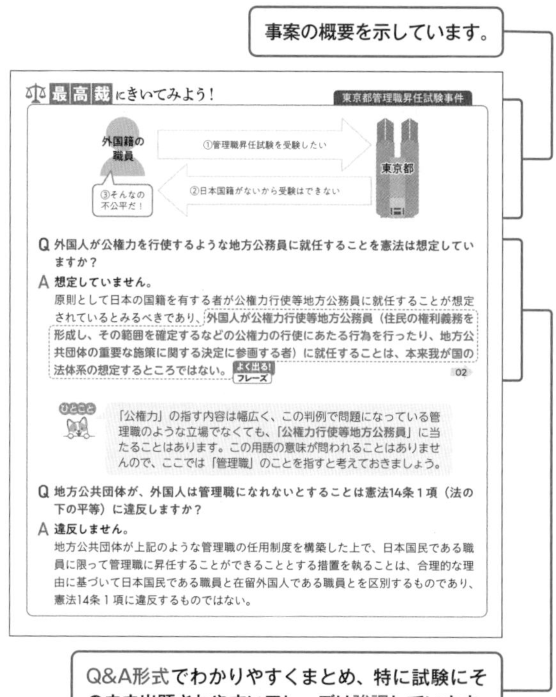

最高裁にきいてみよう！

東京都管理職昇任試験事件

Q 外国人が公権力を行使するような地方公務員に就任することを憲法は想定していますか？

A 想定していません。

原則として日本の国籍を有する者が公権力行使等地方公務員に就任することが想定されているとみるべきであり、外国人が公権力行使等地方公務員（住民の権利義務を形成し、その範囲を確定するなどの公権力の行使にあたる行為を行ったり、地方公共団体の重要な施策に関する決定に参画する者）に就任することは、本来我が国の法体系の想定するところではない。よく出る！フレーズ　02

ひとこと

「公権力」の指す内容は幅広く、この判例で問題になっている管理職のような立場でなくても、「公権力行使等地方公務員」に当たることはあります。この用語の意味が問われることはありませんので、ここでは「管理職」のことを指すと考えておきましょう。

Q 地方公共団体が、外国人は管理職になれないとすることは憲法14条１項（法の下の平等）に違反しますか？

A 違反しません。

地方公共団体が上記のような管理職の任用制度を構築した上で、日本国民である職員に限って管理職に昇任することができることとする措置を執ることは、合理的な理由に基づいて日本国民である職員と在留外国人である職員とを区別するものであり、憲法14条１項に違反するものではない。

Q&A形式でわかりやすくまとめ、特に試験にそのまま出題されやすいフレーズは強調しています。

❺ ここが重要！で重要ポイントの振り返り！

各節の終わりには ここが重要！ を設けています。これはその節で学習した内容のダイジェストなので、インプットの振り返りとして利用しましょう。

本編で扱った順番にまとめをしています。
節の学習内容のダイジェストに利用しましょう。

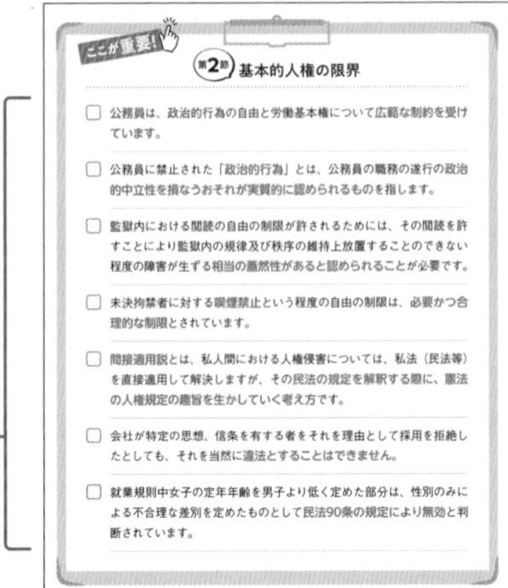

ここが重要！ 第2節 基本的人権の限界

- ☐ 公務員は、政治的行為の自由と労働基本権について広範な制約を受けています。
- ☐ 公務員に禁止された「政治的行為」とは、公務員の職務の遂行の政治的中立性を損なうおそれが実質的に認められるものを指します。
- ☐ 監獄内における閲読の自由の制限が許されるためには、その閲読を許すことにより監獄内の規律及び秩序の維持上放置することのできない程度の障害が生ずる相当の蓋然性があると認められることが必要です。
- ☐ 未決拘禁者に対する喫煙禁止という程度の自由の制限は、必要かつ合理的な制限とされています。
- ☐ 間接適用説とは、私人間における人権侵害については、私法（民法等）を直接適用して解決しますが、その民法の規定を解釈する際に、憲法の人権規定の趣旨を生かしていく考え方です。
- ☐ 会社が特定の思想、信条を有する者をそれを理由として採用を拒絶したとしても、それを当然に違法とすることはできません。
- ☐ 就業規則中女子の定年年齢を男子より低く定めた部分は、性別のみによる不合理な差別を定めたものとして民法90条の規定により無効と判断されています。

❻「○×スピードチェック」で過去問演習の肩慣らし！

いきなり問題集に挑むのではなく、まずはその節の学習内容が過去問でどう問われるのか、選択肢ごとに分解した正誤問題で確認してみましょう。

解けなくても大丈夫！「教科書」の本文中で、その問題に関する知識がどこに載っているかを探しやすいよう、参照マークを設けています。

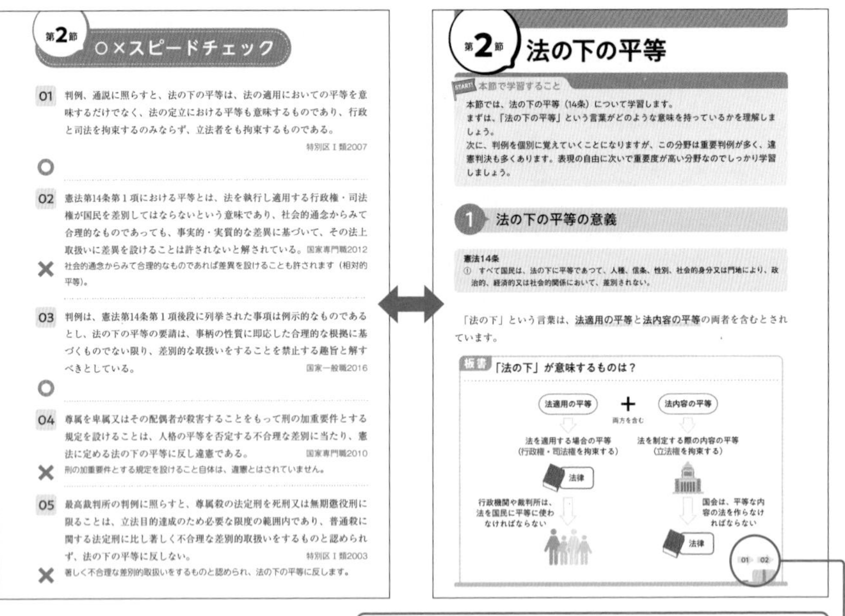

第2節 ○×スピードチェック

01 判例、通説に照らすと、法の下の平等は、法の適用においての平等を意味するだけでなく、法の定立における平等も意味するものであり、行政と司法を拘束するのみならず、立法者をも拘束するものである。 特別区Ⅰ類2007

○

02 憲法第14条第1項における平等とは、法を執行し適用する行政権・司法権が国民を差別してはならないという意味であり、社会的通念からみて合理的なものであっても、事実的・実質的な差異に基づいて、その法上取扱いに差異を設けることは許されないと解されている。 国家専門職2012

× 社会的通念からみて合理的なものであれば差異を設けることも許されます（相対的平等）。

03 判例は、憲法第14条第1項後段に列挙された事項は例示的なものであるとし、法の下の平等の要請は、事柄の性質に即応した合理的な根拠に基づくものでない限り、差別的な取扱いをすることを禁止する趣旨と解すべきとしている。 国家一般職2016

○

04 尊属を卑属又はその配偶者が殺害することをもって刑の加重要件とする規定を設けることは、人格の平等を否定する不合理な差別に当たり、憲法に定める法の下の平等に反し違憲である。 国家専門職2010

× 刑の加重要件とする規定を設けること自体は、違憲とはされていません。

05 最高裁判所の判例に照らすと、尊属殺の法定刑を死刑又は無期懲役刑に限ることは、立法目的達成のため必要な限度の範囲内であり、普通殺に関する法定刑に比し著しく不合理な差別的取扱いをするものと認められず、法の下の平等に反しない。 特別区Ⅰ類2003

× 著しく不合理な差別的取扱いをするものと認められ、法の下の平等に反します。

第2節 法の下の平等

START! 本節で学習すること

本節では、法の下の平等（14条）について学習します。
まずは、「法の下の平等」という言葉がどのような意味を持っているかを理解しましょう。
次に、判例を個別に覚えていくことになりますが、この分野は重要判例が多く、違憲判決も多くあります。表現の自由に次いで重要度が高い分野なのでしっかり学習しましょう。

1 法の下の平等の意義

憲法14条
① すべて国民は、法の下に平等であつて、人種、信条、性別、社会的身分又は門地により、政治的、経済的又は社会的関係において、差別されない。

「法の下」という言葉は、法適用の平等と法内容の平等の両者を含むとされています。

板書「法の下」が意味するものは？

「○×スピードチェック」との対応箇所を示しています。

❼「教科書」と完全リンクした「問題集」で少しずつ演習を進められる！

節の学習の仕上げに、問題集にチャレンジしましょう。長く学習を続けるには、「過去問が解けた！」という実感が絶対に必要です。「みんなが欲しかった！」では手ごたえを感じながら進めてもらえるよう、「教科書」と「問題集」を完全リンクさせ、「教科書」が少し進んだら「問題集」で確認ができるような構成にしています。

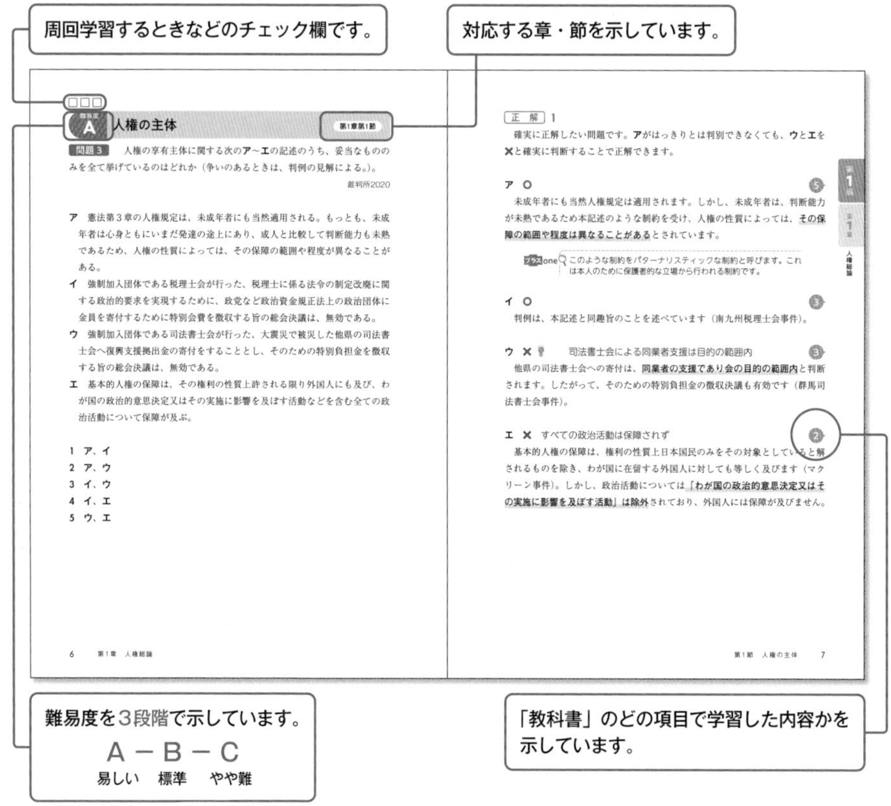

難易度 A　人権の主体　第1章第1節

問題3　人権の享有主体に関する次のア～エの記述のうち、妥当なもののみを全て挙げているのはどれか（争いのあるときは、判例の見解による。）。

裁判所2020

ア　憲法第３章の人権規定は、未成年者にも当然適用される。もっとも、未成年者は心身ともにいまだ発達の途上にあり、成人と比較して判断能力も未熟であるため、人権の性質によっては、その保障の範囲や程度が異なることがある。
イ　強制加入団体である税理士会が行った、税理士に係る法令の制定改廃に関する政治的要求を実現するために、政党など政治資金規正法上の政治団体に金員を寄付するために特別会費を徴収する旨の総会決議は、無効である。
ウ　強制加入団体である司法書士会が行った、大震災で被災した他県の司法書士会へ復興支援拠出金の寄付をすることとし、そのための特別負担金を徴収する旨の総会決議は、無効である。
エ　基本的人権の保障は、その権利の性質上許される限り外国人にも及び、わが国の政治的意思決定又はその実施に影響を及ぼす活動などを含む全ての政治活動について保障が及ぶ。

1　ア、イ
2　ア、ウ
3　イ、ウ
4　イ、エ
5　ウ、エ

6　第1章　人権総論

正解　1
確実に正解したい問題です。アがはっきりとは判別できなくても、ウとエを✕と確実に判断することで正解できます。

ア　○　⑤
未成年者にも当然人権規定は適用されます。しかし、未成年者は、判断能力が未熟であるため本記述のような制約を受け、人権の性質によっては、その保障の範囲や程度は異なることがあるとされています。

プラスone　このような制約をパターナリスティックな制約と呼びます。これは本人のために保護者的な立場から行われる制約です。

イ　○　③
判例は、本記述と同趣旨のことを述べています（南九州税理士会事件）。

ウ　✕　司法書士会による同業者支援は目的の範囲内　③
他県の司法書士会への寄付は、同業者の支援であり会の目的の範囲内と判断されます。したがって、そのための特別負担金の徴収決議も有効です（群馬司法書士会事件）。

エ　✕　すべての政治活動は保障されず　②
基本的人権の保障は、権利の性質上日本国民のみをその対象としていると解されるものを除き、わが国に在留する外国人に対しても等しく及びます（マクリーン事件）。しかし、政治活動については「わが国の政治的意思決定又はその実施に影響を及ぼす活動」は除外されており、外国人には保障が及びません。

第1節　人権の主体　7

収録された問題は「教科書」の知識で必ず解けるので、学習しながら自信を付けられます。

２周目以降は、「問題集」をひたすら解くのもよし、「教科書」の苦手なところだけ振り返りながら「問題集」に取り組むのもよし。本書をうまく活用して科目学習を進めましょう！

その他のお役立ちポイント

●「語句」説明 教科書

ちょっとした用語の説明を行うコーナーです。1周目の学習のとき、特に参考にしてください。

国政選挙／衆議院議員総選挙と参議院議員通常選挙を指します。
地方選挙／地方自治体の長や地方議会の議員の選挙を指します。

●プラスone 教科書 問題集

やや上級者向け、発展的な内容だけれど、難しめの問題を解くときには役立つ内容をまとめています。

プラスone 22条1項が「公共の福祉に反しない限り」と明文で規定している意味は、職業選択の自由が、精神的自由と比較して、公権力による規制の要請が強いことを強調するためであると考えられています（判例）。 02

● Skip ▶I アイコン 問題集

「教科書」で扱っていない論点であることを示すアイコンです。発展的な内容で、これがわからなくても問題を解くこと自体は可能です。また合格を目指すに当たって必ずしも必要ではない内容ですが、問題集では解説を設けていますので、参考にはしてみてください。

ウ ✕ Skip ▶I 照会理由の記載があっても許されない

判例は、当該事案において、前科照会の理由として「京都地方裁判所に提出するため」と申請書にあったにすぎない場合、市区町村長が前科等のすべてを報告することは、公権力の違法な行使に当たるとしています（前科照会事件）。

● アイコン 問題集

問題を解くに当たって正解・不正解の分かれ目となる重要論点であることを示すアイコンです。正確に理解しておくようにしましょう。

オ ✕ 指紋押捺制度自体は合憲

本記述は最後の結論部分が誤った内容になっています。判例では、**指紋押捺制度は合憲**と判断されています（指紋押捺拒否事件）。

憲法について

● 憲法の出題数について

主要な試験における「憲法」の出題は次の表のとおりです。

	法律系						経済系					政治系							その他									合計出題数	合計解答数
	憲法	民法	行政法	刑法	労働法	商法	経済学	財政学	経済事情	経済政策	労働経済	政治学	行政学	社会学	社会政策	国際関係	社会事情	社会保障	経営学	会計学	労働事情	英語	情報工学	情報数学	統計学	心理学	教育学		
国家一般職［大卒／行政］	5	10	5	-	-	-	10	5		-	-	5	5	5	-	5	-	-	5	-	-	10	-	-	-	5	5	80	40
国税専門官［国税専門A］	3	6	3	-	-	2	4	6	2	-	-	3	-	2	-	-	1	-	6	8	-	12	-	-	-	-	-	58	40
財務専門官	6	5	8	-	-	1	6	6	2	-	-	3	-	3	-	-	-	-	6	6	-	6	6	6	6	-	-	76	40
労働基準監督官［労働基準監督A］	4	5	4	3	7	-	8	1	4	-	3	-	-	2	-	-	-	2	-	-	5	-	-	-	-	-	-	48	40
裁判所職員［一般職／大卒］	7	13	-	10	-	-	10	-	-	-	-	-	-	-	-	-	-	-	-	-	-	-	-	-	-	-	-	40	30
特別区Ⅰ類［事務］	5	10	5	-	-	-	10	5	-	-	-	5	5	5	-	-	-	-	5	-	-	-	-	-	-	-	-	55	40
地方上級［全国型］	4	4	5	2	2	-	9	3	-	-	-	2	2	-	3	2	-	-	2	-	-	-	-	-	-	-	-	40	40
地方上級［関東型］	4	6	5	2	2	-	12	4	-	3	-	2	2	-	3	3	-	-	2	-	-	-	-	-	-	-	-	50	40

専門科目は受験先によって出題科目が大きく異なりますが、憲法は**どの試験でも安定的に出題がある**という特徴があります。

● 憲法は得意科目にしやすい！

上記のようにほとんどの試験で出題されるうえ、憲法をきちんと学習することで次のようなメリットがあります。

❶ 比較的やさしい問題が多く、得点を伸ばしやすい！

憲法は一度も改正されたことがなく、**出題内容が変わることもほとんどありません**。また条文数も99条までしかありませんので、**学習分量も多くありません**。

そのうえやさしい出題が多いので、**得点源にしやすい**科目です。

❷ 法律科目全体の導入として取り組みやすい

法律の主要科目は「**憲法⇒民法⇒行政法**」の順に学習するのがよいといわれますが、憲法はこのように**法律科目全体の入口**となる科目です。憲法の学習を通じて、他の法律科目の学習の基礎となる考え方を身に付けるとよいでしょう。

公務員講座のご案内

無料体験入学のご案内

3つの方法でTACの講義が体験できる!

教室で体験 迫力の生講義に出席

予約不要! 最大3回連続出席OK!

1. 校舎と日時を決めて、当日TACの校舎へ

TACでは各校舎で毎月体験入学の日程を設けています。

2. オリエンテーションに参加(体験入学1回目)

初回講義「オリエンテーション」にご参加ください。終了後は個別にご相談をお受けいたします。

3. 講義に出席(体験入学2・3回目)

引き続き、各科目の講義をご受講いただけます。参加者には体験用テキストをプレゼントいたします。

- ●最大3回連続無料体験講義の日程はTACホームページと公務員講座パンフレットでご覧いただけます。
- ●体験入学はお申込み予定の校舎に限らず、お好きな校舎でご利用いただけます。
- ●4回目の講義前までに、ご入会手続きをしていただければ、カリキュラム通りに受講することができます。

※地方上級・国家一般職、理系(技術職)、警察・消防以外の講座では、最大2回連続体験入学を実施しています。また、心理職・福祉職はTAC動画チャンネルで体験講義を配信しています。
※体験入学1回目や2回目の後でもご入会手続きは可能です。「TACで受講しよう!」と思われたお好きなタイミングで、ご入会いただけます。

ビデオで体験 校舎のビデオブースで体験視聴

TAC各校の個別ビデオブースで、講義を無料でご視聴いただけます。(要予約)

各校のビデオブースでお好きな講義を視聴できます。視聴前日までに視聴する校舎受付までお電話にてご予約をお願い致します。

ビデオブース利用時間 ※日曜日は④の時間帯はありません。

① 9:30～12:30 ② 12:30～15:30
③ 15:30～18:30 ④ 18:30～21:30

※受講可能な曜日・時間帯は一部校舎により異なります。
※年末年始・夏期休業・その他特別な休業以外は、通常平日・土日祝祭日にご覧いただけます。
※予約時にご希望日とご希望時間帯を合わせてお申込みください。
※基本講義の中からお好きな科目をご視聴いただけます。(視聴できる科目は時期により異なります)
※TAC提携校での体験視聴につきましては、提携校各校へお問合せください。

Webで体験 スマートフォン・パソコンで講義を体験視聴

TACホームページの「TAC動画チャンネル」で無料体験講義を配信しています。時期に応じて多彩な講義がご覧いただけます。

TAC ホームページ https://www.tac-school.co.jp/

※体験講義は教室講義の一部を抜粋したものになります。

公務員試験対策書籍のご案内

TAC出版の公務員試験対策書籍は、独学用、およびスクール学習の副教材として、各商品を取り揃えています。学習の各段階に対応していますので、あなたのステップに応じて、合格に向けてご活用ください!

INPUT

『みんなが欲しかった!
公務員
合格へのはじめの一歩』
A5判フルカラー
- ●本気でやさしい入門書
- ●公務員の"実際"をわかりやすく紹介したオリエンテーション
- ●学習内容がざっくりわかる入門講義

・法律科目(憲法・民法・行政法)
・経済科目
(ミクロ経済学・マクロ経済学)

『過去問攻略Vテキスト』
A5判
TAC公務員講座
- ●TACが総力をあげてまとめた公務員試験対策テキスト

全21点
・専門科目:15点
・教養科目:6点

『新・まるごと講義生中継』
A5判
TAC公務員講座講師
新谷 一郎 ほか
- ●TACのわかりやすい生講義を誌上で!
- ●初学者の科目導入に最適!
- ●豊富な図表で、理解度アップ!

・郷原豊茂の憲法
・郷原豊茂の民法Ⅰ
・郷原豊茂の民法Ⅱ
・新谷一郎の行政法

『まるごと講義生中継』
A5判
TAC公務員講座講師
渕元 哲 ほか
- ●TACのわかりやすい生講義を誌上で!
- ●初学者の科目導入に最適!

・郷原豊茂の刑法
・渕元哲の政治学
・渕元哲の行政学
・ミクロ経済学
・マクロ経済学
・関野喬のパターンでわかる数的推理
・関野喬のパターンでわかる判断整理
・関野喬のパターンでわかる
空間把握・資料解釈

要点まとめ

『一般知識
出るとこチェック』
四六判
- ●知識のチェックや直前期の暗記に最適!
- ●豊富な図表とチェックテストでスピード学習!

・政治・経済
・思想・文学・芸術
・日本史・世界史
・地理
・数学・物理・化学
・生物・地学

記述式対策

『公務員試験論文答案集
専門記述』A5判
公務員試験研究会
- ●公務員試験(地方上級ほか)の専門記述を攻略するための問題集
- ●過去問と新作問題で出題が予想されるテーマを完全網羅!

・憲法〈第2版〉
・行政法

TAC出版 書籍のご案内

TAC出版では、資格の学校TAC各講座の定評ある執筆陣による資格試験の参考書をはじめ、資格取得者の開業法や仕事術、実務書、ビジネス書、一般書などを発行しています！

TAC出版の書籍

＊一部書籍は、早稲田経営出版のブランドにて刊行しております。

資格・検定試験の受験対策書籍

- 日商簿記検定
- 建設業経理士
- 全経簿記上級
- 税　理　士
- 公認会計士
- 社会保険労務士
- 中小企業診断士
- 証券アナリスト
- ファイナンシャルプランナー(FP)
- 証券外務員
- 貸金業務取扱主任者
- 不動産鑑定士
- 宅地建物取引士
- 賃貸不動産経営管理士
- マンション管理士
- 管理業務主任者
- 司法書士
- 行政書士
- 司法試験
- 弁理士
- 公務員試験(大卒程度・高卒者)
- 情報処理試験
- 介護福祉士
- ケアマネジャー
- 社会福祉士　ほか

実務書・ビジネス書

- 会計実務、税法、税務、経理
- 総務、労務、人事
- ビジネススキル、マナー、就職、自己啓発
- 資格取得者の開業法、仕事術、営業術
- 翻訳ビジネス書

一般書・エンタメ書

- ファッション
- エッセイ、レシピ
- スポーツ
- 旅行ガイド（おとな旅プレミアム/ハルカナ）
- 翻訳小説

(2021年7月現在)

書籍のご購入は

1 全国の書店、大学生協、ネット書店で

2 TAC各校の書籍コーナーで

資格の学校TACの校舎は全国に展開!
校舎のご確認はホームページにて

資格の学校TAC ホームページ
https://www.tac-school.co.jp

3 TAC出版書籍販売サイトで

CYBER BOOK STORE TAC出版書籍販売サイト

TAC 出版 で 検索

24時間 ご注文 受付中

https://bookstore.tac-school.co.jp/

新刊情報をいち早くチェック!

たっぷり読める立ち読み機能

学習お役立ちの特設ページも充実!

TAC出版書籍販売サイト「サイバーブックストア」では、TAC出版および早稲田経営出版から刊行されている、すべての最新書籍をお取り扱いしています。
また、無料の会員登録をしていただくことで、会員様限定キャンペーンのほか、送料無料サービス、メールマガジン配信サービス、マイページのご利用など、うれしい特典がたくさん受けられます。

サイバーブックストア会員は、特典がいっぱい! (一部抜粋)

通常、1万円(税込)未満のご注文につきましては、送料・手数料として500円(全国一律・税込)頂戴しておりますが、1冊から無料となります。

専用の「マイページ」は、「購入履歴・配送状況の確認」のほか、「ほしいものリスト」や「マイフォルダ」など、便利な機能が満載です。

メールマガジンでは、キャンペーンやおすすめ書籍、新刊情報のほか、「電子ブック版 TACNEWS(ダイジェスト版)」をお届けします。

書籍の発売を、販売開始当日にメールにてお知らせします。これなら買い忘れの心配もありません。

書籍の正誤に関するご確認とお問合せについて

書籍の記載内容に誤りではないかと思われる箇所がございましたら、以下の手順にてご確認とお問合せをしてくださいますよう、お願い申し上げます。

なお、正誤のお問合せ以外の**書籍内容に関する解説および受験指導などは、一切行っておりません。**

そのようなお問合せにつきましては、お答えいたしかねますので、あらかじめご了承ください。

1 「Cyber Book Store」にて正誤表を確認する

TAC出版書籍販売サイト「Cyber Book Store」のトップページ内「正誤表」コーナーにて、正誤表をご確認ください。

CYBER BOOK STORE TAC出版書籍販売サイト

URL:https://bookstore.tac-school.co.jp/

2 1の正誤表がない、あるいは正誤表に該当箇所の記載がない ⇒ 下記①、②のどちらかの方法で文書にて問合せをする

★ご注意ください★

お電話でのお問合せは、お受けいたしません。

①、②のどちらの方法でも、お問合せの際には、「お名前」とともに、

「対象の書籍名(○級・第○回対策も含む)およびその版数(第○版・○○年度版など)」

「お問合せ該当箇所の頁数と行数」

「誤りと思われる記載」

「正しいとお考えになる記載とその根拠」

を明記してください。

なお、回答までに1週間前後を要する場合もございます。あらかじめご了承ください。

① ウェブページ「Cyber Book Store」内の「お問合せフォーム」より問合せをする

【お問合せフォームアドレス】

https://bookstore.tac-school.co.jp/inquiry/

② メールにより問合せをする

【メール宛先 TAC出版】

syuppan-h@tac-school.co.jp

※土日祝日はお問合せ対応をおこなっておりません。

※正誤のお問合せ対応は、該当書籍の改訂版刊行月末日までといたします。

乱丁・落丁による交換は、該当書籍の改訂版刊行月末日までといたします。なお、書籍の在庫状況等により、お受けできない場合もございます。

また、各種本試験の実施の延期、中止を理由とした本書の返品はお受けいたしません。返金もいたしかねますので、あらかじめご了承くださいますようお願い申し上げます。

TACにおける個人情報の取り扱いについて

■お預かりした個人情報は、TAC(株)で管理させていただき、お問合せへの対応、当社の記録保管にのみ利用いたします。お客様の同意なしに業務委託先以外の第三者に開示、提供することはございません(法令等により開示を求められた場合を除く)。その他、個人情報保護管理者、お預かりした個人情報の開示等及びTAC(株)への個人情報の提供の任意性については、当社ホームページ(https://www.tac-school.co.jp)をご覧いただくか、個人情報に関するお問い合わせ窓口(E-mail:privacy@tac-school.co.jp)までお問合せください。

(2022年7月現在)

分冊冊子の使い方

次の図のように、色紙から各分冊の冊子を取り外してご利用ください。

※色紙と各分冊の冊子が、のりで接着されています。乱暴に扱いますと、破損する危険性がありますので、丁寧に取り外すようにしてください。

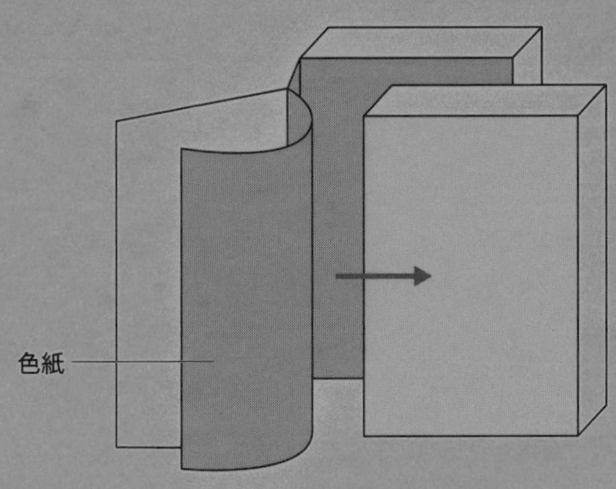

※抜き取る際の損傷についてのお取替えはご遠慮願います。

10574-0　みんなが欲しかった！ 公務員 憲法の教科書＆問題集
教科書分冊

みんなが欲しかった！

公務員

憲法の教科書＆問題集

教科書編

目次

序

憲法のアウトライン

序 憲法のアウトライン

START! 本節で学習すること

「憲法」とは、そもそも何なのでしょうか？　また、試験科目としての「憲法」で求められるのは、どのような知識なのでしょうか？
ここでは、憲法の特徴や基本原理を学習します。
直接試験で問われることは少ないですが、これからの学習の大前提となる部分です。

1 憲法とは何か？

憲法は、**国家の基本法**であり、**国民の権利や自由を守るために国家権力を制限するためのルール**です。

板書 憲法とは

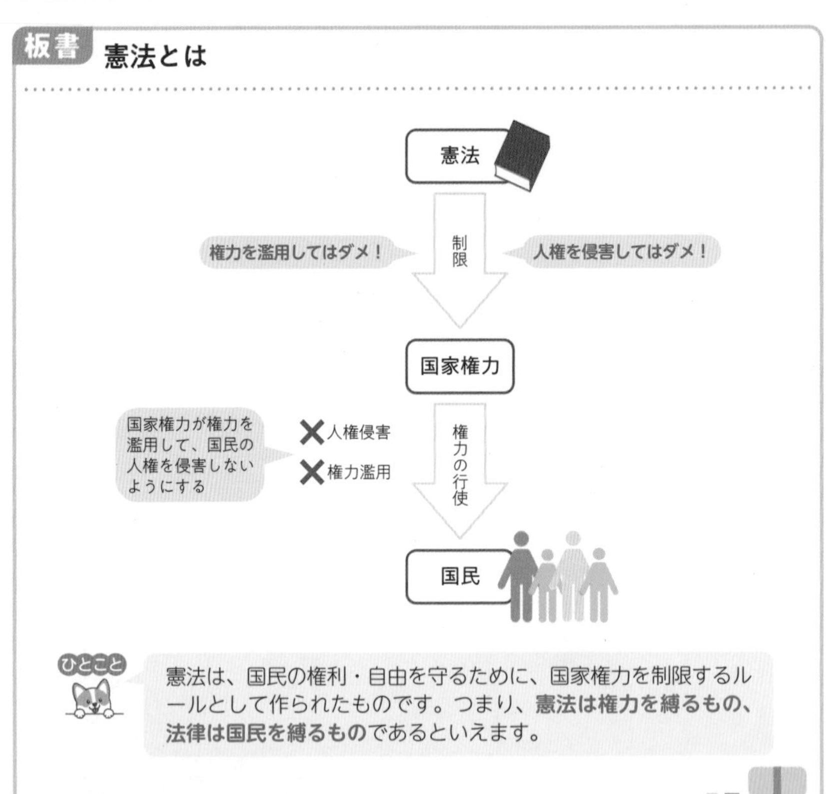

2 憲法の性質

1 3つの特質

憲法には、①**自由の基礎法**、②**制限規範**、③**最高法規**という3つの特別な性質があります。

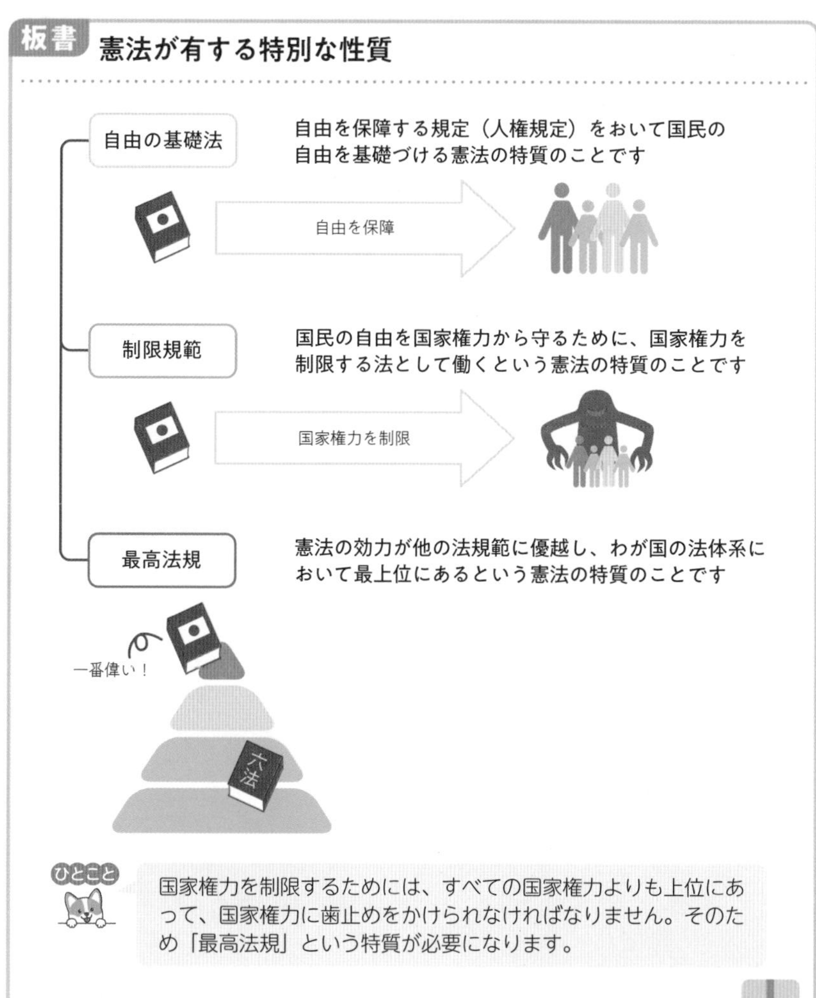

2　最高法規性

憲法が最高法規であることから、憲法に反する法規範や国家行為は**違憲**（いけん）（**憲法に違反すること**）となります。**違憲とされた法規範や国家行為は効力を有しない（＝無効）**とされます。

憲法98条
①　この憲法は、国の最高法規であつて、その条規に反する法律、命令、詔勅及び国務に関するその他の行為の全部又は一部は、その効力を有しない。

詔勅／天皇の意思を表示する文書のことです。

板書　憲法の最高法規性

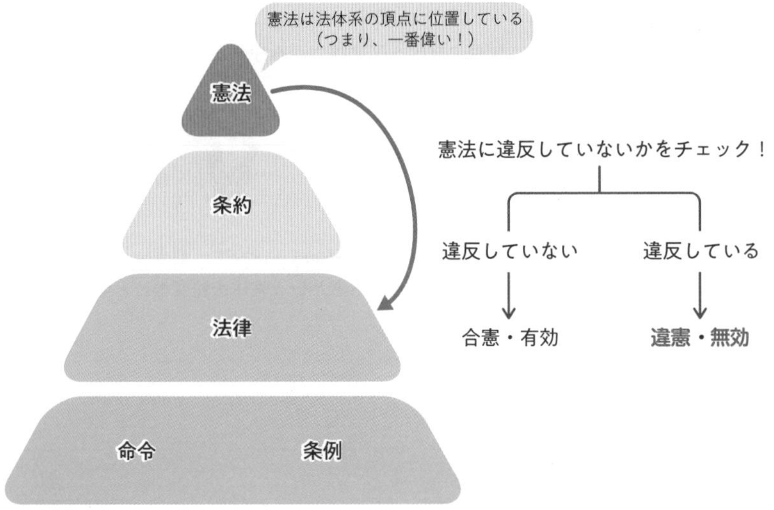

語句
違憲／憲法に違反していることです。違憲となるとその法令や行為は無効となります。
合憲／憲法に合致していることです。合憲であればその法令や行為は有効なままです。

憲法の全体構造

憲法は**基本的人権**と**統治機構**の２つの分野から構成されています。

憲法は基本的人権の保障を目的としており、統治機構の規定はそのための手段として規定されていると考えられています。

板書　憲法の全体構造

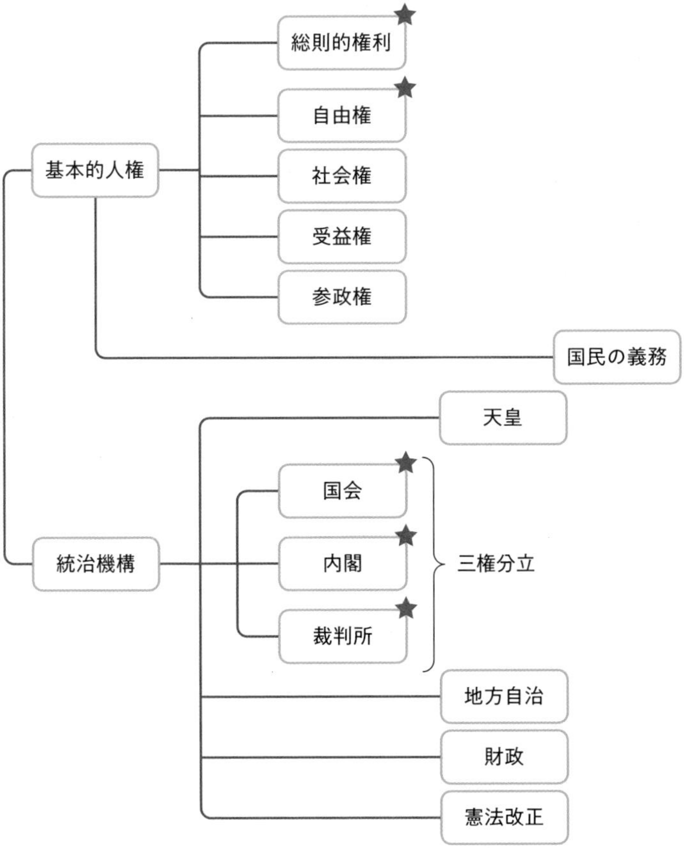

- 基本的人権
  - 総則的権利 ★
  - 自由権 ★
  - 社会権
  - 受益権
  - 参政権
  - 国民の義務
- 統治機構
  - 天皇
  - 国会 ★
  - 内閣 ★
  - 裁判所 ★
  - （国会・内閣・裁判所）三権分立
  - 地方自治
  - 財政
  - 憲法改正

ひとこと

試験対策として重要なのは、★印の部分です。
★印の部分で出題内容の８割程度がカバーされています。

4 基本的人権の本質・分類

1 基本的人権の本質

基本的人権とは、人間であることにより当然に有する権利とされています。基本的人権には、①**普遍性**、②**固有性**、③**不可侵性**の３つの性質があります。

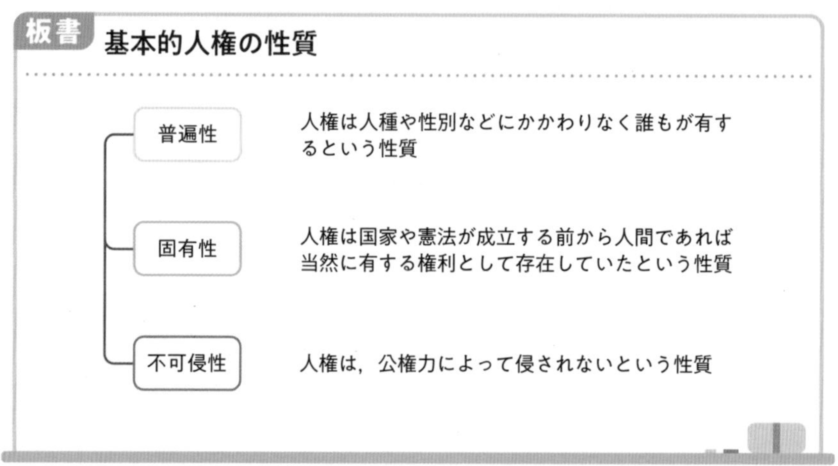

2 人権の分類

❶ 総則的権利

幸福追求権（13条）及び法の下の平等（14条）をまとめて**総則的権利**と呼びます。

❷ 自由権

国家からの干渉の排除を求める権利を**自由権**といいます。「国家からの自由」としての性質を持っています。

内容が多岐にわたるので、さらに精神的自由、経済的自由、人身の自由の3つに分類されています。

❸ 社会権

弱者を保護するための国家の積極的な活動を要請する権利を**社会権**といいます。「国家による自由」としての性質を持っています。

❹ 受益権

国家機関に対して国民が何らかの対応を要求する権利を**受益権**といいます。国務請求権とも呼ばれます。

❺ 参政権

国政に参加する権利を**参政権**といいます。「国家への自由」としての性質を持っています。

5 統治の基本原理

統治における基本原理としては、①国民主権原理と②権力分立制があります。

①**国民主権**とは、国民に国政の最高決定権があることです。もう少し憲法学的に表現すると、「国民に国の政治のあり方を最終的に決定する力または権威があること」を指しています。

②**権力分立制**とは、国家権力を内容に応じて分割し、それぞれ異なる機関に担当させる統治のための仕組みのことを指します。具体的は、立法権・行政権・司法権に分ける三権分立が採用されています。

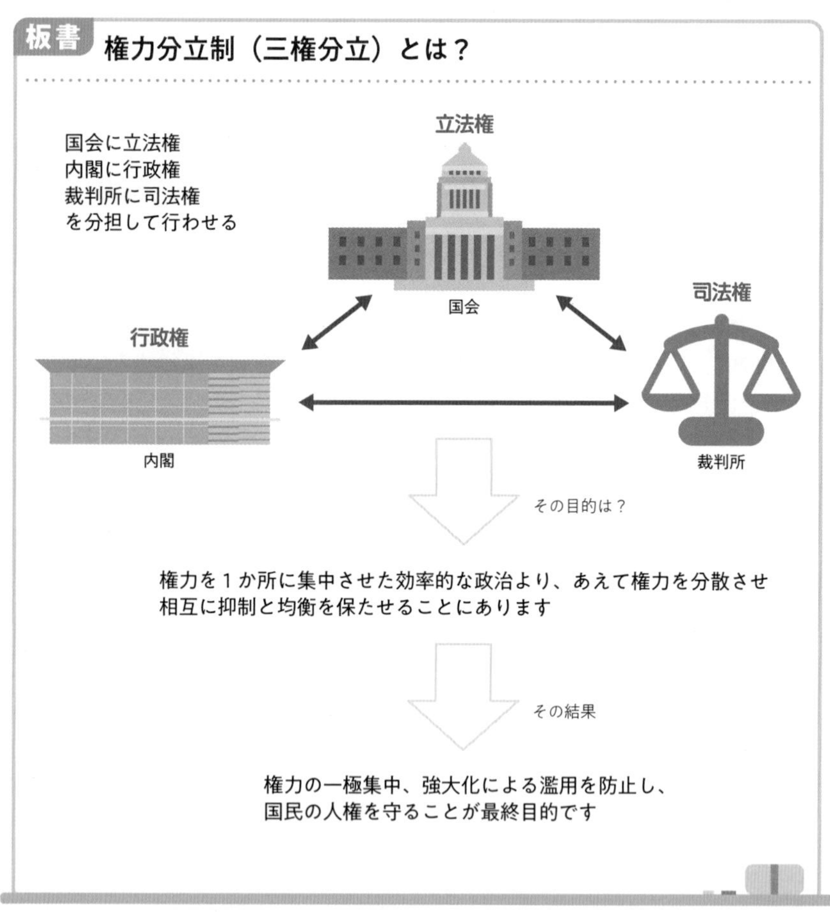

6 学習の前提知識

1 自由主義と民主主義

憲法を理解するうえで大切な原理として自由主義と民主主義があります。

自由主義とは国民の自由（権利）を保障することであり、**民主主義とは国民自らが統治を行うこと**です。

板書 自由主義と民主主義

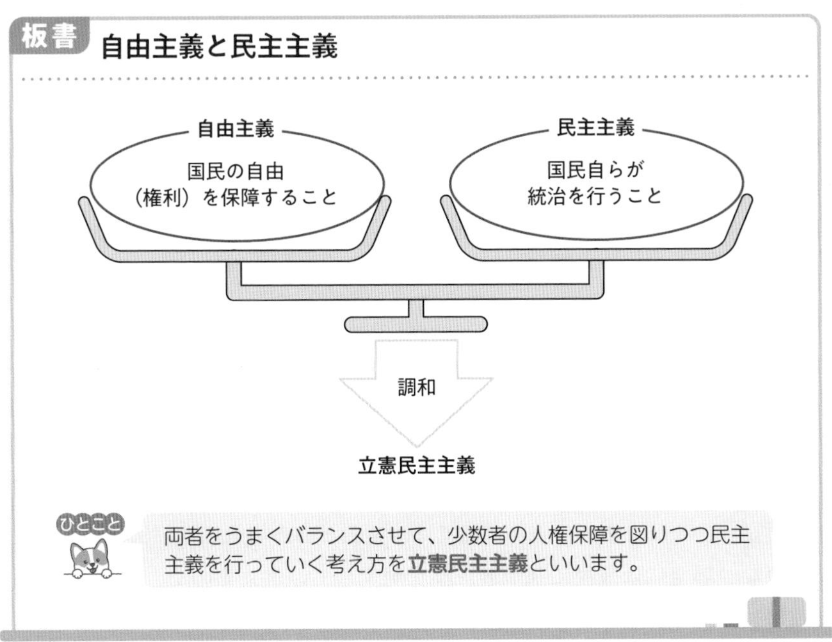

2 判例・通説

憲法をはじめ法律の試験で出題の対象となるのは、①**条文**、②**判例**、③**学説**です。

❶条　文

法律は、第１条、第２条…という形で箇条書きで記述するのが決まりです。したがって、条文とは**法律の内容そのもの**を指しています。法律の試験ですからその内容が問われるのは当然ということになります。

❷判　例

判例とは、**最高裁判所の判断**のことです。最高裁判所は、最終判断を下す裁判所です。そのため最高裁判所の判断には、先例としてかなり強い力があります。公務員試験においても、判例がある場合、判例に照らして正誤の判定をしていくことになります。

❸学　説

学説とは、法律学の学界において学者の先生方が主張されている様々な考え方を指します。その中でも支配的な考え方（多数の支持を集めている考え方）を「**通説**」と呼びます。公務員試験では、**判例がある場合には判例に照らして、判例がない場合には通説に基づき正誤を判定していきます**ので、通説もある程度理解していく必要があります。

通説ほどは支持されていないものの根強く主張されている考え方を有力説、少数の支持しか受けていない考え方を少数説と呼んでいます。通説以外の学説知識も必要とする学説問題といわれる出題もありますが、その出題の割合はかなり低いです。

第1編

基本的人権

第1章

人権総論

第1節 人権の主体

START! 本節で学習すること

ここでは、「人権を保障されているのは誰なのか？」ということを学習していきます。主に学習するのは、「外国人」、「法人」についてです。特に「外国人」は頻出のテーマで、どの人権が保障されているのかを判別できるようにする必要があります。判例が多く出てきますが、結論だけでなく、判例の言い回しにも注意をする必要があります。「法人」は、学習すべき判例は少ないですが、同じ判例が繰り返し出題される傾向にあります。

1 人権の主体の全体像

まずは、次の板書で人権の主体の全体像を見ておきましょう。

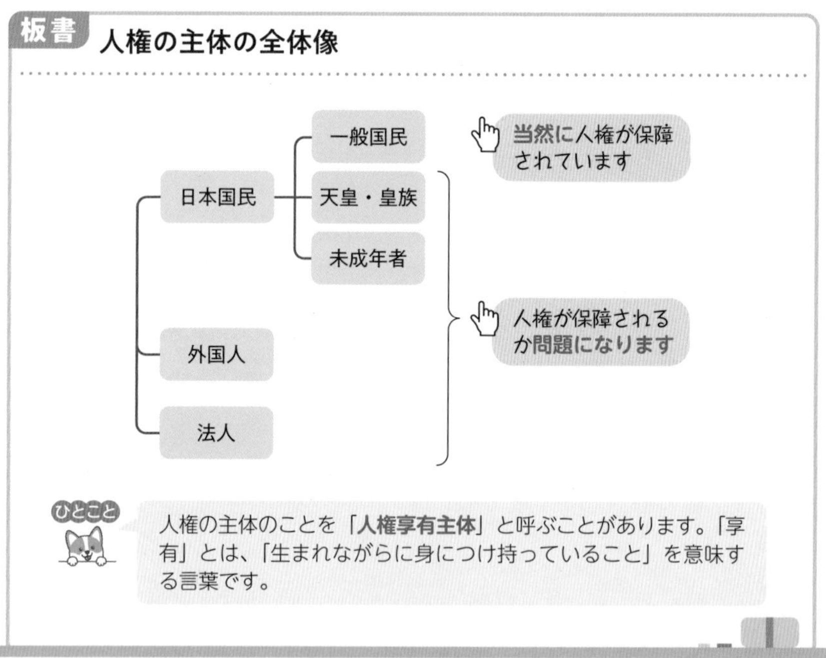

2 外国人

日本に在留する外国人（日本国籍を有しない者）も人権の主体にはなります。しかし、日本国民と全く同じように保障されるわけではありません。

外国人に人権が保障されるか否かは、その人権の性質によって判断されます（性質説：判例）。

板書 外国人の人権保障

外国人も人権の主体になりえる

ただし

実際に保障されるかは、人権の性質によって決まる（**性質説**）

したがって

個別の人権ごとに保障の有無を判別していく必要がある

最高裁にきいてみよう！

マクリーン事件

Q 外国人にも基本的人権の保障は及びますか？

A 権利の性質上、適用可能なものは及びます。

憲法第３章による基本的人権の保障は、**権利の性質上日本国民のみをその対象としていると解されるものを除き、わが国に在留する外国人に対しても等しく及ぶ**ものと解すべきである。 よく出る！フレーズ 01

語句 **憲法第３章**／日本国憲法の中で基本的人権を規定している章です。

1　選挙権・被選挙権

選挙権は国民主権原理の表れとされる権利です。そのため権利の性質から考えて、外国人には**国政選挙、地方選挙ともに選挙権は保障されていません**（判例）。

したがって、**外国人に選挙権・被選挙権を認めていない現行の公職選挙法は合憲**となります。

保障されていないということは、外国人に選挙権を認めていなくても**憲法違反にはならない**ということです。

では、保障されていない選挙権を外国人に与えることはできるのでしょうか？　国政選挙の場合は、与えることは禁止されています。

一方、地方選挙の場合は与えることは禁止はされていません。

国政選挙／衆議院議員総選挙と参議院議員通常選挙を指します。
地方選挙／地方自治体の長や地方議会の議員の選挙を指します。

今後、法改正をして、外国人に国政選挙の選挙権を付与することは**違憲**となりますが、地方選挙の選挙権を付与することは**合憲**となるということです。
なお、被選挙権については、国政・地方の選挙とも保障されておらず、付与もできないと考えられています。

最高裁にきいてみよう！

定住外国人地方選挙権訴訟

Q 選挙権は外国人にも保障されていますか？

A 保障されていません。

公務員を選定罷免する権利を保障した憲法15条１項の規定は、権利の性質上日本国民のみをその対象とし、右規定による権利の保障は、我が国に在留する外国人には及ばない。

語句 **公務員を選定罷免する権利**／選挙権のことです。

Q 在留外国人に地方選挙権を付与することが可能ですか？

A 可能です。

よく出る！フレーズ

我が国に在留する外国人のうちでも **①永住者等であってその居住する区域の地方公共団体と特段に緊密な関係を持つに至ったと認められるものについて、②法律をもって**、地方公共団体の長、その議会の議員等に対する選挙権を付与する措置を講ずることは、**憲法上禁止されているものではない。** よく出る！フレーズ

板書 外国人の選挙権

	国政選挙		地方選挙	
	被選挙権	選挙権	被選挙権	選挙権
保障されるか？	保障されない			
付与できるか？	できない（禁止）			できる（許容）
法律で付与することにした場合	違憲			合憲

付与の要件
①永住者等
②法律

ひとこと

「付与できるか？」というのは、保障されていないので付与しなくても憲法違反ではないが、与えることにしたらどうなるか、ということを問題にしています。

2 公務就任権

外国人に公務員になる権利（公務就任権）が保障されるのでしょうか。判例は、公務就任権に参政権的な性質を織り込み、外国人が公権力を行使する公務員に就任することは想定されていない（つまり、保障されていない）としています。

最高裁にきいてみよう！

東京都管理職昇任試験事件

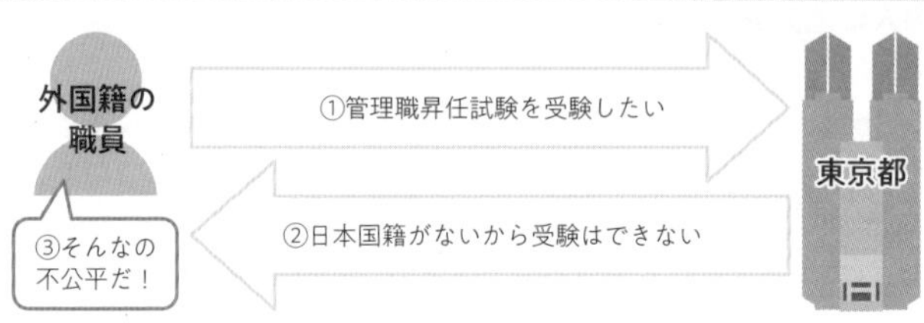

Q 外国人が公権力を行使するような地方公務員に就任することを憲法は想定していますか？

A 想定していません。

原則として日本の国籍を有する者が公権力行使等地方公務員に就任することが想定されているとみるべきであり、**外国人が公権力行使等地方公務員（住民の権利義務を形成し、その範囲を確定するなどの公権力の行使にあたる行為を行ったり、地方公共団体の重要な施策に関する決定に参画する者）に就任することは、本来我が国の法体系の想定するところではない。** よく出る！フレーズ

02

ひとこと

「公権力」の指す内容は幅広く、この判例で問題になっている管理職のような立場でなくても、「**公権力行使等地方公務員**」に当たることはあります。この用語の意味が問われることはありませんので、ここでは「管理職」のことを指すと考えておきましょう。

Q 地方公共団体が、外国人は管理職になれないとすることは、憲法14条１項（法の下の平等）に違反しますか？

A 違反しません。

地方公共団体が上記のような管理職の任用制度を構築した上で、日本国民である職員に限って管理職に昇任することができることとする措置を執ることは、合理的な理由に基づいて日本国民である職員と在留外国人である職員とを区別するものであり、憲法14条１項に違反するものではない。

3 社会権

生存権などの社会保障上の給付を受ける権利は、**外国人には保障されない**と考えられています。社会権は、基本的には国籍国によって保障されるべき権利と考えられているためです。

最高裁にきいてみよう！

塩見訴訟

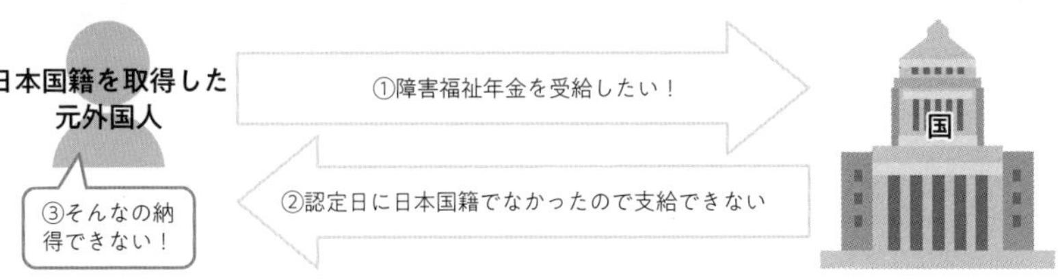

Q 社会保障上の施策において在留外国人をどのように処遇するかを国はどのように決定できますか？

A 諸事情等に照らし政治的判断により決定できます。

社会保障上の施策において在留外国人をどのように処遇するかについては、国は、特別の条約の存しない限り、当該外国人の属する国との外交関係、変動する国際情勢、国内の政治・経済・社会的諸事情等に照らしながら、その政治的判断により決定することができる。

人権として保障されるとすると「政治的判断で決定」することはできません。したがって、このフレーズから「**外国人には保障されない**」と考えていると読み取れます。

Q 福祉的給付において自国民を在留外国人より優先的に扱うことは許されますか？

A 許されます。

限られた財源の下で福祉的給付を行うに当たり自国民を在留外国人より優先的に扱うことも許される。

03

4 自由権

❶ 出入国の自由

入国の自由や在留の権利は、外国人には保障されていません（マクリーン事件）。さらに、海外に一時旅行などした後に**再入国する自由も入国の自由と同様、保障されていません**（森川キャサリーン事件）。

一方、出国の自由については、外国人にも保障されています。 04

語句 **在留の権利**／日本に滞在・居住する権利であり、在留制度のもと、法務大臣の許可により与えられるものです。日本に滞在・居住する外国人を**在留外国人**と呼びます。

板書 **出入国の自由の保障**

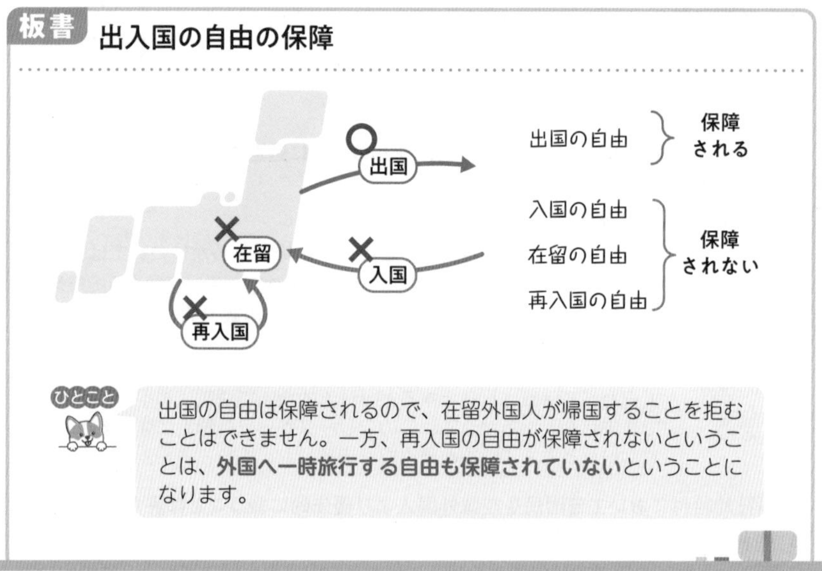

出国の自由は保障されるので、在留外国人が帰国することを拒むことはできません。一方、再入国の自由が保障されないということは、**外国へ一時旅行する自由も保障されていない**ということになります。

❷ 政治活動の自由

精神的自由は、基本的に外国人にも保障される人権と考えられています。したがって、表現の自由は、原則として外国人にも保障されます。

しかし、表現の自由に含まれる**「政治活動の自由」については、「わが国の政治的意思決定またはその実施に影響を及ぼす活動」等は、保障されません**（マクリーン事件）。

最高裁にきいてみよう！

マクリーン事件

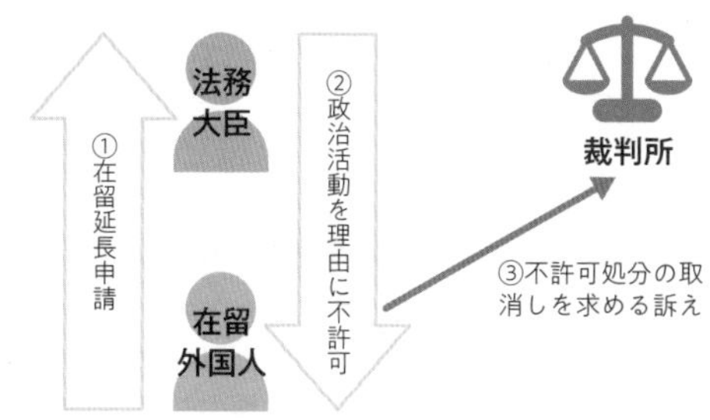

Q 外国人に政治活動の自由は保障されますか？

A 外国人に認めることが相当でないものを除き、保障されます。

よく出る！フレーズ

政治活動の自由についても、**わが国の政治的意思決定またはその実施に影響を及ぼす活動等外国人の地位に照らしこれを認めることが相当でないと解されるものを除き**、その保障が及ぶ。 05

参政権的な要素のある政治活動は保障されないということですね。
日本の政治には口出すな！ というイメージで理解しておこう！

Q 外国人に保障される活動をしたことを在留の延長を不許可とする判断材料にすることができますか？

A できます。

在留期間中の憲法の基本的人権の保障を受ける行為を、在留期間の更新の際に**消極的な事情としてしんしゃくされないことまでの保障が与えられているものと解することはできない。** よく出る！フレーズ 06

たとえ外国人に保障されている活動であっても、在留の延長を許可するか否かの**マイナス材料として考慮することはできる**、ということです。

5 その他の人権

指紋の押捺（おうなつ）（指紋を押すこと）を強制されない権利は、憲法13条の幸福追求権によって保障されていると考えられています。そして、指紋の押捺を強制されない権利はその権利の性質上、外国人にも保障されています（判例）。

最高裁にきいてみよう！

指紋押捺拒否事件

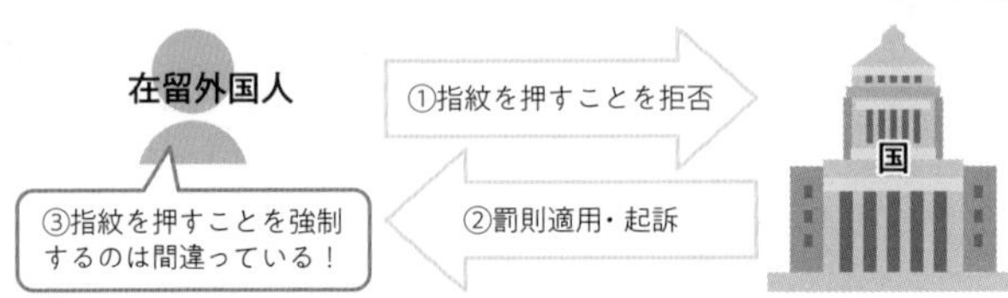

Q 指紋の押捺を強制されない自由は憲法上保障されていますか？

A 憲法13条により保障されます。

個人の私生活上の自由のひとつとして、何人もみだりに指紋の押捺を強制されない自由を有するというべきであり、国家機関が正当な理由もなく指紋の押捺を強制することは、13条の趣旨に反して許されない。

Q 指紋の押捺を強制されない自由は外国人にも保障されますか？

A 保障されます。

みだりに指紋の押捺を強制されない自由の保障は我が国に在留する外国人にも等しく及ぶ。

Q 外国人指紋押捺制度は憲法13条に違反しますか？

A 違反しません（合憲）。

外国人についての指紋押捺制度は、戸籍制度のない外国人の人物特定に最も確実な制度として制定されたもので、立法目的には十分な合理性があり、かつ、必要性も肯定できる。また、具体的な制度内容については、精神的、肉体的に過度の苦痛を伴うものとまではいえず、方法としても、一般的に許容される限度を超えない相当なものであった。

07

指紋押捺制度は、目的に合理性・必要性があり、方法としても相当であるため、**指紋押捺制度は合憲**であるということです。

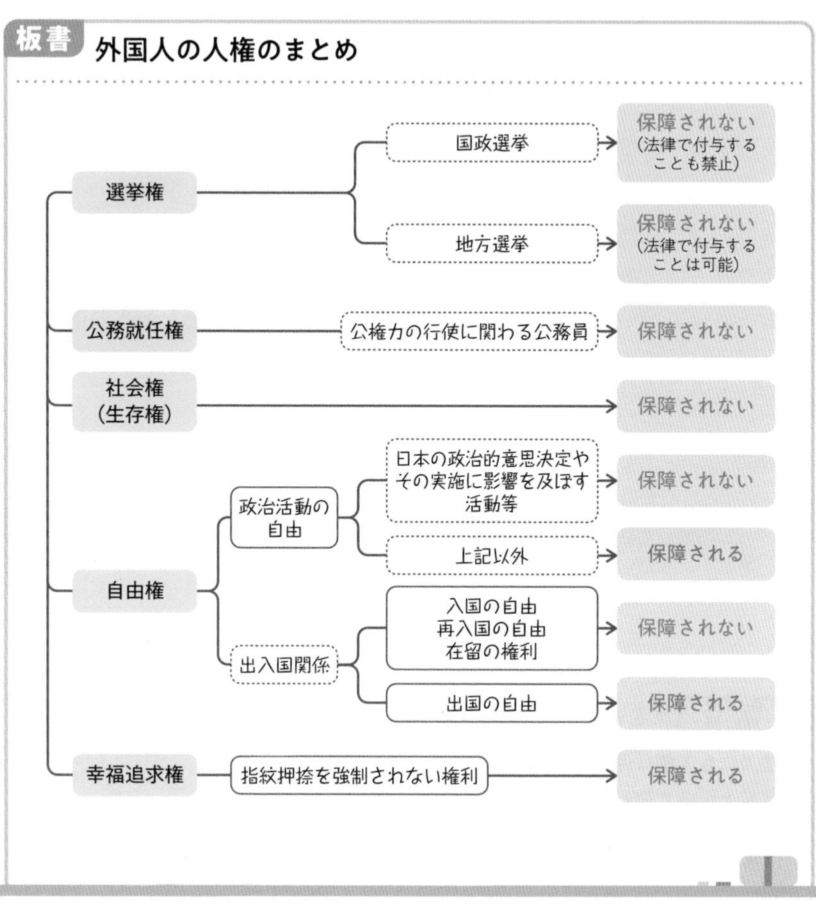
板書
外国人の人権のまとめ
選挙権
国政選挙
保障されない（法律で付与することも禁止）
地方選挙
保障されない（法律で付与することは可能）
公務就任権
公権力の行使に関わる公務員
保障されない
社会権（生存権）
保障されない
自由権
政治活動の自由
日本の政治的意思決定やその実施に影響を及ぼす活動等
保障されない
上記以外
保障される
出入国関係
入国の自由
再入国の自由
在留の権利
保障されない
出国の自由
保障される
幸福追求権
指紋押捺を強制されない権利
保障される

3 法　人

人間（自然人）以外に人権の主体として問題になるのが「法人」です。

人権規定もその**性質上可能なかぎり法人にも適用されます**。つまり、法人に対する人権保障も、その人権の性質によって決まります。 01

具体的には、新聞社やテレビ局には報道の自由が、宗教法人には信教の自由が、学校法人には教育の自由などが保障されています。

判例上争われているのは、法人の「寄付の自由」です。法人がその構成員に政党への寄付を求めることが許されるかが問題となり、次に示すように株式会社の場合と税理士会の場合で異なる判断がされています。

自然人／肉体を持った人（人間）のことをいいます。

法人／法によって権利能力（権利を有したり、義務を負ったりする資格）が与えられ、独立した法人格を持つに至った団体のことをいいます。

1 株式会社の政党への寄付の自由

最高裁にきいてみよう！　八幡製鉄事件

Q 法人にも人権は保障されますか？

A 性質上可能な限り保障されます。

憲法第３章に定める国民の権利および義務の各条項は、性質上可能なかぎり、内国の法人にも適用される。

Q 会社には政治資金の寄付をする自由が保障されますか？

A 保障されます。

会社は、国や政党の特定の政策を支持、推進しまたは反対するなどの政治的行為をなす自由を有するのであって、政治資金の寄付はその自由の一環である。これを自然人たる国民による寄付と別異に扱うべき憲法上の要請があるものではない。

2 税理士会の政党への寄付の自由

最高裁にきいてみよう！

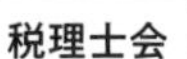

政党への寄付のために特別会費を徴収

会員
（税理士）

政党への寄付のために特別会費を徴収するのはおかしい！

Q 政党への寄付のために特別会費を徴収する決議は有効ですか？

A 無効です。

税理士会が政党など政治資金規正法上の政治団体に金員の寄付をすることは、税理士にかかる法令の制定改廃に関する政治的要求を実現するためのものであっても、**税理士会の目的の範囲外の行為であり、その寄付をするために会員から特別会費を徴収する旨の決議は無効である。** よく出る！フレーズ

08

ひとこと

税理士会は**強制加入団体**（その仕事をするために入会することが義務付けられている団体）であり実質的に脱退の自由が保障されていないことが理由とされています。
会員にとっては、やめたくてもやめられない法人なので、法人の側の自由を優先するわけにはいかないということでしょう。

語句 **目的の範囲**／法人はその「目的の範囲」内の行為をすることが可能です。目的の範囲⇒やってもよい、目的の範囲外⇒やってはダメ、ということを意味しています。

なお、同じ強制加入団体であっても司法書士会が震災で被害に遭った他の司法書士会に義援金を送るために特別会費を徴収した事件では、決議を有効とする判断が出されています。

最高裁にきいてみよう！

群馬司法書士会事件

Q 他の司法書士会へ寄付をするために特別会費を徴収する決議は有効ですか？

A 有効です。

司法書士会が強制加入団体であることを考慮しても、それに対する会員の協力義務を否定すべきものとはいえないから、本件拠出金を徴収する旨の決議の効力は反対する会員にも及び、決議は有効である。

同じ強制加入団体なのに南九州税理士会事件と結論が違うのは、こちらは**同業者の支援という法人の目的範囲内の活動**のための会費徴収であるためです。

板書 判例の整理

【法人の「目的の範囲」の判断)】（○は目的の範囲内）

法人の性質	事件名	争われた行為の目的	
		政治献金	義援金
株式会社（営利私企業）	八幡製鉄事件	○	－
税理士会（強制加入団体）	南九州税理士会事件	×	－
司法書士会(強制加入団体)	群馬司法書士会事件	－	○

法人の性質による違い

行為の目的による違い

4 天皇・皇族

天皇や皇族も国民として、人権の主体となります。ただし、天皇の象徴としての地位や世襲とされていることからくる**特別な制約がある**と考えられています。

例えば、選挙権・被選挙権は認められておらず、婚姻の自由も制限を受けています。

5 未成年者

未成年者も国民として当然に人権の主体となります。したがって、憲法第3章の人権規定は、未成年者にも当然適用されます。

ただし、未成年者は、判断能力が未熟であるため、心身の健全な発達を助けるために保護する必要があります。

したがって、人権の性質によっては、その**保障の範囲や程度が異なる**ことがありえます。

第1節 人権の主体

- [ ] 外国人に人権が保障されるか否かは、その**人権の性質によって決定**されます。
- [ ] **選挙権**は、国民主権原理の表れとされる権利であり、権利の性質上、**外国人には保障されていません。**
- [ ] 永住者等であってその居住する区域の地方公共団体と特段に緊密な関係を持つに至ったと認められる者を対象に、**法律で地方選挙の選挙権を付与することは許されます。**
- [ ] 外国人が公権力行使等地方公務員に就任することは、本来**我が国の法体系の想定するところではありません。**
- [ ] 生存権などの社会保障上の給付を受ける権利は、外国人には保障されていないので、在留外国人を対象とするか否かは、**政治的判断によって決定できます。**
- [ ] **入国の自由**や**再入国の自由**及び**在留**の権利は、**外国人には保障されていません**が、出国の自由については、外国人にも保障されています。
- [ ] 我が国の政治的意思決定またはその実施に影響を及ぼす活動は**外国人には保障されていません。**
- [ ] 会社は、国や政党の特定の政策を支持、推進しまたは反対するなどの**政治的行為をなす自由を有します。**
- [ ] **税理士会が政党に寄付をすること**は、税理士会の**目的の範囲外**の行為であり、その寄付をするために会員から特別会費を徴収する旨の決議は無効です。

第1節 ○×スピードチェック

01 憲法第3章に定める国民の権利及び義務の各条項は、性質上可能な限り、内国の法人にも適用され、また、同章の諸規定による基本的人権の保障は、権利の性質上日本国民のみをその対象としていると解されるものを除き、我が国に在留する外国人に対しても等しく及ぶ。　国家一般職2013

○

02 地方公務員のうち、住民の権利義務を直接形成し、その範囲を確定するなどの公権力の行使に当たる行為を行い、若しくは普通地方公共団体の重要な施策に関する決定を行い、又はこれらに参画することを職務とするものについては、原則として日本国籍を有する者が就任することが想定されているとみるべきであり、外国人が就任することは、本来我が国の法体系の想定するところではない。　国家一般職2013

○

03 社会保障上の施策において在留外国人をどのように処遇するかについては、国は、当該外国人の属する国との外交関係、変動する国際情勢、国内の政治・経済・社会的諸事情等に照らしながら、できる限りその保障を及ぼすべきであって、自国民を在留外国人より優先的に扱うことは許されない。　裁判所2014

× 自国民を優先的に扱うことも許されています。

04 外国移住の自由は、その権利の性質上外国人に限って保障しないという理由はなく、外国への移住が後にわが国へ帰国ないし再入国することを前提としていることからすれば、わが国に在留する外国人は、憲法上、外国へ一時旅行する自由を保障されている。　裁判所2014

× 外国へ一時旅行する自由は保障されていません。

05 政治活動の自由については、わが国の政治的意思決定又はその実施に影響を及ぼす活動等外国人の地位に鑑みこれを認めることが相当でないと解されるものを除き、わが国に在留する外国人に対してもその保障が及ぶ。

裁判所2014

○

---

06 政治活動の自由に関する憲法の保障は、我が国の政治的意思決定又はその実施に影響を及ぼす活動など外国人の地位に鑑みこれを認めることが相当でないと解されるものを除き、我が国に在留する外国人に対しても及ぶことから、法務大臣が、憲法の保障を受ける外国人の政治的行為を、在留期間の更新の際に消極的な事情としてしんしゃくすることは許されない。

国家一般職2013

× しんしゃく（考慮）することも許されます。

---

07 個人の私生活上の自由の一つとして、何人もみだりに指紋の押なつを強制されない自由を有するものというべきであり、この自由の保障は我が国に在留する外国人にも等しく及ぶと解されるから、在留外国人のみを対象とする指紋押なつ制度は、憲法第13条に違反し許されない。

国家専門職2002改題

× 外国人を対象とした指紋押捺制度自体は合憲です。

---

08 税理士会が政党など政治資金規正法上の政治団体に金員の寄付をすることは、税理士に係る法令の制定改廃に関する政治的要求を実現するためのものであれば、税理士法で定められた税理士会の目的の範囲内の行為であり、当該寄付をするために会員から特別会費を徴収する旨の決議は有効である。

国家専門職2007

× 範囲外の行為であり、無効です。

第2節 基本的人権の限界

START! 本節で学習すること

本節では、まず「公共の福祉による制約」に触れますが、これは直接出題されることがほとんどないので、確認する程度でOKです。
次に、公権力と特別な法律関係にある者の人権制約として「公務員」、「在監者」が登場します。ここでは判例をきちんと押さえていきましょう。「公務員」は比較的出題頻度が高いです。
私人間における人権保障では、間接適用説という判例の考え方を理解することが大切です。

1 公共の福祉

基本的人権も保障されるとはいえ、絶対無制約ではありません。個人も社会との関係や他者との関係を無視して生存することはできないからです。憲法も明文で**「公共の福祉」による制約**を認めています。

この「公共の福祉」による制約とは、他人の人権を侵害しないようにするなど**“みんなの権利・利益”を守るための制約**と考えておきましょう。

2 特別な法律関係における人権制約

公務員や在監者（未決拘禁者・受刑者）などのように国家権力と特殊な関係にあることで、一般の国民とは異なる**特別な人権制約**を受ける主体がいます。

未決拘禁者／刑が確定しておらず（裁判中で）拘置所に留置されている者を指し、未決拘禁者と受刑者を合わせて現在は「被収容者」と呼ぶようになってきています。

1 公務員の人権制約

公務員は、国や地方自治体に事実上雇われ、その指揮監督下にあるという意味で、公権力と特別な法律関係の下にあります。

そのため、特に**政治的行為の自由**と**労働基本権**について広範な制約を受けています。

❶ 政治的行為の自由の制約

公務員は、国家公務員法及び人事院規則で、政治的行為を行うことが禁止されています。これに違反した場合、**罰則を科す規定**になっていますが、判例はこれを**合憲**としています（堀越事件等）。

最高裁にきいてみよう！　堀越事件

Q 公務員が禁止されている政治的行為とはどのような行為ですか？

A 公務員の職務の遂行の政治的中立性を損なうおそれが実質的に認められる行為です。

禁止された「政治的行為」とは、**公務員の職務の遂行の政治的中立性を損なうおそれが、観念的なものにとどまらず、現実的に起こり得るものとして実質的に認められるもの**を指す。

よく出る！フレーズ　01

❷ 労働基本権の制約

公務員は、労働基本権（28条）の中でも争議行為については一律、全面的な制約を受けています。国家公務員法は、争議行為を禁止するとともに争議行為を行うことをあおる行為を**罰則の対象**にしていますが、判例はこれを**合憲**としています（全農林警職法事件）。

最高裁にきいてみよう！

全農林警職法事件

Q 公務員も憲法28条（労働基本権）の「勤労者」に含まれますか？

A 含まれます。

（公務員も）勤労者として、自己の労務を提供することにより生活の資を得ているものである点において一般の勤労者と異なるところはないから、憲法28条の労働基本権の保障は公務員に対しても及ぶ。 02

Q 争議行為およびあおり行為の禁止は憲法28条に反しませんか？

A 反しません。

公務員の争議行為およびそのあおり行為等を禁止するのは、勤労者をも含めた国民全体の共同利益の見地からするやむをえない制約というべきであって、憲法28条に違反するものではない。…したがって、（罰則規定）は、28条に違反するものとはとうてい考えることができない。

2 在監者の人権制約

在監者（未決拘禁者）については、新聞閲読の自由、喫煙の自由などが問題となっています。

❶ 新聞閲読の自由

最高裁にきいてみよう！

よど号新聞記事抹消事件

Q 閲読の自由は憲法上保障されていますか？

A 保障されています。

新聞紙、図書等の閲読の自由が憲法上保障されるべきことは、思想及び良心の自由の不可侵を定めた憲法19条の規定や、表現の自由を保障した憲法21条の規定の趣旨、目的から、いわばその派生原理として当然に導かれる。

Q 監獄内で閲読の自由の制限が認められるのはどのような場合ですか？

A 障害が生じる相当の蓋然性（≒可能性）がある場合です。

監獄内における閲読の自由の制限が許されるためには、当該閲読を許すことにより監獄内の規律及び秩序が害される**一般的、抽象的なおそれがあるというだけでは足りず**、具体的事情のもとにおいて、その閲読を許すことにより監獄内の規律及び秩序の維持上放置することのできない程度の**障害が生ずる相当の蓋然性があると認められることが必要**である。

よく出る！フレーズ

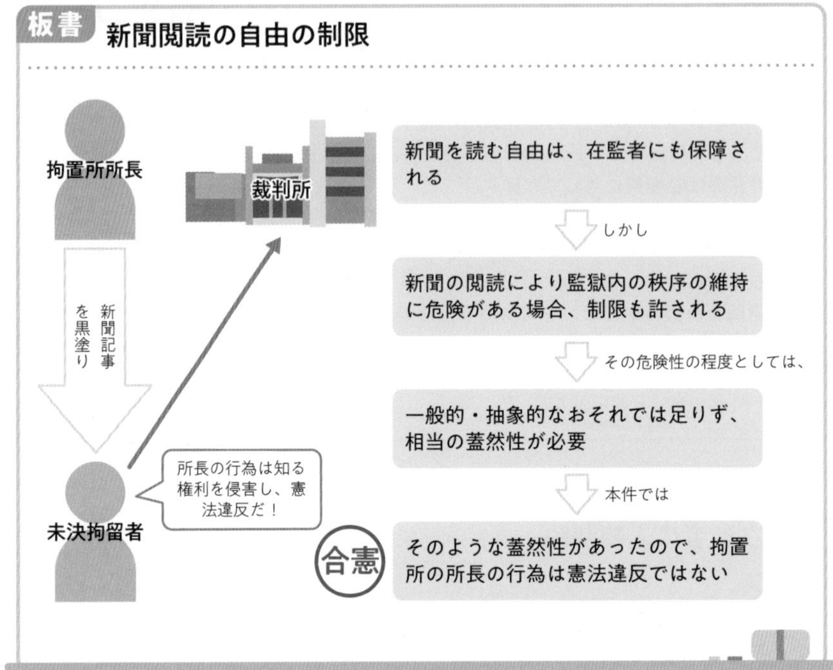

❷ 喫煙の自由

最高裁にきいてみよう！　喫煙禁止事件

Q 未決勾留者に対する喫煙の禁止は憲法13条に違反しますか？

A 違反しません。

喫煙の自由は、憲法13条の保障する基本的人権の一に含まれるとしても、あらゆる時、所において保障されなければならないものではない。…未決勾留により拘禁された者に対し喫煙を禁止する規定が憲法13条に違反するものとはいえない。

3 私人間における人権保障

本来、憲法は公権力に対して向けられたルール（規範）ですが、私人間においても憲法の人権規定は適用されるのでしょうか？　このような問題を憲法学では「**私人間効力**」と呼んでいます。

1 間接適用説

私人間における憲法の人権規定の適用については、複数の説がありますが、判例・通説が採る立場は**間接適用説**と呼ばれます。私人間で人権侵害があった場合、私法（民法等）を直接適用して解決しますが、その**民法の規定を解釈する際に憲法の人権規定の趣旨（考え方）を生かしていく考え方**です。

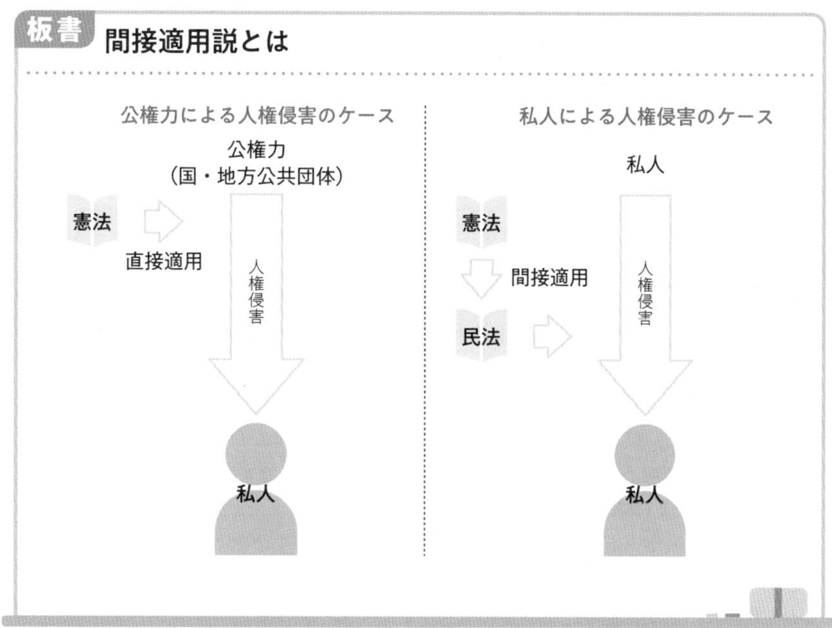

間接適用説は、私人間における法律関係では、（原則として）憲法を直接適用しません。

2 私人間効力における判例

最高裁にきいてみよう！

三菱樹脂事件

①学生運動歴について嘘をついていたので本採用しません！

試用期間中の従業員

②それは思想・良心の自由の侵害だ！

Q 私人間において人権規定は直接適用されますか？

A 直接適用されません。

憲法の各規定は、…もっぱら国または公共団体と個人との関係を規律するものであり、私人相互の関係を直接規律することを予定するものではない。 03

Q 会社が労働者の思想、信条を理由に雇入れを拒否することは違法ですか？

A 違法ではありません。

企業者は、経済活動の一環としてする契約締結の自由を有し、…**企業者が特定の思想、信条を有する者をそのゆえをもって雇い入れることを拒んでも、それを当然に違法とすることはできない。** よく出る！フレーズ 03

Q 会社が労働者の採用にあたり思想、信条を調査することは違法となりますか？

A 違法となりません。

企業者が雇傭の自由を有し、思想、信条を理由として雇入れを拒んでもこれを目して違法とすることができない以上、企業者が、労働者の採否決定にあたり、**労働者の思想、信条を調査し、そのためその者からこれに関連する事項についての申告を求めることも、これを法律上禁止された違法行為とすべき理由はない。** よく出る！フレーズ

最高裁にきいてみよう！

日産自動車事件

Q 女子の定年年齢を男子より低く定めた就業規則は無効ですか？

A 民法90条により無効です。

会社の就業規則中女子の定年年齢を男子より低く定めた部分は、専ら女子であることのみを理由として差別したことに帰着するものであり、**性別のみによる不合理な差別を定めたものとして民法90条の規定により無効**である。 よく出る！フレーズ

04

では、日産自動車事件を通じて、間接適用説の具体的な使い方を見ていきましょう。

板書 間接適用説の具体的な使い方

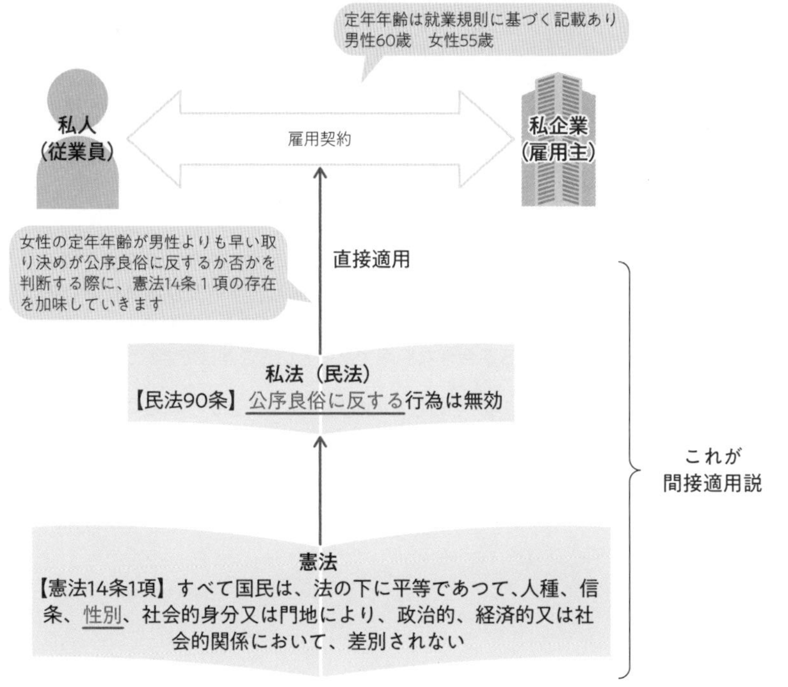

定年年齢は就業規則に基づく記載あり
男性60歳　女性55歳

私人（従業員） ⇔ 雇用契約 ⇔ 私企業（雇用主）

女性の定年年齢が男性よりも早い取り決めが公序良俗に反するか否かを判断する際に、憲法14条１項の存在を加味していきます

直接適用

私法（民法）
【民法90条】公序良俗に反する行為は無効

憲法
【憲法14条1項】すべて国民は、法の下に平等であつて、人種、信条、性別、社会的身分又は門地により、政治的、経済的又は社会的関係において、差別されない

これが間接適用説

間接適用説では、結論部分に憲法の条文は登場しません。あくまでも直接適用されるのは私法（民法）です。本判例でも「**民法90条により無効**」となっている点に十分注意しましょう！

大学の校則で政治活動を禁止し、違反した学生を退学処分にしたことが争われた事件もあります。本事件では校則（生活要録）の有効性が争点になりました。

最高裁にきいてみよう！

昭和女子大事件

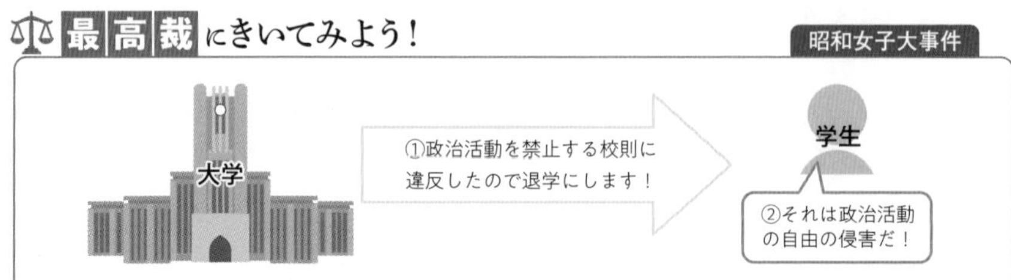

Q 学生の政治活動の自由を制限する校則は有効ですか？

A 有効です。

大学は、（国公立大学であると私立大学であるとを問わず）在学する学生を規律する包括的権能を有する。…大学がその教育方針に照らし、学内及び学外における学生の政治的活動につきかなり広範な規律を及ぼすこととしても、これをもって直ちに社会通念上学生の自由に対する不合理な制限であるということはできない。

「大学に学生を規律する包括的権能がある」ということについては、**国公立でも私立でも変わらない**とされています。

基本的人権の限界

- [ ] **公務員**は、政治的行為の自由と労働基本権について**広範な制約を受けています**。

- [ ] 公務員に禁止された「**政治的行為**」とは、公務員の職務の遂行の**政治的中立性を損なうおそれが実質的に認められるもの**を指します。

- [ ] 監獄内における閲読の自由の制限が許されるためには、その閲読を許すことにより監獄内の規律及び秩序の維持上放置することのできない程度の障害が生ずる**相当の蓋然性があると認められること**が必要です。

- [ ] 未決拘禁者に対する**喫煙禁止**という程度の自由の制限は、**必要かつ合理的な制限**とされています。

- [ ] **間接適用説**とは、私人間における人権侵害については、私法（民法等）を直接適用して解決しますが、その**民法の規定を解釈する際に、憲法の人権規定の趣旨を生かしていく考え方**です。

- [ ] 会社が特定の思想、信条を有する者をそれを理由として採用を拒絶したとしても、それを当然に**違法とすることはできません**。

- [ ] 就業規則中女子の定年年齢を男子より低く定めた部分は、性別のみによる不合理な差別を定めたものとして**民法90条の規定により無効**と判断されています。

第1編 第1章 人権総論

第2節 ○×スピードチェック

01 国家公務員法において禁止されている公務員の政治的行為は、公務員の職務遂行の政治的中立性を損なうおそれが、観念的なものにとどまらず、現実的に起こり得るものとして実質的に認められるものを指しており、こうしたおそれが実質的に認められるか否かは、当該公務員の地位、職務の内容や権限等、当該公務員がした行為の性質、態様、目的、内容等の諸般の事情を総合して判断するのが相当であるとするのが判例である。

国家専門職2019

○

---

02 公務員は、憲法第15条第２項により「全体の奉仕者であって、一部の奉仕者ではない」と規定されている上、法律により主要な勤務条件が定められ、労働基本権行使の制約に対する適切な代償措置が講じられていることから、憲法第28条の「勤労者」には該当しない。 裁判所2005

× 公務員も28条の「勤労者」に該当します。

---

03 憲法の各人権規定は、国又は地方公共団体と私人との関係を規律するのみならず、私人相互の関係をも直接規律するから、企業が特定の思想や信条を有する労働者をそれを理由として雇い入れることを拒めば、当然に違法となる。 国家専門職2007

× 憲法は私人相互の関係を直接規律するものではありません。また、企業が労働者の採用を特定の思想、信条を有することを理由に拒んでも、当然に違法となるものではありません。

---

04 男女で異なる定年年齢を定める就業規則が、専ら性別のみを理由とした不合理な差別であると認められる場合には、民法等の私法における諸規定を適用して解決するまでもなく、当該就業規則は憲法第14条第１項に違反するため、当然に違憲であるとするのが判例である。

国家専門職2019

× 憲法14条１項に違反するのではなく、民法90条により無効となります。

第1編

基本的人権

第2章

総則的権利

第1節 幸福追求権

START! 本節で学習すること

本節では、生命、自由及び幸福追求の権利（13条）を学習します。
まずは、13条が新しい人権の根拠規定として使われていることを理解する必要があります。次に、13条の幸福追求権を根拠にどのようなものが人権として扱われるかについて、判例を通じて学習していきましょう。

1 幸福追求権の意義と法的性質

憲法13条
すべて国民は、個人として尊重される。生命、自由及び幸福追求に対する国民の権利については、公共の福祉に反しない限り、立法その他の国政の上で、最大の尊重を必要とする。

幸福追求権（13条）はその内容が不明確な人権規定ですが、新しい人権の根拠規定として使われています。

1 具体的権利と抽象的権利

憲法で規定されている権利には、具体的権利とされるものと抽象的権利とされるものがあります。

具体的権利とは、憲法の規定から権利に具体性が与えられており、その権利の侵害を主張して**裁判所に救済を求めることができる権利**です。例えば、自由権は具体的権利とされています。

抽象的権利とは、憲法が保障する法的な権利ですが、憲法の規定だけでは**具体的な内容を持たないことから裁判上の救済を求めることはできません**。裁判上の救済を求めることができるのは法律によってその権利の内容が具体化された場合です。例えば社会権は抽象的権利と考えるのが通説です。

2　幸福追求権の法的性質

13条の幸福追求権は**具体的権利性がある**とされており、そこから導き出される権利は、裁判上の救済を求めることができる具体的権利であると考えられます。

そして、13条から導き出される具体的権利は、**人格的生存に不可欠の権利・利益**であると一般に考えられています（人格的利益説）。

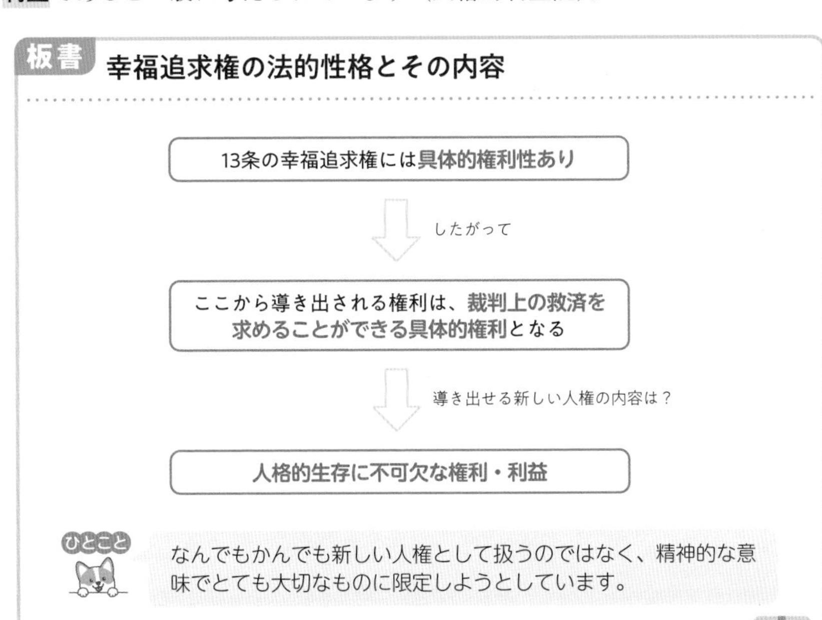

3 幸福追求権を根拠に認められる権利

では具体的に、どのような権利が幸福追求権を根拠に認められているでしょうか？

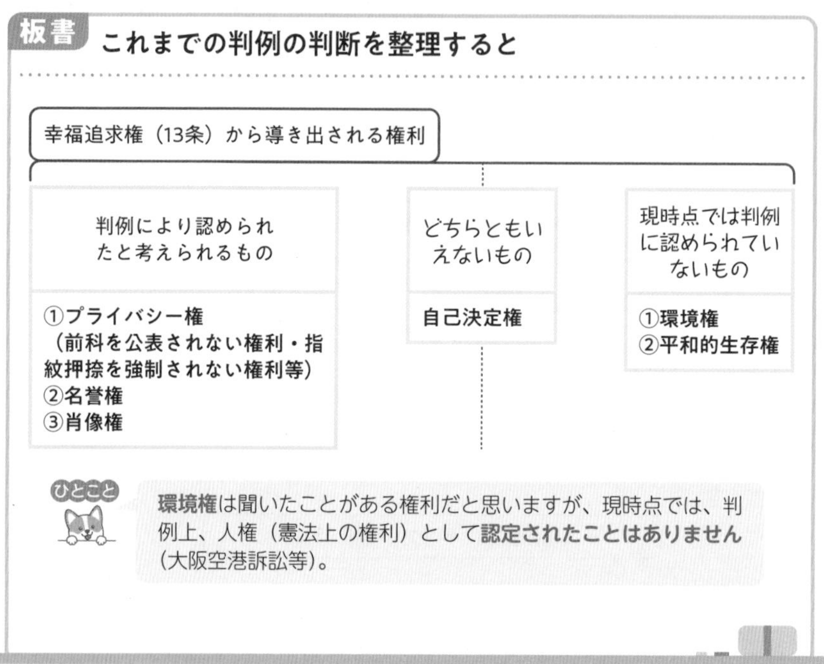

2 プライバシー権

幸福追求権から導き出される代表的な人権として「**プライバシー権**」があります。以前は「自己の私生活をみだりに公開されない権利」と定義されていました（「宴のあと」事件東京地裁判決）。

現在では、自己に関する情報をコントロールする権利（自己情報コントロール権）として拡大して理解する立場が通説です。

「プライバシー権」を**明確に定義した最高裁の判例はありません。**

1 前科情報に関する判例

過去に罪を犯した事実（前科）は、当人にとっては他人に知られたくない情報であり、それがみだりに公開されると犯罪者の更生にも影響を与えます。したがって、**前科を公表されない権利**を保護していく必要があります。

次に紹介するのは、前科をみだりに公開されないことが、法律上の保護に値する利益であることを認めた判例です。

最高裁にきいてみよう！　前科照会事件

弁護士会からの照会に応じて住民の前科を開示してしまった京都市が、その住民から損害賠償請求をされた事件です。

Q 前科をみだりに公開されないことは法律上の保護に値する利益ですか？

A 法律上の保護に値する利益です。

前科等のある者もこれをみだりに公開されないという法律上の保護に値する利益を有するのであって、市区町村長が、本来選挙資格の調査のために作成保管する犯罪人名簿に記載されている前科等をみだりに漏えいしてはならない。 01

Q 市区町村長が前科等を回答することは、公権力の違法な行使にあたりますか？

A あたります。

市区町村長が漫然と弁護士会の照会に応じ、犯罪の種類、軽重を問わず、前科等のすべてを報告することは、公権力の違法な行使にあたる。

本判例は、国家賠償法という法律レベルの判断で終了させていて、憲法上の判断はされていません。「公権力の違法な行使にあたる」と損害賠償が認められる、ことになります。本事例では、京都市への賠償請求が認められています。

最高裁にきいてみよう！　ノンフィクション「逆転」事件

ノンフィクション作品の中で前科を実名により公表された者が、作家に対して不法行為として損害賠償を請求した事件です。

Q 前科をみだりに公開されないことは法律上の保護に値する利益ですか？

A 法律上の保護に値する利益です。

服役したという事実は、その者の名誉あるいは信用に直接にかかわる事項であるから、その者は、みだりに前科等にかかわる事実を公表されないことにつき、法的保護に値する利益を有するものというべきである。 02

Q 前科等の公表により被った精神的苦痛の賠償を求めることができるのはどのような場合ですか？

A 前科等にかかわる事実を公表されない法的利益が優越する場合です。

ある者の前科等にかかわる事実を実名を使用して著作物で公表したことが不法行為を構成するか否かは、その者のその後の生活状況のみならず、事件それ自体の歴史的又は社会的な意義、その当事者の重要性、その者の社会的活動及びその影響力について、その著作物の目的、性格等に照らした実名使用の意義及び必要性をも併せて判断すべきものであって、その結果、**前科等にかかわる事実を公表されない法的利益が優越するとされる場合には、その公表によって被った精神的苦痛の賠償を求めることができる。**よく出る！フレーズ 03

板書　ノンフィクション「逆転」事件における判断

公表されない法的利益 ＞ 公表する理由

不法行為となり、損害賠償が認められる

本事件ではこちらと判断され、損害賠償が認められている

公表されない法的利益 ＜ 公表する理由

不法行為とならず、損害賠償が認められない

2　氏名・住所等の単純な個人情報に関する判例

氏名・住所等の**単純な個人情報**についても、プライバシーとして他人にはあまり知られたくない情報です。次の２つの事件は、この点についての判断を示した判例です。

第1編
第2章
総則的権利

最高裁にきいてみよう！

早稲田大学名簿提出事件

①外国要人の講演会参加申し込み

②要人警護のため参加者名簿を提出

Q　提出された情報は秘匿性の高い情報といえますか？

A　いえません。

学籍番号、氏名、住所及び電話番号は、大学が個人識別等を行うための**単純な情報であって、その限りにおいては、秘匿されるべき必要性が必ずしも高いものではない。**

よく出る！フレーズ

Q　提出された情報は法的保護の対象となりますか？

A　対象となります。

よく出る！フレーズ

本件個人情報についても、本人が、自己が欲しない他者にはみだりにこれを開示されたくないと考えることは自然なことであり、そのことへの期待は保護されるべきものである。本件個人情報は、学生らのプライバシーに係る情報として法的保護の対象となる。

04

Q　無断で名簿を提出した大学の行為は不法行為になりますか？

A　なります。

無断で本件個人情報を警察に開示した同大学の行為は、学生らが任意に提供したプライバシーに係る情報の適切な管理についての合理的な期待を裏切るものであり、学生らのプライバシーを侵害するものとして不法行為を構成するというべきである。

結論としては、大学側が裁判で負けて、損害賠償を命じられています。

最高裁にきいてみよう！

住基ネット訴訟

Q 住基ネットにより住民の本人確認情報を管理、利用等する行為は13条に違反しますか？

A 違反しません。

行政機関が住基ネットにより住民の本人確認情報を管理、利用等する行為は、個人に関する情報をみだりに第三者に開示又は公表するものということはできず、**当該個人がこれに同意していないとしても、憲法13条により保障された自由を侵害するものではない。** よく出る！フレーズ

05

語句 **住基ネット（住民基本台帳ネットワークシステム）**／市町村が管理する住民基本台帳のデータを電子化し、ネットワークでつなげて都道府県のサーバーで共有するシステムです。

3 肖像権

肖像権とは、承諾なしにみだりにその容ぼう、姿態を撮影等されない自由をいいます。

次の事件では、13条を根拠として、承諾なしにみだりにその容ぼう、姿態を撮影されない自由（肖像権）が保障されていると判断されています。

最高裁にきいてみよう！

京都府学連デモ事件

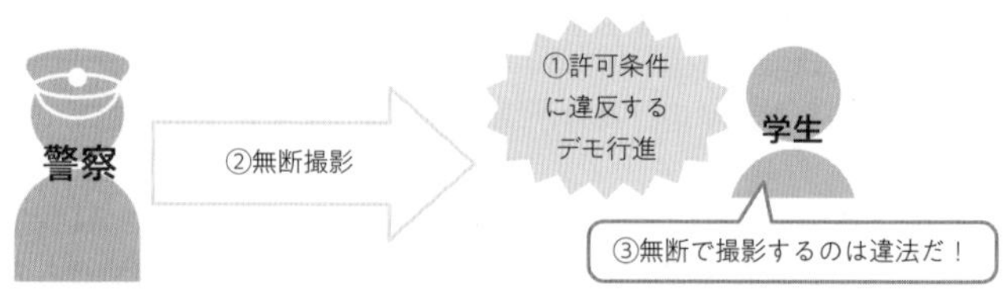

Q 容ぼう等を撮影されない自由は保障されていますか？

A 13条で保障されています。

個人の私生活上の自由の一つとして、何人も、その承諾なしに、みだりにその容ぼう・姿態を撮影されない自由を有するものというべきである。これを肖像権と称するかどうかは別として、少なくとも、**警察官が、正当な理由もないのに、個人の容ぼう等を撮影することは、憲法13条の趣旨に反し、許されない**ものといわなければならない。 よく出る！フレーズ

06

Q 警察官の無断撮影が許されるのはどのような場合ですか？

A 次の①～③の要件を満たした場合です。

①現に犯罪が行なわれもしくは行なわれたのち間がないと認められる場合であって、しかも②証拠保全の必要性および緊急性があり、かつ③その撮影が一般的に許容される限度をこえない相当な方法をもって行なわれるときには、撮影される本人の同意がなく、また裁判官の令状がなくても、警察官による個人の容ぼう等の撮影が許容される。

無断撮影が許される場合を簡単に要約すると、
①現行犯性
②証拠保全の必要性・緊急性
③相当な方法
の３要件が満たされる場合となります。

Q 上記の要件が満たされていれば、撮影対象に第三者が含まれている場合であっても、憲法違反になりませんか？

A なりません。

（上記の要件を満たす）警察官による写真撮影は、その対象の中に、犯人の容ぼう等のほか、**犯人の身辺または被写体とされた物件の近くにいたためこれを除外できない状況にある第三者である個人の容ぼう等を含むことになっても、憲法13条、35条に違反しない。** よく出る！フレーズ

35条は、警察が証拠を収集する際に裁判官が出す令状を必要とする規定です。詳しくは第５章第２節で学習しますが、**３要件を満たす警察官の無断撮影は、裁判官の発する令状がなくても35条違反になりません。**

自動速度監視装置で運転者を無断撮影したことが問題になった事件では、京都府学連デモ事件の３要件を使って**合憲**と判断されています。

4 自己決定権

自己決定権とは、自己に関する私的な事柄を公権力から干渉されることなく、自ら決定することができる権利のことです（例：子どもを持つかどうか、結婚をするかしないか、髪型の決定等）。

自己決定権を判例が憲法上の権利として考えているのかは明確ではありませんが、エホバの証人輸血拒否事件では、「**輸血を伴う医療行為を拒否する意思決定をする権利も人格権の一内容として尊重されなければならない**」と述べています。

最高裁にきいてみよう！　エホバの証人輸血拒否事件

宗教上の信念から輸血を拒否している患者Aに対して、輸血以外に救命手段がない場合は輸血する方針を採っていることの説明をしないまま、無輸血との前提で手術が行われることとなりました。しかし、担当した医師Bが、手術中に出血多量となったAに輸血を行ったため、Aが精神的苦痛を理由に、Bに対し損害賠償請求をしました。

Q 輸血を拒否する意思決定をすることは法的保護の対象となりますか？

A なります。

患者が、輸血を受けることは自己の宗教上の信念に反するとして、輸血を伴う医療行為を拒否するとの明確な意思を有している場合、**このような意思決定をする権利は、人格権の一内容として尊重されなければならない。** よく出る！フレーズ 07

Q 輸血以外に救命手段がない場合は輸血するとの方針を説明せずに手術を行い、輸血をした医師は損害賠償責任を負いますか？

A 負います。

医師Bらは、右説明を怠ったことにより、患者Aが輸血を伴う可能性のあった本件手術を受けるか否かについて意思決定をする権利を奪ったものといわざるを得ず、この点においてAの人格権を侵害したものとして、同人がこれによって被った精神的苦痛を慰謝すべき責任を負うものというべきである。

人格権とは、身体・名誉・信用・肖像・氏名など、個人の人格に関わる利益について保護を求める権利を広く表す言葉です。この権利を13条を根拠に認める学説もありますが、**判例の立場ははっきりせず**、（民法等の）私法上の権利として認めているに過ぎないとも考えられています。

第1節 幸福追求権

- [ ] 13条の幸福追求権に基づいて保障される新しい人権の範囲は、「人格的生存に不可欠な権利」だと考えられており、この考え方を**人格的利益説**といいます。

- [ ] プライバシー権は、**自己に関する情報をコントロールする権利**（自己情報コントロール権）として拡大して理解する立場が通説的です。

- [ ] 前科は、人の名誉・信用に直接かかわる事項であり、前科を有する者も、**前科をみだりに公開されない法律上の利益**を有します。

- [ ] 前科等にかかわる事実を公表されない**法的利益が優越するとされる場合**には、その公表によって被った精神的苦痛の賠償を求めることができます。

- [ ] 学籍番号、氏名、住所及び電話番号は、大学が個人識別等を行うための単純な情報であって、**秘匿されるべき必要性が必ずしも高いものではありませんが、法的保護の対象にはなりえます**。

- [ ] 警察官による無断撮影が許されるのは、**現に犯罪が行われ、もしくは行われたのち間がない場合において、証拠保全の必要性・緊急性があり、その撮影方法が相当である場合**です。

- [ ] 宗教上の信念に反するとして患者が輸血を伴う医療行為を拒否する意思決定をする権利は、**人格権の一内容として尊重されなければならない**とされています。

第1節 ○×スピードチェック

01 前科及び犯罪経歴は、人の名誉、信用に直接関わる事項ではあるが、刑事裁判における裁判や選挙資格などが法律関係に直接影響を及ぼす場合が少なくない以上、前科及び犯罪経歴のある者がこれをみだりに公開されないという法律上の保護に値する利益を有するとまではいえないとするのが判例である。 国家専門職2017

× 法律上の保護に値する利益を有するとするのが判例です。

---

02 ある者が刑事事件について被疑者とされ、さらには被告人として公訴を提起されて有罪判決を受け、服役したという事実は、その者の名誉あるいは信用に直接にかかわる事項であるから、その者は、みだりに当該前科等にかかわる事実を公表されないことについて、法的保護に値する利益を有する。 国家専門職2005

○

---

03 ある者の前科等にかかわる事実が著作物で実名を使用して公表された場合に、その者のその後の生活状況、当該刑事事件それ自体の歴史的又は社会的な意義、その者の当事者としての重要性、その者の社会的活動及びその影響力について、その著作物の目的、性格等に照らした実名使用の意義及び必要性を併せて判断し、当該前科等にかかわる事実を公表されない法的利益がこれを公表する理由に優越するときは、その者はその公表によって被った精神的苦痛の賠償を求めることができる。

国家一般職2009

○

---

04 学籍番号及び氏名は、大学が個人識別等を行うための単純な情報であって、秘匿されるべき必要性が必ずしも高いものではなく、自己が欲しない他者にはみだりにこれらの個人情報を開示されないことへの期待は、尊重に値するものではあるものの、法的に保護されるとまではいえないから、学籍番号及び氏名はプライバシーに係る情報として法的保護の対

象とはならない。 国家一般職2020

✕ 法的保護の対象とはなります。

---

05 憲法第13条は、国民の私生活上の自由が公権力の行使に対しても保護されるべきことを規定しており、個人の私生活上の自由の一つとして、何人も、個人に関する情報をみだりに第三者に開示又は公表されない自由を有することから、行政機関が住民基本台帳ネットワークシステムにより住民の本人確認情報を収集、管理又は利用する行為は、当該住民がこれに同意していない場合には、憲法第13条に違反する。 国家一般職2009

✕ 住民がこれに同意していない場合でも13条に違反しません。

---

06 個人の私生活上の自由の一つとして、何人も、その承諾なしに、みだりにその容ぼう等を撮影されない自由を有しており、警察官が、正当な理由もないのに、個人の容ぼう等を撮影することは、憲法第13条の趣旨に反し許されないとするのが判例である。 国家専門職2017

○

---

07 患者が、輸血を受けることは自己の宗教上の信念に反するとして、輸血を伴う医療行為を拒否するとの明確な意思を有している場合、このような意思決定をする権利は、人格権の一内容として尊重されなければならないとするのが判例である。 国家専門職2017

○

第2節 法の下の平等

START! 本節で学習すること

本節では、法の下の平等（14条）について学習します。
まずは、「法の下の平等」という言葉がどのような意味を持っているかを理解しましょう。
次に、判例を個別に覚えていくことになりますが、この分野は重要判例が多く、違憲判決も多くあります。表現の自由に次いで重要度が高い分野なのでしっかり学習しましょう。

1 法の下の平等の意義

憲法14条
① すべて国民は、法の下に平等であつて、人種、信条、性別、社会的身分又は門地により、政治的、経済的又は社会的関係において、差別されない。

「法の下」という言葉は、**法適用の平等**と**法内容の平等**の両者を含むとされています。

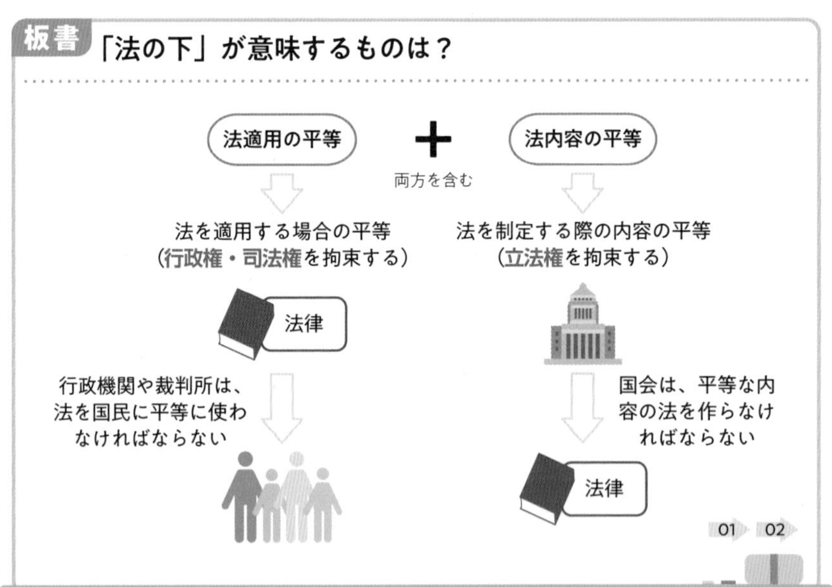

「平等」という言葉は、絶対的平等を意味するものではなく、**相対的平等**を意味するものと考えられています。

板書 「平等」が意味するものは？

- ✕ 絶対的平等：全員を全く同じに扱う
- ○ 相対的平等：同じ事情や状況のもとでは同じに扱うが、異なる事情や状況のもとでは異なる扱いをしてもよい

⇩ 判例では

事柄の性質に即応した**合理的とみられる区別は許される**

- 合理的な区別⇒**合憲**
- 不合理な差別⇒**違憲**

02

ひとこと

14条1項では、人種、信条、性別、社会的身分、門地と5つの差別事由が列挙されていますが、これは典型的なものを例として挙げただけであって（例示列挙）、**不合理な差別であれば他の事由（理由）に基づく差別も許されません。**また、**列挙された5つの事由についても、合理的な区別と認められるものは許されます。** 03

語句 **社会的身分**／生まれによって決定され自己の意思で変えられない社会的な地位（もしくは広く社会においてある程度継続的に占めている地位）のことです。

門地／家系や血統などによって決まる家柄のことです。

2 法の下の平等に関する判例

1 家族関係に関する判例

最初に紹介する判例は、旧刑法の規定が親に対する殺人を通常の殺人より重く罰する規定となっていたことを問題としたものです。判例の前にその規定について見ておきましょう。

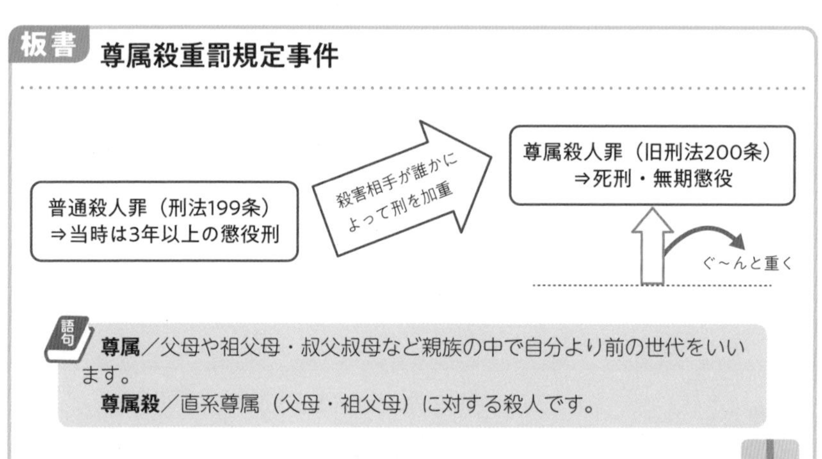

最高裁にきいてみよう！ 違憲判決　尊属殺重罰規定事件

親に対する殺人（尊属殺）を重罰にする刑法の規定の合憲性が争われました。

Q 旧刑法200条（尊属殺重罰規定）の立法目的は不合理ですか？

A 不合理とまではいえません。

旧刑法200条の立法目的は、尊属を卑属またはその配偶者が殺害することをもって一般に高度の社会的道義的非難に値するものとし、かかる所為を通常の殺人の場合より厳重に処罰し、もって特に強くこれを禁圧しようとするにあるものと解される。…尊属の殺害は通常の殺人に比して一般に高度の社会的道義的非難を受けて然るべきであるとして、このことをその処罰に反映させても、あながち不合理であるとはいえない。

04

立法目的自体は、**不合理である（違憲である）とはしていない点**に十分注意してください。刑を加重すること自体は違憲ではありません（重くしすぎると違憲になります）。

Q 旧刑法200条の立法目的達成の手段（死刑・無期懲役刑）は不合理ですか？
A 不合理です。
よく出る！フレーズ
旧刑法200条は、尊属殺の法定刑を**死刑または無期懲役刑のみに限っている点において、その立法目的達成のため必要な限度を遥かに超え、普通殺に関する刑法199条の法定刑に比し著しく不合理な差別的取扱い**をするものと認められる。…旧刑法200条は、憲法14条１項に違反して無効である。 05

第1編 第2章 総則的権利

次に紹介する事件は前提となる旧民法の規定の内容を知らないと理解できないので、まず民法上の用語と相続のルールについての説明をしておきます。

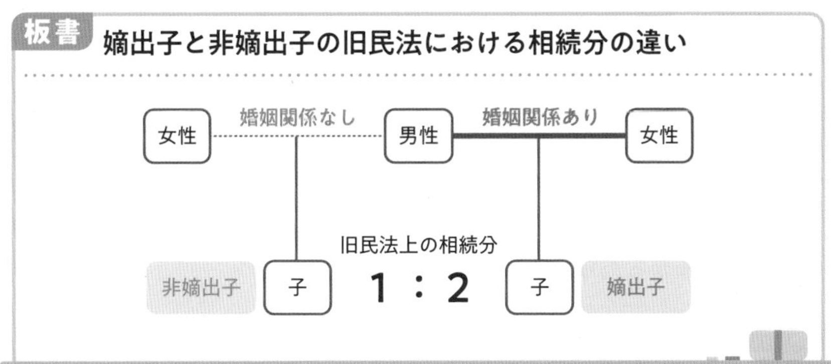

最高裁にきいてみよう！ 違憲判決 非嫡出子相続分事件

非嫡出子の法定相続分を嫡出子の２分の１とする旧民法の規定の合憲性が争われました。

Q 本件規定は憲法14条１項に違反しますか？
A 違反します。
法律婚という制度自体は我が国に定着しているとしても、家族とその中の個人の関係の認識の変化に伴い、**父母が婚姻関係になかったという、子にとっては自ら選択ないし修正する余地のない事柄を理由としてその子に不利益を及ぼすことは許されず**、子を個人として尊重し、その権利を保障すべきであるという考えが確立されてきているものということができる。立法府の裁量権を考慮しても、嫡出子と嫡出でない子の法定相続分を区別する合理的な根拠は失われており、本件規定は、遅くとも相続が開始した平成13年７月当時において、**憲法14条１項に違反していた**ものというべきである。 06
よく出る！フレーズ
よく出る！フレーズ

次に紹介する事件は、前提となる民法や国籍法の規定の内容を知らないと理解できないので、その説明を少し丁寧にする必要があります。

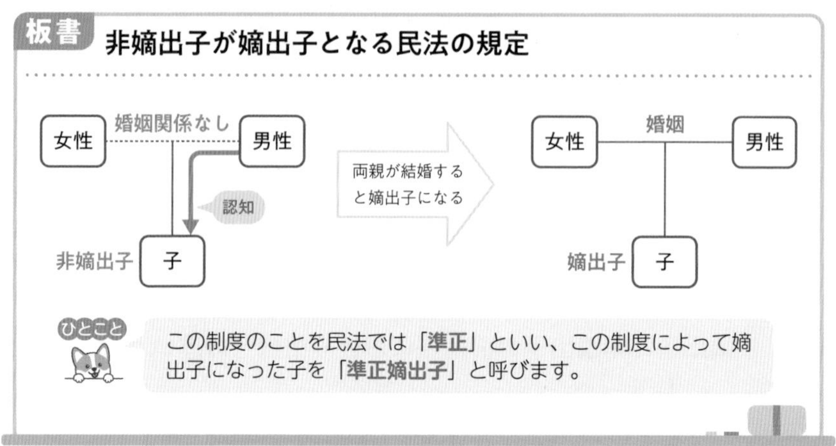

上の内容を踏まえ、さらに国籍法の説明をします。この法律では、両親のどちらかが日本人であれば、子も日本人になるとされています。ただ、この両親が婚姻していなかったらどうなるでしょうか。

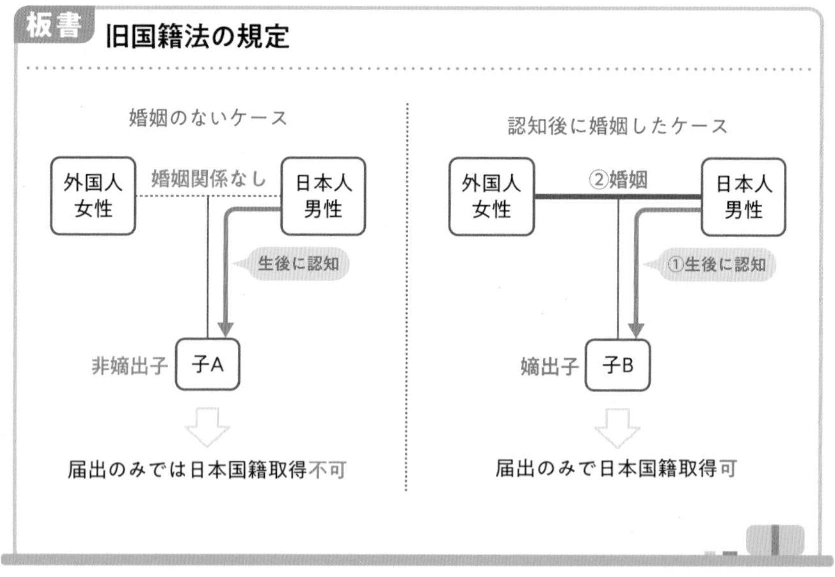

最高裁にきいてみよう！　違憲判決

国籍法違憲事件

婚姻関係にない父（日本国籍）と母（外国籍）から生まれた子が日本国籍を届出だけで取得するには父母の婚姻を要件とする国籍法の規定の合憲性が争われました。

Q 合理的理由のない差別となるのはどのような場合ですか？

A 立法目的に合理的な根拠が認められない場合、又はその具体的な区別と立法目的との間に合理的関連性が認められない場合です。

（国籍取得の要件を）どのように定めるかについて、立法府の裁量判断にゆだねる趣旨のものであると解される。しかしながら、このようにして定められた日本国籍の取得に関する法律の要件によって生じた区別が、合理的理由のない差別的取扱いとなるときは、憲法14条１項違反の問題を生ずることはいうまでもない。すなわち、立法府に与えられた上記のような裁量権を考慮しても、なおそのような区別をすることの**立法目的に合理的な根拠が認められない場合、又はその具体的な区別と上記の立法目的との間に合理的関連性が認められない場合**には、当該区別は、合理的な理由のない差別として、同項に違反するものと解される。よく出る！フレーズ

Q 日本国籍取得の要件に関して区別を生じさせることに合理的な理由があるかはどのように検討すべきですか？

A 日本国籍は重要な法的地位であることから慎重に検討すべきです。

日本国籍は、我が国の構成員としての資格であるとともに、我が国において基本的人権の保障、公的資格の付与、公的給付等を受ける上で意味を持つ重要な法的地位でもある。一方、父母の婚姻により嫡出子たる身分を取得するか否かということは、子にとっては自らの意思や努力によっては変えることのできない父母の身分行為に係る事柄である。したがって、このような事柄をもって日本国籍取得の要件に関して区別を生じさせることに合理的な理由があるか否かについては、慎重に検討することが必要である。

Q 本件における区別は不合理な差別ですか？

A 不合理な差別です。

よく出る！フレーズ

非嫡出子についてのみ、父母の婚姻という、子にはどうすることもできない父母の身分行為が行われない限り、生来的にも届出によっても日本国籍の取得を認めないとしている点は、今日においては、立法府に与えられた裁量権を考慮しても、我が国との密接な結び付きを有する者に限り日本国籍を付与するという立法目的との合理的関連性の認められる範囲を著しく超える手段を採用しているものというほかなくその結果、**不合理な差別を生じさせている**ものといわざるを得ない。

07

よく出る！フレーズ

次に紹介する事件は、前提となる民法の規定の内容を知らないと理解できないので、民法の規定について丁寧に説明しておきます。

一般に、親子関係のうち、母子関係は分娩によって明らかになりますが、父子関係（誰が父親なのか）は証明が困難です。このため民法では、

- 妻が婚姻中に懐胎した子は、夫の子と推定する
- 婚姻から200日経過後、または離婚後300日以内に生まれた子は婚姻中に懐胎したものと推定する

という規定が設けられており、女性にのみ６か月の再婚禁止期間が設けられていたのはこのことと関係しています。

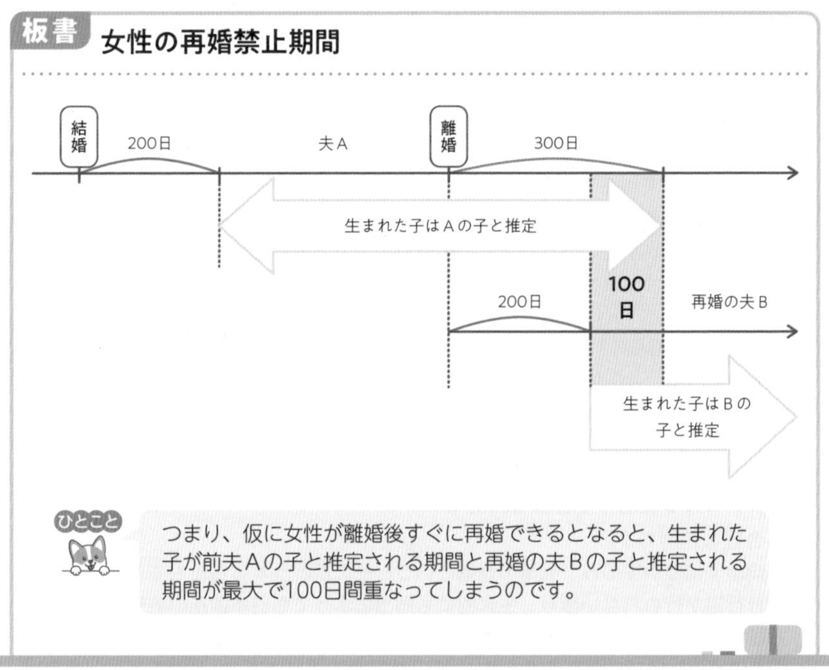

最高裁にきいてみよう！ 違憲判決　女性の再婚禁止期間事件

女性のみ６か月の再婚禁止期間を設ける民法の規定の合憲性が争われました。

Q 本件規定の立法目的には合理性はありますか？

A ありります。

本件規定の立法目的は、女性の再婚後に生まれた子につき父性の推定の重複を回避し、もって父子関係をめぐる紛争の発生を未然に防ぐことにあると解するのが相当である。父子関係が早期に明確となることの重要性に鑑みると、このような立法目的には合理性を認めることができる。 08

Q 100日の再婚禁止期間を設ける部分は、憲法に違反しますか？

A 違反しません。

女性の再婚後に生まれる子については、計算上100日の再婚禁止期間を設けることによって、父性の推定の重複が回避される。…立法目的との関連において合理性を有するものということができる。本件規定のうち 100日の再婚禁止期間を設ける部分は、憲法14条１項にも、憲法24条２項にも違反するものではない。

Q 100日を超える再婚禁止期間を設ける部分は、憲法に違反しますか？

A 違反します。

よく出る！フレーズ

本件規定のうち**100日超過部分が憲法24条２項にいう両性の本質的平等に立脚したものでなくなっていたことも明らかであり、再婚当時において、同部分は、憲法14条１項に違反するとともに、憲法24条２項にも違反する**に至っていたというべきである。 08

父性の推定／誰が父親かを推定することです。

ここまでは違憲判決が連続しましたが、夫婦は同じ氏（姓）としなければならないとする民法の規定の合憲性が争われた夫婦同氏訴訟では、**合憲**とする判断が出されています。

最高裁にきいてみよう！　夫婦同氏訴訟

Q 夫婦が婚姻の際に夫又は妻の氏を称すると定める民法の規定は合憲ですか？

A 合憲です。

本件規定は、夫婦がいずれの氏を称するかを夫婦となろうとする者の間の協議に委ねているのであって、その文言上性別に基づく法的な差別的取扱いを定めているわけではない。我が国において、夫婦となろうとする者の間の個々の協議の結果として夫の氏を選択する夫婦が圧倒的多数を占めることが認められるとしても、それが、本件規定の在り方自体から生じた結果であるということはできない。…本件規定は、憲法14条１項に違反するものではない。

2 定数不均衡訴訟の判例

選挙の際に設けられている選挙区ごとの有権者人口の違いから生じる一票の格差（較差）の合憲性が争われた訴訟を定数不均衡訴訟と呼びます。投票価値の平等も法の下の平等の保障に含まれます。

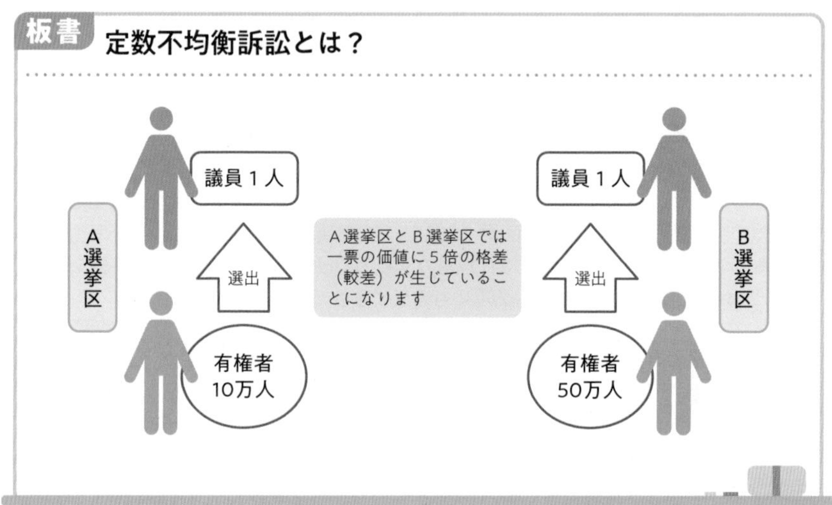

定数不均衡訴訟でこれまで違憲判決が出されたのは衆議院選挙の２例だけです（昭和51年判決・昭和60年判決）。参議院選挙では違憲判決が出された例はありません。

最高裁にきいてみよう！ 違憲判決 衆議院定数不均衡訴訟（昭和51年）

衆議院選挙において１：4.99（約５倍）の格差（較差）を生じさせている定数配分規定の合憲性が争われました。

Q 投票価値の平等は憲法上保障されますか？

A 保障されています。

憲法15条１項、３項、44条但し書の規定の各規定の文言上は単に選挙人資格における差別の禁止が定められているにすぎないけれども、単にそれだけにとどまらず、選挙権の内容、すなわち各選挙人の投票の価値の平等もまた、憲法の要求するところである。

Q 議員定数配分規定の合憲性はどのように判断されますか？

A ①一票の格差の程度と②改正にかかる合理的期間の経過によって判断されます。

よく出る! フレーズ

選挙人の投票価値の不平等が、国会において通常考慮しうる諸般の要素をしんしゃくしてもなお、一般的に合理性を有するものとはとうてい考えられない程度に達しているときは、もはや国会の合理的裁量の限界を超えているものと推定されるべきものであり、このような不平等を正当化すべき特段の理由が示されない限り、憲法違反と判断するほかはない。 09

しかし、選挙権の平等の要求に反する程度となったとしても、これによって直ちに当該議員定数配分規定を憲法違反とすべきものではなく、合理的期間内における是正が憲法上要求されていると考えられるのにそれが行われない場合に始めて憲法違反と断ぜられるべきものと解するのが、相当である。

Q 本件定数配分規定は違憲となりますか？

A 違憲となります。

（本件議員定数配分規定の下における１対4.99という）著しい不均衡は、かなり以前から選挙権の平等の要求に反すると推定される程度に達しており、本件選挙の時まで８年余にわたって改正がなんら施されていなかった。…**本件議員定数配分規定は、憲法の要求するところに合致しない状態になっていたにもかかわらず、憲法上要求される合理的期間内における是正がされなかったものと認めざるをえない。…憲法の選挙権の平等の要求に違反し、違憲と断ぜられる。**

よく出る! フレーズ

Q 違憲とされた本件定数配分規定により実施された選挙はどうなりますか？

A 有効となります。

事情判決の法理にしたがい、本件選挙は憲法に違反する議員定数配分規定に基づいて行われた点において違法である旨を判示するにとどめ、選挙自体はこれを無効としない。

プラスone

事情判決の法理とは、行政事件訴訟法31条の事情判決から導き出される考え方のことをいいます。

「事情判決」では、行政側が間違った判断をしたにもかかわらず、それを取り消すと公共の利益の観点から著しい損害が生じるおそれがある場合に、様々な事情を考慮して、取消しとしない判決が出されます。

最高裁は定数不均衡訴訟でもこの考え方を応用して、**定数配分規定は違憲でも、それに基づいて実施された選挙は無効としない**判断をしています。

板書 **定数不均衡訴訟における判例の判断の仕方**

① 一票の格差の程度
② 改正にかかる合理的期間の経過

衆議院選挙において以前は3倍を超えると違憲状態と判断されていましたが、10年ほど前から約2倍を基準とする判断が出されるようになっています

↓

選挙権の平等の要求に反するほどの著しい不均衡があり、かつ、法改正に必要な合理的期間が経過

定数配分規定は違憲

↓

実施された選挙はどうなる？

↓

選挙自体は無効としない判決（事情判決の法理）

①②がそろって初めて最終的に違憲判決がでます。
①の違憲性だけが認められ、②の合理的期間の経過がない場合、結論としては合憲判決となります（この判決は①の点で違憲の状態であると判定されていますので、「違憲状態判決」と呼ばれます）。

3 その他の判例

租税法における取扱いの差が争われた事例、条例による地域差が問題となった事例があります。

最高裁にきいてみよう！ サラリーマン税金訴訟

給与所得者は自営業者と異なり、経費について実際に費やした金額を控除（実額控除）することができないこと（概算控除）が、法の下の平等に反しないかが争われました。

Q 租税法分野における取扱いの区別はどのような場合に違憲となりますか？

A 著しく不合理であることが明らかな場合のみ違憲となります。

租税法の定立については、立法府の政策的、技術的な判断にゆだねるほかはなく、裁判所は、基本的にはその裁量的判断を尊重せざるを得ない…租税法の分野におけ

る所得の性質の違い等を理由とする取扱いの区別は、よく出る！フレーズ その立法目的が正当なものであり、かつ、当該立法において具体的に採用された区別の態様が立法目的との関連で著しく不合理であることが明らかでない限り、その合理性を否定することができず、これを憲法14条１項の規定に違反するものということはできない。

Q 本件の区別は憲法14条１項に違反しますか？

A 違反しません。

旧所得税法が必要経費の控除について事業所得者等と給与所得者との間に設けた前記の区別は、合理的なものであり、憲法14条１項の規定に違反するものではない。

租税分野における判例の判断の特徴は、これまで学習してきた判例に比べて、**緩い判断基準**（著しく不合理なことが明らかな場合のみ違憲となる）が採用されている点です。

第1編 第2章 総則的権利

最高裁にきいてみよう！ 売春等取締条例事件

売春等取締条例の有無によって地域によって異なる取扱いがされることが憲法14条１項に違反しないかが争われました。

Q 条例により地域によって差が生じることは憲法に反しますか？

A 憲法に違反しません。

憲法が各地方公共団体の条例制定権を認める以上、地域によって差別を生ずることは当然に予期されることであるから、かかる差別は憲法みずから容認するところであると解すべきである。

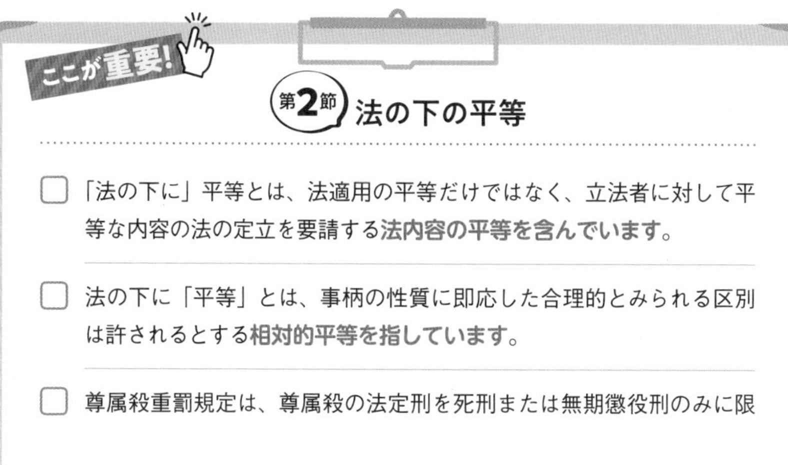

第2節 法の下の平等

- [ ] 「法の下に」平等とは、法適用の平等だけではなく、立法者に対して平等な内容の法の定立を要請する**法内容の平等を含んでいます。**
- [ ] 法の下に「平等」とは、事柄の性質に即応した合理的とみられる区別は許されるとする**相対的平等を指しています。**
- [ ] 尊属殺重罰規定は、尊属殺の法定刑を死刑または無期懲役刑のみに限っている点において、その**立法目的達成のため必要な限度を遥かに超え**、普通殺に関する刑法199条の法定刑に比し著しく不合理な差別的取扱いをするものと認められるので、**14条１項に違反する**と判断されています。

- [ ] 非嫡出子の法定相続分を嫡出子の２分の１とする民法の規定は**14条１項に反し違憲無効**と判断されています。

- [ ] 婚姻関係にない父（日本国籍）と母（外国籍）から生まれた子が日本国籍を届出だけで取得するには父母の婚姻を要件とする国籍法の規定は、**14条１項に違反し違憲無効**と判断されています。

- [ ] 女性のみ６か月の再婚禁止期間を設ける民法の規定は、100日を超える部分については**14条１項に違反し違憲無効**と判断されています。

- [ ] 議員定数配分規定の合憲性は、**一票の格差の程度と改正にかかる合理的期間の経過**によって判断されます。

- [ ] 定数配分規定が違憲と判断されても、当該定数配分規定の下で実施された**選挙自体は無効としない**判断が出されています。

- [ ] 必要経費の控除について**事業所得者等と給与所得者との間に設けた税法上の区別は、合理的なもの**であり、14条１項の規定に違反するものではないと判断されています。

- [ ] 憲法が各地方公共団体の条例制定権を認めていることから、**条例によって地域差が生じることは憲法上許されています。**

第2節 ○×スピードチェック

01 判例、通説に照らすと、法の下の平等は、法の適用においての平等を意味するだけでなく、法の定立における平等も意味するものであり、行政と司法を拘束するのみならず、立法者をも拘束するものである。

特別区Ⅰ類2007

---

02 憲法第14条第１項における平等とは、法を執行し適用する行政権・司法権が国民を差別してはならないという意味であり、社会的通念からみて合理的なものであっても、事実的・実質的な差異に基づいて、その法上取扱いに差異を設けることは許されないと解されている。国家専門職2012

× 社会的通念からみて合理的なものであれば差異を設けることも許されます（相対的平等）。

---

03 判例は、憲法第14条第１項後段に列挙された事項は例示的なものであるとし、法の下の平等の要請は、事柄の性質に即応した合理的な根拠に基づくものでない限り、差別的な取扱いをすることを禁止する趣旨と解すべき、としている。

国家一般職2016

---

04 尊属を卑属又はその配偶者が殺害することをもって刑の加重要件とする規定を設けることは、人格の平等を否定する不合理な差別に当たり、憲法に定める法の下の平等に反し違憲である。

国家専門職2010

× 刑の加重要件とする規定を設けること自体は、違憲とはされていません。

---

05 最高裁判所の判例に照らすと、尊属殺の法定刑を死刑又は無期懲役刑に限ることは、立法目的達成のため必要な限度の範囲内であり、普通殺に関する法定刑に比し著しく不合理な差別的取扱いをするものと認められず、法の下の平等に反しない。

特別区Ⅰ類2003

× 著しく不合理な差別的取扱いをするものと認められ、法の下の平等に反します。

06 嫡出でない子の相続分を嫡出子の２分の１とすることは、子にとっては自ら選択ないし修正する余地のない事情を理由としてその子に不利益を及ぼすことになり許されないから、憲法第14条第１項に反し違憲である。

国家専門職2016

○

07 日本国民である父と日本国民でない母との間に出生した後に父から認知された子について、父母の婚姻により嫡出子たる身分を取得した場合に限り届出による日本国籍の取得を認めていることによって、出生後に認知されたにとどまる子と嫡出子たる身分を取得した子との間に日本国籍の取得に関する区別を生じさせていることは、憲法第14条第１項に反し違憲である。

国家専門職2016

○

08 女性のみに前婚解消後６か月の再婚禁止を規定した民法第733条は、父性の推定の重複を回避し、父子関係をめぐる紛争の発生を未然に防ぐという目的は正当であるものの、その手段はやむを得ないものとは認められず問題があるが、極めて明白に合理性を欠くとまではいえないから、憲法第14条に違反しない。

国家専門職2009

✕ 100日を超える部分については、憲法14条に違反します。

09 各選挙人の投票価値の平等は憲法の要求するところであり、投票価値の不平等が、一般的に合理性を有するとは到底考えられない程度に達しているときは、特段の正当化理由がない限り、憲法違反となる。裁判所2017

○

第1編

基本的人権

第3章

精神的自由

第1節 思想・良心の自由

START! 本節で学習すること

本節では、思想および良心の自由（19条）について学習します。
この分野は判例がそれほど多くないことから決まった判例が繰り返し出題される傾向にあります。出題可能性の高い判例をしっかり学習しておけばきちんと正解できるテーマです。

1 思想・良心の自由の内容

憲法19条
思想及び良心の自由は、これを侵してはならない。

思想・良心の自由は、この後に学習する表現の自由等の外に表れる精神的自由の基礎をなす重要な人権と考えられています。

板書 思想・良心の自由の内容

「思想及び良心」とは

「思想」と「良心」を区別する必要はなく、一体のもの
また、内心一般（心の中全体）を広く含むものではなく、人格の核心部分に関わる思想・人生観・世界観等に限定（**信条説**）

したがって単なる事実の知・不知などは「思想及び良心」には含まれません。

⇩ その保障の程度は？

内心にとどまる限り絶対的に保障 ⇒公共の福祉による制約も不可

01

⇩ 保障の具体的内容は？

①特定の思想を強制することの禁止
②思想を理由とする不利益取扱いの禁止
③沈黙の自由の保障

02

ひとこと

沈黙の自由が保障されていることから、**国家権力が、国民がいかなる思想を抱いているかについて申告することを強制することは許されない**ことになります。

03

2 思想・良心の自由に関する判例

謝罪広告の掲載を強制することが思想・良心の自由を侵害しないかが争われたのが次の判例です。

最高裁にきいてみよう！ 謝罪広告事件

名誉を毀損した者が、裁判所から「右放送又は記事は真相に相違して居り、貴下の名誉を傷つけ御迷惑をおかけしました。ここに陳謝の意を表します」という内容の謝罪広告を新聞に掲載するよう命ずる判決を受けました。

Q 謝罪広告の掲載を命じる判決は、思想・良心の自由を侵害しますか？

A 侵害しません。

よく出る！フレーズ

新聞紙に謝罪広告を掲載することを命ずる判決は、その広告の内容が**単に事態の真相を告白し陳謝の意を表明する程度のものにあっては、憲法19条に違反しない。** 04

本判例は、謝罪広告を代替執行（裁判所が代わりに行う強制執行）により行うこともできるとしています。したがって、裁判所が謝罪広告を出して、その費用を名誉毀損を行った者に支払わせるやり方をとることも許されます。

05

第1編 第3章 精神的自由

内申書の記載が思想良心の自由を侵害しないかが争われたのが次の判例です。

最高裁にきいてみよう！　麹町中学内申書事件

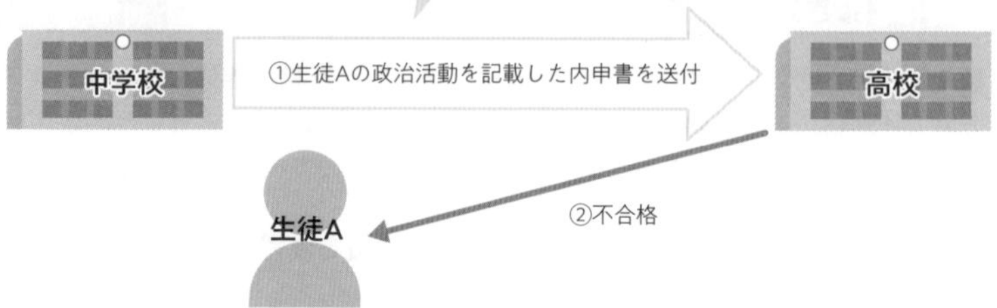

Q 内申書への政治活動の記載は、生徒の思想・良心の自由を侵害しますか？

A 侵害しません。

よく出る！フレーズ

Aに関する内申書の記載は、**Aの思想、信条そのものを記載したものではないことは明らかであり、その記載に関わる外部的行為によってはAの思想、信条を了知しうるものではない**し、また、Aの思想、信条自体を高等学校の入学者選抜の資料に供したものとは到底解することができない。　06

教育現場における「君が代」斉唱に関わる事件が次の２つの判例です。

最高裁にきいてみよう！　君が代ピアノ伴奏命令事件

市立小学校の音楽教諭が、入学式の国歌斉唱の際に「君が代」のピアノ伴奏を命じる校長の職務命令に従わなかったことから戒告処分を受けました。

Q 音楽教諭に国家斉唱の際のピアノ伴奏を命じる職務命令は思想・良心の自由を侵害しますか？

A 侵害しません。

本件職務命令が直ちに教諭の有する歴史観ないし世界観それ自体を否定するものと認めることはできない。

本件職務命令は、特定の思想を持つことを強制したり、あるいはこれを禁止したりするものではなく、特定の思想の有無について告白することを強要するものでもない。（したがって）上告人の思想及び良心の自由を侵すものとして憲法19条に反するとはいえない。　07

最高裁にきいてみよう！

君が代起立斉唱事件

都立高校の教諭Aが、入学式の国歌斉唱の際に起立斉唱することを命じる校長の職務命令に従わなかったことから再雇用を拒否されました。

Q 起立斉唱行為を求める職務命令は、思想・良心の自由に対する間接的な制約になりますか？

A 間接的な制約になりえます。

個人の歴史観ないし世界観に由来する行動と異なる外部的行為を求められる限りにおいて、**その者の思想及び良心の自由についての間接的な制約となる面があることは否定し難い。**

よく出る！フレーズ

08

Q 起立斉唱行為を求める職務命令は、教諭の思想・良心の自由の侵害となりますか？

A 侵害とはなりません。

本件職務命令については、外部的行動の制限を介してAの思想及び良心の自由についての間接的な制約となる面はあるものの、本件職務命令の目的及び内容並びに上記の制限を介して生ずる制約の態様等を総合的に較量すれば、上記の制約を許容し得る程度の必要性及び合理性が認められる。本件職務命令は、Aの思想及び良心の自由を侵すものとして憲法19条に違反するとはいえない。

08

どちらの判例も、結論として職務命令自体は適法としています。ただ、起立斉唱事件の方は、間接的制約となっている点は認めており、それすらも認めていない（触れていない）ピアノ伴奏命令事件とその点は異なっています。

第1節 思想・良心の自由

- □ 思想・良心の自由の内容は、内心一般を広く含むものではなく、**人格の核心部分に関わる思想・人生観・世界観等に限定**されます（信条説）。

- □ 思想・良心の自由は、**内心にとどまる限り絶対的に保障される人権**と考えられています。

- □ 思想・良心の自由の保障には、人がどのような思想等をもっているかの表白を強制されない**沈黙の自由の保障が含まれています。**

- □ 新聞紙に謝罪広告を掲載することを命ずる判決は、**単に事態の真相を告白し陳謝の意を表明する程度のものにあっては、憲法19条に違反しません。**

- □ 内申書に生徒の政治活動を記載した麹町中学内申書事件では、内申書の記載は生徒の思想、信条そのものを記載したものではなく、**記載された外部的行為によっては生徒の思想、信条を了知しうるものではない**と判断されています。

- □ 音楽教諭に国家斉唱の際のピアノ伴奏を求める職務命令は**思想・良心の自由を侵害するものではない**とされています。

- □ 起立斉唱行為を求める職務命令は、**思想・良心の自由に対する間接的な制約になりえる**ことを判例は認めています。

第1節 ○×スピードチェック

01 思想及び良心の自由は、絶対的に保障されるものではなく、憲法そのものを否認したり、憲法の根本理念である民主主義を否定するような思想については、それが内心にとどまる場合であっても、制約することが許される。　特別区Ⅰ類2019

× 内心にとどまる限り絶対的に保障され、制約することは許されません。

---

02 思想及び良心の自由には、国家権力が人の内心の思想を強制的に告白させ、又は何らかの手段によってそれを推知することまでは禁止されておらず、内心における思想の告白を強制されないという意味での沈黙の自由は含まれない。　特別区Ⅰ類2019

× 強制的に告白させることも推知することまでも禁止されており、沈黙の自由が含まれます。

---

03 思想及び良心の自由は、人の内心の表白を強制されない、沈黙の自由も含むものであり、国民がいかなる思想を抱いているかについて、国家権力が露顕を強制することは許されない。　国家専門職2014

○

---

04 民法第723条にいう名誉の回復に適当な処分として謝罪広告を新聞紙等に掲載すべきことを加害者に命ずることは、それが単に事態の真相を告白し陳謝の意を表明するにとどまる程度のものである場合であっても、加害者の倫理的な意思、良心の自由を侵害するものであるから、憲法第19条に違反する。　裁判所2022

× 単に事態の真相を告白し陳謝の意を表明する程度の謝罪広告掲載命令は、19条に違反しません。

---

05 民法第723条にいわゆる「他人の名誉を毀損した者に対して被害者の名誉を回復するに適当な処分」として謝罪広告を新聞紙等に掲載すべきことを加害者に命ずる判決は、その広告の内容が単に事態の真相を告白し

陳謝の意を表明するにとどまる程度のものにあっては、これを強制執行することも許されるとするのが判例である。 国家専門職2014

○

06 公立中学校の校長が、その作成する調査書に生徒の外部団体の集会への参加やビラ配布などの活動を記載し、当該調査書を入学者選抜の資料として高等学校に提出したことは、当該調査書の記載の内容から生徒の思想、信条を知ることができ、生徒の思想、信条自体を入学者選抜の資料に供したものと解されることから、憲法第19条に違反する。

国家一般職2022

✕ 内申書の記載から生徒の思想、信条を知ることはできず、入学者選抜の資料に供したものとはいえません。

07 市立小学校の校長が音楽専科の教諭に対して入学式の国歌斉唱の際に「君が代」のピアノ伴奏を行うことを命じた職務命令は、直ちに当該教諭の歴史観ないし世界観それ自体を否定するものではなく、当該教諭に対し特定の思想を持つことを強制したり禁止したりするものでもなく、また、当該職務命令は、小学校教育の目標などを定めた関係諸規定の趣旨にかなうものであるなど、その目的及び内容において不合理であるということはできず、憲法第19条に違反しない。 国家一般職2022

○

08 最高裁判所の判例では、公立学校の校長が教諭に対し卒業式における国歌斉唱の際に国旗に向かって起立し、国歌を斉唱することを命じた職務命令は、特定の思想を持つことを強制するものではなく、当該教諭の思想及び良心を直ちに制約するものとは認められないが、当該教諭の思想及び良心についての間接的な制約となる面があることが認められるため、憲法に違反するとした。 特別区Ⅰ類2019

✕ 間接的な制約となる面があることは認めつつも「憲法に違反する」とはしていません。

第2節 信教の自由

START! 本節で学習すること

本節では、信教の自由及び政教分離原則について学習します。
20条は、信教の自由を保障するとともに政教分離原則についても規定しています。
信教の自由はそれほど判例が多くはありませんが、政教分離原則は多くの判例があり、違憲判決も出ていますので、しっかり判例を押さえていく必要があります。

1 信教の自由

1 信教の自由の内容

憲法20条
① 信教の自由は、何人に対してもこれを保障する。いかなる宗教団体も、国から特権を受け、又は政治上の権力を行使してはならない。
② 何人も、宗教上の行為、祝典、儀式又は行事に参加することを強制されない。

信教の自由には、具体的に3つの自由が含まれています。

板書 信教の自由の具体的内容

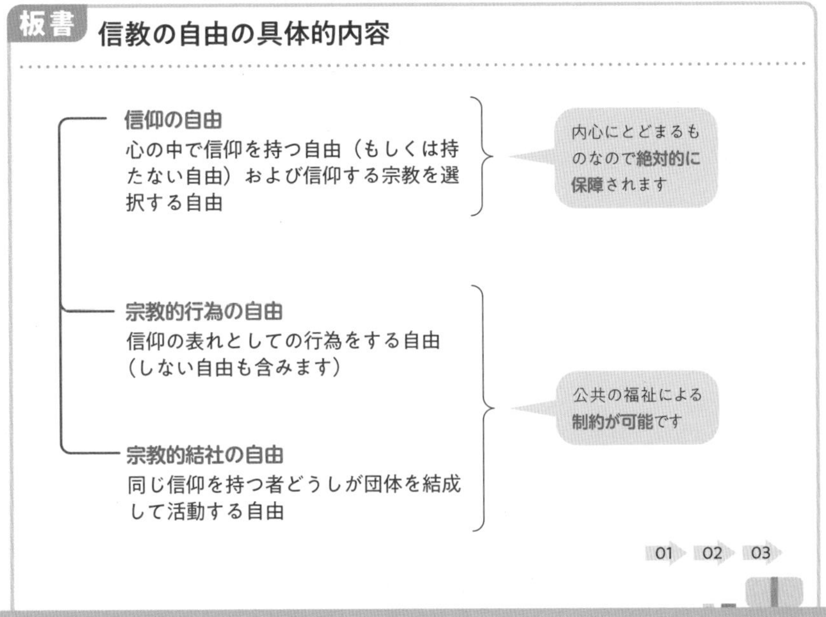

2 宗教的行為の自由に関する判例

次に、宗教的行為の自由の限界が問題となった判例を紹介します。

最高裁にきいてみよう！

加持祈祷事件

精神障害を持つ子への治療を親から依頼された僧侶が宗教的儀式である加持祈祷を行ったところ、線香の火をあてたり殴ったりする行為を含むものだったことでその子が死亡したことから、僧侶が傷害致死罪で起訴されました。

Q 加持祈祷を行った僧侶を傷害致死罪で処罰することは信教の自由を侵害しますか？

A 信教の自由を侵害するものではありません。

加持祈祷行為は、一種の宗教行為としてなされたものであったとしても、それが他人の生命、身体等に危害を及ぼす違法な有形力の行使に当るものであり、これにより被害者を死に致したものである以上、憲法20条１項の信教の自由の保障の限界を逸脱したものというほかはなく…刑法205条（傷害致死罪）に該当するものとして処罰したことは、何ら憲法20条１項に反するものではない。

04

3 宗教的結社の自由に関する判例

次の判例は、宗教的結社の自由が問題となった事件です。

第1編 第3章 精神的自由

最高裁にきいてみよう！ オウム真理教宗教法人解散命令事件

地下鉄サリン事件等の凶悪事件を起こした宗教法人に対して、法人としての解散命令が出された事件です。

Q 宗教法人の解散命令制度には宗教的な目的がありますか？

A 世俗的目的によるものであり、宗教的目的はありません。

（宗教法人に規定する）宗教法人の解散命令の制度は、宗教法人の世俗的側面を対象とし、かつ、世俗的目的によるものであり、宗教団体や信者の精神的・宗教的側面に容かい（邪魔・口出し）する意図によるものではなく、その制度の目的も合理的であるということができる。

判決文で「**世俗的**」という言葉は、**宗教とは関わりがないこと、**を表す言葉として使われています。

Q 解散命令は信者の宗教的行為を禁止するような法的効果を有していますか？

A 法的効果はないものの、何らかの支障を生ずることはあり得ます。

解散命令は、信者の宗教上の行為を禁止したり制限したりする法的効果を一切伴わない。（しかし）信者らが行っていた宗教上の行為を継続するのに何らかの支障を生ずることがあり得る。そこで、信教の自由の重要性に思いを致し、憲法がそのような規制を許容するものであるかどうかを慎重に吟味しなければならない。 05

Q 解散命令は20条１項に違反しますか？

A 違反しません。 よく出る！フレーズ

本件解散命令によって宗教団体であるオウム真理教やその信者らが行う**宗教上の行為の支障は、解散命令に伴う間接的で事実上のものであるにとどまる**ので、本件解散命令は、宗教団体であるオウム真理教やその信者らの精神的・宗教的側面に及ぼす影響を考慮しても、**必要でやむを得ない法的規制である。…本件解散命令は、憲法20条１項に違背するものではない。**

この判例の試験上のポイントは、解散命令には、「信者の宗教上の行為を禁止する法的効果は一切伴わない」と述べる一方で、「間接的で事実上の支障がある」ことは認めていることです。

4 信教の自由と政教分離原則

次に紹介する事件では、信教の自由と政教分離原則の関係が問題になりました。

この事件は、この後学習する政教分離原則についての論点も含みます。

最高裁にきいてみよう！

エホバの証人剣道拒否事件

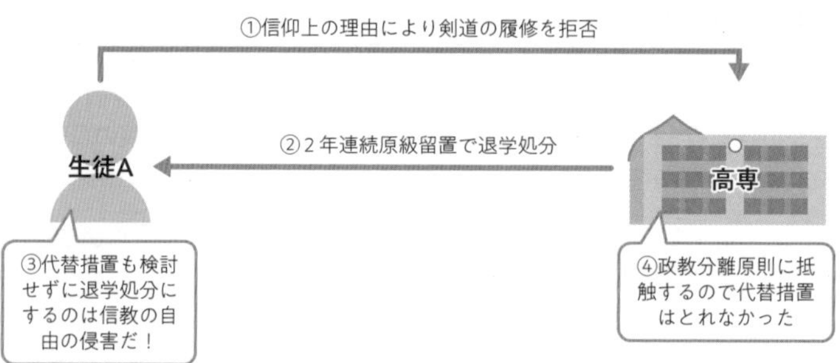

Q 公立学校で代替措置を採ることは憲法20条３項に違反しますか？

A 違反するものではありません。

よく出る！フレーズ

信仰上の真しな理由から剣道実技に参加することができない学生に対し、**代替措置として、例えば、他の体育実技の履修、レポートの提出等を求めた上で、その成果に応じた評価をすることが、その目的において宗教的意義を有し、特定の宗教を援助、助長、促進する効果を有するものということはできず**、他の宗教者又は無宗教者に圧迫、干渉を加える効果があるともいえないのであって、およそ代替措置を採ることが、その方法、態様のいかんを問わず、憲法20条３項に違反するということはできない。

Q 学校長の原級留置処分・退学処分は違法ですか？

A 違法です。

原級留置処分や退学処分は、考慮すべき事項を考慮せず、又は考慮された事実に対する評価が明白に合理性を欠き、**社会観念上著しく妥当を欠く処分をしたものであり、裁量権の範囲を超える違法なもの**といわざるを得ない。

よく出る！フレーズ

06

5 その他の判例

次の判例では、「**静謐な宗教的環境の下で信仰生活を送るべき利益**」というものが、法的利益として認められるかが争われました。

最高裁にきいてみよう！ 自衛官合祀事件

自衛隊のOB会（隊友会）の申請により、護国神社が殉職自衛官を他の方と一緒に祀ること（合祀）を行ったことから、キリスト教徒である殉職自衛官の妻が、精神的苦痛を受けたとして損害賠償請求をしました。

Q 静謐な宗教的環境の下で信仰生活を送るべき利益は法的利益として認められますか？

A 法的利益として認めることはできません。
原審が宗教上の人格権であるとする静謐な宗教的環境の下で信仰生活を送るべき利益なるものは、これを直ちに法的利益として認めることができない性質のものである。

07

2 政教分離原則

1 政教分離原則とは

憲法20条
① 信教の自由は、何人に対してもこれを保障する。いかなる宗教団体も、国から特権を受け、又は政治上の権力を行使してはならない。
③ 国及びその機関は、宗教教育その他いかなる宗教的活動もしてはならない。

20条1項後段（後半部分）および3項は、**政教分離原則**を規定する条文です。さらに、この政教分離原則を財政面から規定したものとして89条があります。

憲法89条
公金その他の公の財産は、宗教上の組織若しくは団体の使用、便益若しくは維持のため、又は公の支配に属しない慈善、教育若しくは博愛の事業に対し、これを支出し、又はその利用に供してはならない。

政教分離とは、**国家権力（国および地方公共団体）が宗教的に中立であるこ**

とを要請するものです。

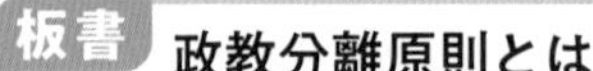

板書 政教分離原則とは

何のための規定？

間接的に信教の自由の保障を確保するための規定

人権を保障した規定？

人権の保障規定ではなく、**制度を保障した規定（制度的保障）**

どの程度分離している必要がある？

完全な分離ではなく、国家と宗教との関わりが**相当とされる限度を超えるものが禁止**

08 09

上の板書で示したとおり、国家と宗教は「相当とされる限度」を超えて関わってはならないことになります。この限度を超えているかを判断するために多くの判例が用いてきた基準は**目的効果基準**と呼ばれています。

板書 目的効果基準

国家権力が次のような活動を行うことは許されない

目的　行為の**目的**が宗教的意義を持ち、

＋

効果　**効果**が宗教に対する援助、助長、促進又は圧迫、干渉等になるような行為

多くの判例でこの基準が採用されてきましたが、近年、目的効果基準を採用しない判例も表れています。

2 目的効果基準を採用した判例

いま紹介した目的効果基準を採用した判例を見ていきましょう。違憲判決が出されたものもあります。

最高裁にきいてみよう！　津地鎮祭事件

津市が市体育館の起工にあたり、神道式の地鎮祭（着工前に工事が無事に終わるように神主を招いて安全を祈願する儀式）を行い、費用を公金より支出したことが政教分離原則に反しないかが問題となりました。

Q 地鎮祭は禁止された宗教的活動に当たりますか？

A 当たりません。

本件起工式（神道式地鎮祭）は、宗教とかかわり合いをもつものであることを否定しえないが、その目的は建築着工に際し土地の平安堅固、工事の無事安全を願い、社会の一般的慣習に従った儀礼を行うという**専ら世俗的なものと認められ、その効果は神道を援助、助長、促進し又は他の宗教に圧迫、干渉を加えるものとは認められないのであるから、憲法20条３項により禁止される宗教的活動にはあたらない。**

よく出る！フレーズ　10

最高裁にきいてみよう！　違憲判決　愛媛玉串料訴訟

県の公金から玉串料の奉納

Q 玉串料（神社で行うさまざまな神事の際に納められる金品）の奉納は社会的儀礼にすぎないといえますか？

A いえません。

玉串料等を奉納することは、建築主が主催して建築現場において土地の平安堅固、工事の無事安全等を祈願するために行う儀式である起工式の場合とは異なり、時代の推移によって既にその宗教的意義が希薄化し、慣習化した社会的儀礼にすぎないものになっているとまでは到底いうことができず、一般人が本件の玉串料等の奉納を社会的儀礼の一つにすぎないと評価しているとは考え難いところである。…玉串料等の奉納者においても、それが宗教的意義を有するものであるという意識を大なり小なり持たざるを得ない。

Q 玉串料等の奉納は政教分離原則に反しますか？

A 反します。

県が靖国神社等に対して玉串料等を奉納したことは、**その目的が宗教的意義を持つことを免れず、その効果が特定の宗教に対する援助、助長、促進になると認めるべきであり、これによってもたらされる県と靖国神社等とのかかわり合いが我が国の社会的・文化的諸条件に照らし相当とされる限度を超えるものであって、憲法20条3項の禁止する宗教的活動に当たる。**

よく出る！フレーズ 11

最高裁にきいてみよう！

箕面忠魂碑訴訟

箕面市が小学校の増改築のため、小学校に隣接する遺族会所有の忠魂碑を無償で貸与した市有地に移設し、その慰霊祭に市の教育長が参列した行為が、政教分離に違反しないかが問題となりました。

Q 忠魂碑を無償で貸与した市有地に移設した行為は、禁止された宗教的活動に当たりますか？

A 当たりません。

行為の目的は、小学校の校舎の建替え等のため、公有地上に存する戦没者記念碑的な性格を有する施設を他の場所に移設し、その敷地を学校用地として利用することを主眼とするもので、専ら世俗的なものと認められる。その効果も、特定の宗教を援助、助長、促進し又は他の宗教に圧迫、干渉を加えるものとは認められない。…各行為は、我が国の社会的、文化的諸条件に照らし、宗教とのかかわり合いの程度が信教の自由の保障の確保との関係で相当とされる限度を超えるとは認められず、憲法20条３項により禁止される宗教的活動には当たらない。

Q 市の教育長が忠魂碑の慰霊祭に参列した行為は、禁止された宗教的活動に当たりますか？

A 当たりません。

慰霊祭への参列の目的は、地元の戦没者の慰霊、追悼のための宗教的行事に際し、戦没者遺族に対する社会的儀礼を尽くすという、専ら世俗的なものである。その効果も、特定の宗教に対する援助、助長、促進又は圧迫、干渉等になるような行為とは認められない。…本件各慰霊祭への参列は、宗教とのかかわり合いの程度が我が国の社会的、文化的諸条件に照らし、信教の自由の保障の確保という制度の根本目的との関係で相当とされる限度を超えるものとは認められず、憲法上の政教分離原則及びそれに基づく政教分離規定に違反するものではない。

3　目的効果基準を採用していない判例

判例は、政教分離原則に反するか否かを目的効果基準を採用して判断をしてきましたが、次の2つの事案では目的効果基準を採用していません。両判例とも違憲判決が出されています。

最高裁にきいてみよう！　違憲判決　　空知太神社事件

市有地を無償で貸与

Q 政教分離原則に違反するかをどのように判断しますか？

A 社会通念に照らして総合的に判断されます。

当該宗教施設の性格、当該土地が無償で宗教施設の敷地としての用に供されるに至った経緯、当該無償提供の態様、これらに対する**一般人の評価等、諸般の事情を考慮し、社会通念に照らして総合的に判断すべきもの**と解する。　よく出る！フレーズ

Q 市有地を神社の敷地として無償で使用させることが政教分離規定に違反しますか？

A 違反します。

本件利用提供行為は、市と本件神社ないし神道とのかかわり合いが、我が国の社会的、文化的諸条件に照らし、信教の自由の保障の確保という制度の根本目的との関係で相当とされる限度を超える。したがって、憲法89条の禁止する公の財産の利用提供に当たり、ひいては憲法20条１項後段の禁止する宗教団体に対する特権の付与にも該当する。

最高裁にきいてみよう！ 違憲判決

沖縄孔子廟訴訟

市有地を無償で貸与

Q 市有地の公園の土地を孔子廟のために無償で提供したことは政教分離規定に違反しますか？

A 違反します。

社会通念に照らして総合的に判断すると、本件免除は、市と宗教との関わり合いが、我が国の社会的、文化的諸条件に照らし、信教の自由の保障の確保という制度の根本目的との関係で相当とされる限度を超える。したがって、憲法20条３項の禁止する宗教的活動に該当する。

沖縄孔子廟訴訟は2021年に出された違憲判決です。この２つの事件で目的効果基準が採用されなかった理由については諸説あり定かではありませんが、どちらの事件も**宗教施設に自治体が無償で土地を貸した事件**という共通性があります。

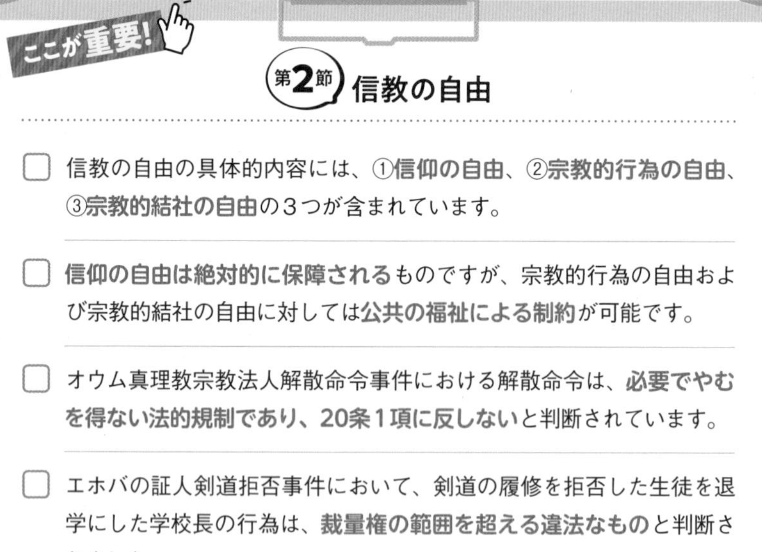

第2節 信教の自由

- [ ] 信教の自由の具体的内容には、①**信仰の自由**、②**宗教的行為の自由**、③**宗教的結社の自由**の３つが含まれています。
- [ ] **信仰の自由は絶対的に保障される**ものですが、宗教的行為の自由および宗教的結社の自由に対しては**公共の福祉による制約**が可能です。
- [ ] オウム真理教宗教法人解散命令事件における解散命令は、**必要でやむを得ない法的規制であり、20条１項に反しない**と判断されています。
- [ ] エホバの証人剣道拒否事件において、剣道の履修を拒否した生徒を退学にした学校長の行為は、**裁量権の範囲を超える違法なもの**と判断されました。

- [ ] 静謐な宗教的環境の下で信仰生活を送るべき利益は**法的利益として認められていません。**

- [ ] 政教分離原則の規定は、人権の保障規定ではなく、**間接的に信教の自由を保障するための制度を保障した規定**（制度的保障）と考えられています。

- [ ] 政教分離の規定は、完全な分離を求めるものではなく、国家と宗教との関わりが**相当とされる限度を超えるものを許されない**とするものです。

- [ ] 20条3項の禁止された宗教的活動とは、当該行為の**目的が宗教的意義を持ち、その効果が宗教に対する援助、助長、促進又は圧迫、干渉等になるような行為**をいいます。

- [ ] 市が市立体育館の起工にあたり、神道式の地鎮祭を行い、費用を公金より支出したことは**政教分離原則に反しない**とされています。

- [ ] 県が靖国神社等に対して**玉串料等を奉納したことは、相当とされる限度を超える**ものであって、20条3項の禁止する宗教的活動に当たると判断されています。

- [ ] **忠魂碑を無償で貸与した市有地に移設した行為は、相当とされる限度を超えるとは認められず**、20条3項により禁止される宗教的活動には当たらないと判断されています。

- [ ] **市有地を町内会が管理する神社の敷地として無償で使用させた行為**が政教分離原則に違反するかが争われた事件では、**目的効果基準を用いず**に、政教分離規定に違反するとする判断が出されています。

第1編 第3章 精神的自由

第2節 ○×スピードチェック

01 内心における信仰の自由とは、宗教を信仰し又は信仰しないこと、信仰する宗教を選択し又は変更することについて、個人が任意に決定する自由をいう。内心における信仰の自由の保障は絶対的なものであり、国が、信仰を有する者に対してその信仰の告白を強制したり、信仰を有しない者に対して信仰を強制したりすることは許されない。　国家一般職2021

○

---

02 宗教上の行為の自由は、内心における信仰の自由と異なり、公共の安全、公の秩序、公衆の健康若しくは道徳又は他の者の基本的な権利及び自由を保護するために必要な制約に服すると解されている。　国家専門職2012

○

---

03 憲法第20条第１項前段は、「信教の自由は、何人に対してもこれを保障する」と規定している。ここにいう信教の自由には、内心における信仰の自由及び宗教的行為の自由が含まれるが、宗教的結社の自由は、憲法第21条第１項で保障されていることから、信教の自由には含まれないと一般に解されている。　国家一般職2017

× 宗教的結社の自由も信教の自由に含まれています。

---

04 憲法は信教の自由を絶対無制限に保障しており、宗教行為として行われた加持祈祷は、その行為が他人の生命や身体などに危害を及ぼす違法な有形力を行使し死に致した場合であっても、信教の自由の保障の限界を逸脱したものとまではいえない。　特別区Ⅰ類2007

× 宗教的行為の自由は公共の福祉による制約を受け、他人を死亡させた場合は、限界を逸脱したものとなります。

---

05 宗教法人の解散命令の制度は、専ら世俗的目的によるものであって、宗教団体や信者の精神的・宗教的側面に容かいする意図によるものではなく、信者の宗教上の行為を禁止ないし制限する法的効果を一切伴わないものであるから、信者の宗教上の行為に何らの支障も生じさせるものではない。 裁判所2015

× 「何らかの支障を生ずることがあり得る」と認めています。

06 公立高等専門学校の校長が、信仰上の理由により必修科目の剣道実技の履修を拒否した学生に対し、原級留置処分又は退学処分を行うか否かの判断は、校長の合理的な教育的裁量に委ねられるところ、剣道は宗教的でなく健全なスポーツとして一般国民の広い支持を受けており、履修を義務とした場合に受ける信教の自由の制約の程度は極めて低く、また、信教の自由を理由とする代替措置は政教分離原則と緊張関係にあることから、代替措置をとることなく原級留置処分及び退学処分を行った校長の判断に裁量権の逸脱・濫用はないとするのが判例である。

国家一般職2021

 裁量権の逸脱・濫用はあったとするのが判例です。

07 信教の自由の保障は、何人も自己の信仰と相容れない信仰を持つ者の信仰に基づく行為に対して、それが自己の信教の自由を妨害するものでない限り寛容であるべきことを要請しているが、他方、いわゆる宗教的人格権である静謐な宗教的環境の下で信仰生活を送るべき利益も法的利益として認められるとするのが判例である。 国家専門職2012

× 法的利益として認められないとするのが判例です。

08 憲法第20条第３項の定める政教分離の原則は、国家と宗教との分離を制度として保障するもので、私人に対して信教の自由そのものを直接保障するものではないから、この規定に違反する国又はその機関の宗教的活動も、憲法が保障している信教の自由を直接侵害するに至らない限りは、私人に対する関係では当然に違法と評価されるものではない。

国家一般職2001

○

---

09 政教分離原則は、国家が宗教的に中立であることを要求するものではあるが、国家が宗教とのかかわり合いを持つことを全く許さないとするものではなく、宗教とのかかわり合いをもたらす行為の目的及び効果にかんがみ、そのかかわり合いが相当の限度を超える場合に許さないとするのが判例である。

国家一般職2004

○

---

10 地方公共団体が、神式にのっとり挙行された市の体育館の起工式に当たり、神官への謝礼や供物代金として公金を支出したことは、宗教との一切のかかわりを否定する政教分離の原則に反し、違憲であるとするのが判例である。

国家専門職2010

× 地鎮祭への公金支出は違憲ではないとするのが判例です。

---

11 県知事が、神社が挙行する例大祭に対し玉串料を県の公金から支出する行為に関し、神社の参拝の際に玉串料を奉納することは、特定の宗教に対する援助、助長、促進又は他の宗教への圧迫、干渉にはならないから、憲法第20条第３項及び第89条に違反しない。

国家一般職2001改題

× 玉串料奉納は社会的儀礼にすぎないとはいえず、憲法に違反します。

第3節 表現の自由

START! 本節で学習すること

本節では、表現の自由（21条）について学習します。
人権分野で最も頻出のテーマですから、なるべく優先して学習を進めていきたい分野です。また、数多くの判例があり、内容も多岐にわたりますので、しっかり整理しながら学習する必要があります。

1 表現の自由の内容

憲法21条
① 集会、結社及び言論、出版その他一切の表現の自由は、これを保障する。
② 検閲は、これをしてはならない。通信の秘密は、これを侵してはならない。

私たちが心に感じたり思ったことを言葉や表現物の形で外部に表すことの自由を**表現の自由**といいます。この表現の自由には、口頭・文書を問わず思想・意見を外部に発表する行為を広く含み、表現の手段や方法の自由の保障も含まれます。

さらに、表現の自由は、自己の人格の形成と発展を図るという個人的な価値（**自己実現の価値**）だけでなく、民主主義を支えるという社会的な価値（**自己統治の価値**）も有することから、**人権の体系の中でも優越的な地位を占める重要な人権**と考えられています。

以下、表現の自由に含まれる内容を順に見ていきましょう。

1 知る権利

知る権利とは、**情報を受領することができる権利**（読む、聞く、見る自由）のことです。**知る権利は21条１項によって保障される**と考えられています。

プラスone 知る権利には、自由権的側面と社会権的側面があるといわれています。
情報の受領を公権力によって侵害されないという意味での知る権利（自由権的側面）は、21条１項によって直接保障されていますが、公権力に対して情報の開示を要求するという意味での知る権利（社会権的側面）は抽象的権利（内容のはっきりしない権利）に過ぎず、それが認められるためには具体的な立法（情報公開法や情報公開条例）が必要とされています。

2 アクセス権

アクセス権とは、情報の受け手である一般国民が、情報の送り手であるマス・メディアに対し、**自己の意見の発表の場を提供することを要求する権利**のことです。具体的には、意見広告や反論記事の掲載を要求する権利を指します。

知る権利とは異なり、**21条1項により保障される権利とは考えられていません**。

最高裁にきいてみよう！

サンケイ新聞事件

自民党が共産党に関する意見広告をサンケイ新聞に掲載しました。これに対し、共産党が、当該意見広告は中傷に当たるとして、サンケイ新聞に対して無料で反論文の掲載を請求した事件です。

Q 憲法21条を直接の根拠として反論文掲載請求権が生じますか？

A 生じません。

私人間において、当事者の一方が情報の収集、管理、処理につき強い影響力を持つ日刊新聞紙を全国的に発行・発売する者である場合でも、憲法21条の規定から直接に反論文掲載請求権が他方の当事者に生ずるものではない。

両者とも私人なので、第１章第２節で学習した**間接適用説**の立場から、私人間においては、憲法の規定は直接適用されないことを前提とした判断です。

Q 本件において新聞社に対する反論文掲載請求権は認められますか？

A 認められません。

よく出る！フレーズ

不法行為が成立する場合にその者の保護を図ることは別論として、**反論権の制度について具体的な成文法がないのに、反論権を認めるに等しい反論文掲載請求権をたやすく認めることはできない。**

01

3 報道・取材の自由

報道の自由とは、報道機関等が新聞、雑誌、放送（テレビ、ラジオ）、インターネットを通じて国民に事実を伝える自由です。

取材の自由は、報道機関や記者が報道のために行う情報収集活動の自由であり、報道の自由を支えるものと位置づけられます。

報道の自由は21条で保障されています。しかし、取材の自由について、判例は、「**憲法21条の精神に照らし、十分尊重に値する**」と述べるにとどめています。

最高裁にきいてみよう！

博多駅事件

学生と機動隊員が衝突し、機動隊側に過剰警備があったとして、裁判で争いになりました。その審理を担当した福岡地裁は、衝突の模様を撮影したテレビフィルムを証拠として提出するようにテレビ局に命じましたが、これに対してテレビ局側が報道・取材の自由の侵害を主張しました。

Q 報道の自由は憲法21条１項で保障されていますか？

A 保障されています。

報道機関の報道は、民主主義社会において、国民が国政に関与するにつき、重要な判断の資料を提供し、**国民の「知る権利」に奉仕するものである。したがって、思想の表明の自由とならんで、事実の報道の自由は、表現の自由を規定した憲法21条の保障のもとにある**ことはいうまでもない。

よく出る！フレーズ

Q 取材の自由は憲法21条１項で保障されていますか？

A 保障されているとまではいえません。

報道機関の報道が正しい内容をもつためには、**報道の自由とともに、報道のための取材の自由も、憲法21条の精神に照らし、十分尊重に値するものといわなければならない。**

よく出る！フレーズ

02

「十分尊重に値する」という言い回しは、**直接は保障されていない**という意味を含んだ表現と考えられています。

Q 公正な刑事裁判を実現するために取材の自由は制約を受けますか？

A 受けます。

公正な刑事裁判を実現するために、報道機関の取材活動によって得られたものが、証拠として必要と認められる場合には、取材の自由がある程度の制約を被ることとなってもやむを得ない。

Q 本件提出命令の可否は、どのように判断されますか？

A 諸般の事情を比較衡量して決せられます。

本件提出命令の可否は、一面において、審判の対象とされている犯罪の性質、態様、軽重および取材したものの証拠としての価値、ひいては公正な刑事裁判を実現するにあたっての必要性の有無を考慮するとともに、他面において、取材したものを証拠として提出されることによって報道機関の取材の自由が妨げられる程度およびこれが報道の自由に及ぼす影響の度合いその他諸般の事情を比較衡量して決せられるべきである。

本事件では、結論として、報道機関の撮影した取材フィルムを刑事事件の証拠として提出させることが認められています。

02

記者等の報道関係者が取材活動を円滑に行うためには、取材対象者との信頼関係が大切になります。そこで、**誰が取材源なのかを明らかにしない権利（取材源秘匿の自由）**を保障する必要が出てきます。

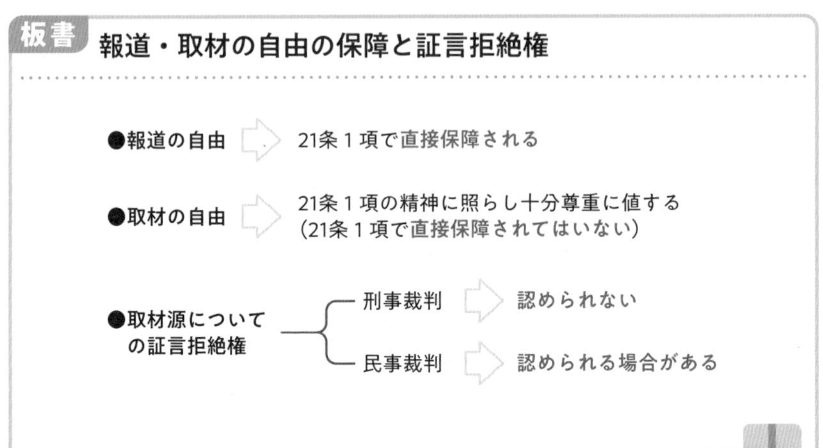

最高裁にきいてみよう！　石井記者事件

刑事裁判で報道関係者の証言拒絶権が認められるかが問題となりました。

Q 新聞記者には憲法21条から証言拒絶権が保障されていますか？

A 保障されていません。

取材源について、公の福祉のため最も重大な司法権の公正な発動につき必要欠くべからざる証言の義務をも犠牲にして、証言拒絶の権利までも保障したものとは到底解することができない。

最高裁にきいてみよう！　NHK記者証言拒否事件

民事裁判で報道関係者の証言拒絶権が認められるかが問題となりました。

Q 証言拒絶が認められるのはどのような「秘密」ですか？

A 比較衡量により「保護に値する秘密」とされたものです。

よく出る！フレーズ

ある秘密が「職業の秘密」に当たる場合でも、そのことから直ちに証言拒絶が認められるものではなく、そのうち「保護に値する秘密」についてのみ証言拒絶が認められる。

「保護に値する秘密」であるかどうかは、秘密の公表によって生ずる不利益と証言の拒絶によって犠牲になる真実発見及び裁判の公正との**比較衡量により決せられる。** 03

よく出る！フレーズ

本事案では、結論として、証言拒絶が認められています。

法廷での写真撮影に対する規制は**合憲**とされています。

最高裁にきいてみよう！

北海タイムス事件

Q 法廷の写真撮影を許可制とする刑事訴訟規則は憲法に違反しますか？

A 違反しません。

公判廷の状況を一般に報道するための取材活動であっても、その活動が公判廷における審判の秩序を乱し、被告人その他訴訟関係人の正当な利益を不当に害することは許されない。…刑事訴訟規則215条は、写真撮影の許可等を裁判所の裁量に委ね、その許可に従わないかぎりこれらの行為をすることができない旨を明らかにしたのであって、当該規則は憲法に違反するものではない。 04

次に紹介するのは、正当な取材行為の範囲が問題となった事件の判例です。

最高裁にきいてみよう！

外務省秘密漏洩事件

外務省の女性事務官から男女関係を利用して沖縄返還に関する日米間の密約に関する情報を入手した新聞記者が起訴されました。

Q 報道機関の国政に関する取材はどのような場合に正当な業務行為となりますか？

A 真に報道の目的から出たもので、その手段・方法が法秩序全体の精神に照らし相当な場合です。

報道機関が公務員に対して根気強く執拗に説得ないし要請を続けることは、それが真に報道の目的から出たもので、**その手段・方法が法秩序全体の精神に照らし相当なものとして社会観念上是認されるものであるかぎりは、実質的に違法性を欠き正当な業務行為というべき**である。 よく出る！フレーズ

取材の手段・方法が贈賄、脅迫、強要等の一般の刑罰法令に触れる行為を伴う場合はもちろん、その手段・方法が一般の刑罰法令に触れないものであっても、取材対象者の個人としての人格の尊厳を著しく蹂躙する等法秩序全体の精神に照らし社会観念上是認することのできない態様のものである場合にも、正当な取材活動の範囲を逸脱し違法性を帯びる。

この事件では、結局、新聞記者は正当な取材活動の範囲を逸脱していたとして有罪になっています。

4 その他

次に、法廷でのメモ採取の自由が問題となった判例を見ておきましょう。

最高裁にきいてみよう！

レペタ訴訟

法廷でのメモ採取を認められなかった外国人弁護士が、国に対して損害賠償請求訴訟を提起しました。

Q 情報等を摂取する自由は憲法21条１項で保障されますか？

A 保障されます。

各人が自由にさまざまな意見、知識、情報に接し、これを摂取する機会をもつことは、その者が個人として自己の思想及び人格を形成、発展させ、社会生活の中にこれを反映させていく上において欠くことのできないものであり、民主主義社会における思想及び情報の自由な伝達、交流の確保という基本的原理を真に実効あるものたらしめるためにも必要であって、…このような情報等に接し、これを摂取する自由は、憲法21条１項の規定の趣旨、目的から、いわばその派生原理として当然に導かれる。

Q 筆記行為の自由は憲法21条１項で保障されますか？

A 保障されるとまではいえません。

さまざまな意見、知識、情報に接し、これを摂取することを補助するものとしてなされる限り、**筆記行為の自由は、憲法21条 1 項の規定の精神に照らして尊重されるべき**である。

よく出る！フレーズ 05

「尊重されるべき」という表現にとどまっていることは、筆記行為が憲法によって**「直接は保障されていない」**という意味を含んでいます。

Q 傍聴人が法廷においてメモを取ることは故なく妨げられてはならないものですか？

A 故なく妨げられてはならないものです。

傍聴人が法廷においてメモを取ることは、その見聞する裁判を認識、記憶するためになされるものである限り、尊重に値し、故なく妨げられてはならない。

この事件の後、最高裁判所はルールを変更し、法廷でのメモ採取は自由にできるようになりましたが、当事件におけるレペタ氏の損害賠償請求は認められていません。

図書館の司書が独断で書籍を廃棄したことが著者の権利を侵害しないかが問題となったのが次の判例です。

最高裁にきいてみよう！　船橋市図書館事件

公立図書館に司書として勤務していた職員が、独断で図書館の蔵書を廃棄したことから、人格的利益の侵害を理由に、当該自治体が著者から慰謝料の支払いを求められた事件です。

Q 著作者が著作物によって思想、意見等を公衆に伝達する利益は法的保護に値する利益ですか？

A 法的保護に値する人格的利益です。

公立図書館において、その著作物が閲覧に供されている著作者が有する上記利益（著作物によって思想、意見等を公衆に伝達する利益）は、法的保護に値する人格的利益である。

Q 図書館職員が、独断で図書を廃棄することは、国家賠償法上違法となりますか？

A 違法となります。

公立図書館の図書館職員である公務員が、図書の廃棄について、基本的な職務上の義務に反し、著作者又は著作物に対する独断的な評価や個人的な好みによって不公正な取扱いをしたときは、当該図書の著作者の上記人格的利益を侵害するものとして、国家賠償法上違法となる。

2 表現の自由の限界

表現の自由は重要な人権ですが絶対無制約ではなく、公共の福祉による制約には服します。学説上は、その人権としての重要性から制約についても厳格な審査をすべきとする立場が有力です。しかし、判例は個別の事件において必ずしも厳格な審査をしているわけではありません。

1　事前抑制と検閲

事前抑制とは、公権力が表現行為が行われるに先立ち、内容を審査して、表現行為をさせないようにすることをいいます。

事前抑制は、表現の自由に対する過度の制約になり、公権力の恣意的な言論統制の手段としても使われる可能性があるので、原則として禁止されると考えられています（**事前抑制禁止の原則**）。

事前抑制の中でも典型的な形態を特に「**検閲**」と呼び、憲法の明文（21条2項）で禁止しています。

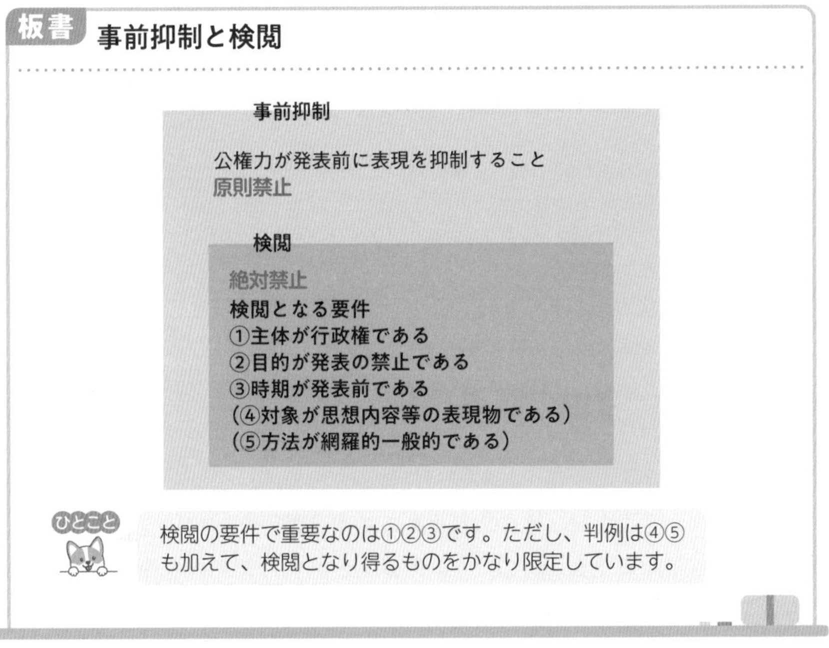

板書の①～⑤の検閲の定義を述べたのが次の判例です。

最高裁にきいてみよう！

税関検査事件

税関検査が「検閲」に該当するのではないかが争われた事件です。

Q 憲法21条２項で禁止される「検閲」とは何を指しますか？

A 次の要件に該当するものを指します。

よく出る！フレーズ

憲法21条２項にいう「検閲」とは、**行政権が主体となって、思想内容等の表現物を対象とし、その全部又は一部の発表の禁止を目的として、対象とされる一定の表現物につき網羅的一般的に、発表前にその内容を審査した上、不適当と認めるものの発表を禁止すること**を、その特質として備えるものを指す。 06

Q 検閲の禁止は絶対的なものですか？

A 例外の許されない絶対的なものです。

よく出る！フレーズ

検閲については、**公共の福祉を理由とする例外の許容をも認めない**趣旨を明らかにしたものと解すべきである。 07

Q 税関検査は検閲に該当しますか？

A 検閲には該当しません。

税関検査により輸入が禁止される表現物は、一般に、国外においては既に発表済みのものであって、その輸入を禁止したからといって、当該表現物につき、事前に発表そのものを一切禁止するものではない。（したがって）税関検査は、事前規制そのものということはできない。…以上の諸点を総合して考察すると、税関検査は、憲法21条２項にいう「検閲」に当たらない。

税関検査は板書で示した検閲の要件のうち、②と③を充たさないので、検閲に該当しません。

次の判例も検閲に該当するか否かが問題となった事件です。ここでも検閲には該当しない、とする判断が出されています。

最高裁にきいてみよう！

教科書検定訴訟

教科書検定が「検閲」に該当するのではないかが争われた事件です。

Q 教科書検定は検閲に該当しますか？

A 検閲にも事前抑制にも該当しません。

一般図書としての発行を何ら妨げるものではなく、発表禁止目的や発表前の審査などの特質がないから、教科書検定は検閲に当たらず、憲法21条２項前段の規定に違反するものではない。

岐阜県青少年保護育成条例事件は、岐阜県が条例により、知事が指定した有害図書を自動販売機へ収納することを罰則をもって禁止していたことから、知事の指定が検閲に該当しないかが争われました。あくまでも**自販機での収納・販売を禁止するものであり、発表を禁止するものではないので、検閲には該当しない**、と判断されています。

08

出版物をその刊行前に差し止める命令を裁判所が出すことがあります。この命令は事前抑制としての性質を持ちますが、次の2つの判例を通じてそれがどのような場合に許されるのか見ていきましょう。

最高裁にきいてみよう！

北方ジャーナル事件

雑誌「北方ジャーナル」が知事選挙の立候補予定者を攻撃する記事を出版する準備に入ったことから、立候補予定者が出版差止めの仮処分を裁判所に求め、裁判所がこれに応じて出版差止めの仮処分を出しました。

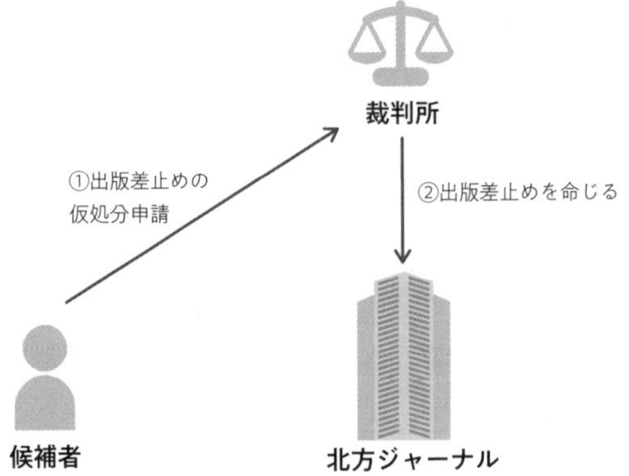

裁判所による事前差止めは、**行政権が主体として行われるものではない**ので、検閲には該当しません。

Q 裁判所による事前差止めは許されますか？

A 原則として許されませんが、以下の①②の要件を満たす場合には許されます。

出版物の頒布等の事前差止めの対象が、公務員又は公職選挙の候補者に対する評価、批判等の表現行為に関するものである場合には、…当該表現行為に対する事前差止めは、原則として許されないものといわなければならない。
ただし、①その表現内容が真実でなく、又はそれが専ら公益を図る目的のものではないことが明白であって、かつ、②被害者が重大にして著しく回復困難な損害を被るおそれがあるときは、例外的に事前差止めが許される。 09 10

本事案では、上記①②の要件を満たすので裁判所による事前差止めは許される、と判断されています。

最高裁にきいてみよう！ 『石に泳ぐ魚』事件

知人の作家が執筆した小説の発行等によって名誉を毀損され、プライバシーおよび名誉感情を侵害されたとする女性が、出版等の差止めを求めました。

Q 私人に対するプライバシー侵害を理由とする裁判所による事前差止めはどのような場合に認められますか？

A 以下の場合には認められます。

侵害行為が明らかに予想され、その侵害行為によって被害者が重大な損失を受けるおそれがあり、かつ、その回復を事後に図るのが不可能ないし著しく困難になると認められるときは侵害行為の差止めを肯認すべきである。

2 明確性の原則

明確性の原則とは、**表現の自由を規制する法律の文言は明確でなければならない**という原則です。仮に、法律の文言が不明確な場合には、その規制立法は違憲無効となると考えられています。

最高裁にきいてみよう！ 徳島市公安条例事件

デモ行進を行う者に対して「交通秩序を維持すること」を罰則をもって要求する徳島市公安条例の規定があいまい不明確であり無効ではないかが争点となりました。

Q 法律の文言が明確か否かは誰を基準に判断しますか？

A 通常の判断能力を有する一般人を基準に判断します。

刑罰法規があいまい不明確のゆえに憲法31条に違反するものと認めるべきかどうかは、**通常の判断能力を有する一般人の理解において、具体的場合に当該行為がその適用を受けるものかどうかの判断を可能ならしめるような基準が読みとれるかどうかによって決定すべき**である。 よく出る！フレーズ 11

憲法31条は適正手続の保障を定めた規定ですが、刑罰法規の明確性も31条からは求められます（詳しくは第５章第１節）。判決文の中で、表現の自由を保障する21条ではなく、31条が使われているのは、表現行為を規制する不明確な条例の規定が、それに違反すると罰則のある規定にもなっている事案だからです。31条の明確性の原則と21条の明確性の原則が重なり合うケースといえます。

3 名誉毀損的表現に対する規制

他人の名誉を毀損する表現は、名誉毀損罪（刑法230条）で規制されています。ただし、表現の自由の重要性との調整を図るため、免責規定が設けられています（刑法230条の２）。

つまり、次に示すような場合には、他人の名誉を毀損したことの責任を問われません。

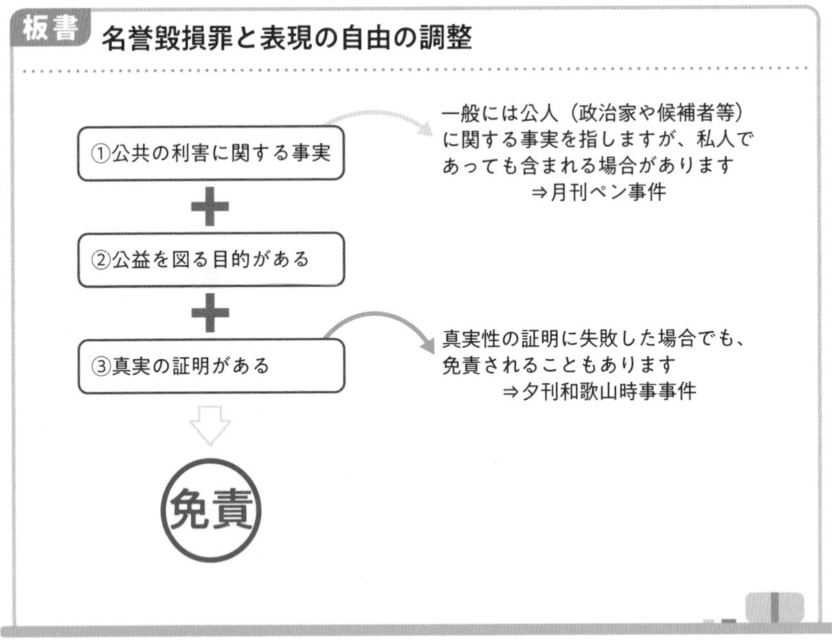

最高裁にきいてみよう！　月刊ペン事件

Q 私人の私生活上の行状が「公共の利害に関する事実」に当たる場合がありますか？

A ありります。

私人の私生活上の行状であっても、そのたずさわる社会的活動の性質及びこれを通じて社会に及ぼす影響力の程度などのいかんによっては、その社会的活動に対する批判ないし評価の一資料として、刑法230条の2第1項にいう「公共の利害に関する事実」にあたる場合があると解すべきである。

最高裁にきいてみよう！　夕刊和歌山時事事件

Q 真実であることの証明がない場合でも免責されることはありますか？

A あります。

刑法230条の2第1項にいう事実が真実であることの証明がない場合でも、行為者がその事実を**真実であると誤信し、その誤信したことについて、確実な資料、根拠に照らし相当の理由があるとき**は、犯罪の故意がなく、名誉毀損の罪は成立しない。

よく出る！フレーズ

12

4 時・場所・方法の規制

表現行為や活動を時、場所、方法の面で規制することを表現内容中立規制と呼びます。ある表現を全面的に規制するのではなく、**特定の時、場所、方法でのみ規制する**ので規制の度合いが弱いものです。

最高裁にきいてみよう！　大阪市屋外広告物条例事件

Q ビラ貼りを禁止する条例は憲法に違反しますか？

A 違反しません。

都市の美観風致を維持することは、公共の福祉を保持する所以であるから、この程度の規制は、公共の福祉のため、表現の自由に対し許された必要かつ合理的な制限と解することができる。（したがって当該）条例の規定を憲法に違反するものということはできない。

13

政治的表現などの非営利広告を規制対象に含めることも許されています。

最高裁にきいてみよう！　戸別訪問事件

衆議院議員総選挙の際、戸別訪問をして投票の依頼をしていた選挙運動員が戸別訪問を禁止する公職選挙法に違反したとして起訴された事件です。

Q 戸別訪問の一律禁止の目的は正当といえますか？

A 正当といえます。

よく出る！フレーズ

戸別訪問の禁止は、意見表明そのものの制約を目的とするものではなく、意見表明の手段方法のもたらす弊害、すなわち、戸別訪問が買収、利害誘導等の温床になり易く、選挙人の生活の平穏を害するほか、これが放任されれば、候補者側も訪問回数等を競う煩に耐えられなくなるうえに多額の出費を余儀なくされ、投票も情実に支配され易くなるなどの弊害を防止して**選挙の自由と公正を確保することを目的としている。**

よく出る！フレーズ

（したがって）戸別訪問の一律禁止の目的は正当である。

Q 戸別訪問の一律禁止は憲法21条に違反しますか？

A 違反しません。

戸別訪問を一律に禁止する公職選挙法の規定は、合理的で必要やむをえない限度を超えるものとは認められず、憲法21条に違反しない。

3 集会・結社の自由

集会・結社の自由も21条１項で保障されています。

判例は、集会の自由を**民主主義社会における重要な基本的人権の１つ**として特に尊重すべきであるとしています。その理由として、①集会が、国民がさまざまな意見や情報等に接することにより自己の思想や人格を形成、発展させること、②相互に意見や情報等を伝達、交流する場として必要であること、③対外的に意見を表明するための有効な手段であるためであることを挙げています（成田新法事件）。 14

ここでは動く集会としてのデモ行進の自由の制限と公共施設の利用制限が問題となります。

1 デモ行進の自由の制限

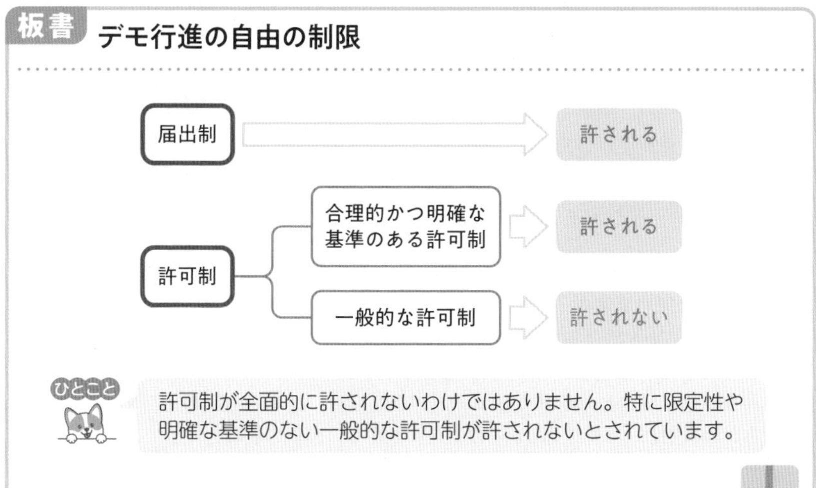

最高裁にきいてみよう！ 新潟県公安条例事件

Q デモ行進に対して一般的な許可制を定めることは許されますか？

A 許されません。

条例においてこれらの行動につき単なる届出制を定めることは格別、そうでなく**一般的な許可制を定めてこれを事前に抑制することは、憲法の趣旨に反し許されない。**（よく出る！フレーズ）

15

Q 特定の場所又は方法につき、合理的かつ明確な基準の下での許可制を定めることは許されますか？

A 許されます。

公共の秩序を保持し、又は公共の福祉が著しく侵されることを防止するため、特定の場所又は方法につき、合理的かつ明確な基準の下に、あらかじめ許可を受けさせ、…これを禁止することができる旨の規定を条例に設けても、これをもって直ちに憲法の保障する国民の自由を不当に制限するものと解することはできない。

2 公共施設の利用制限

次の判例は、市民会館の利用の制限が許されるかが争われた事件です。

最高裁にきいてみよう！ 泉佐野市民会館事件

関西新空港建設反対の集会を実施するため、市民会館の使用許可の申請が出されましたが、集会の主催者が過激派とされる団体であったことから、「公の秩序をみだすおそれのある場合」（条例）に該当するとして使用不許可処分となりました。

Q 本件条例の不許可事由である「公の秩序をみだすおそれがある場合」は、どのような場合をいいますか？

A 人の生命、身体又は財産が侵害され、公共の安全が損なわれる危険を回避し、防止することの必要性が優越する場合をいいます。

本件条例は「公の秩序をみだすおそれがある場合」を本件会館の使用を許可してはならない事由として規定しているが、この規定は、広義の表現を採っているとはいえ、本件会館における**集会の自由を保障することの重要性よりも、本件会館で集会が開かれることによって、人の生命、身体又は財産が侵害され、公共の安全が損なわれる危険を回避し、防止することの必要性が優越する場合をいう**ものと限定して解すべきである。 よく出る！フレーズ

Q 公共の安全が損なわれる危険の程度はどの程度である必要がありますか？

A 明らかな差し迫った危険の発生が具体的に予見されることが必要です。

危険性の程度としては、**単に危険な事態を生ずる蓋然性があるというだけでは足りず、明らかな差し迫った危険の発生が具体的に予見されることが必要**であると解するのが相当である。 よく出る！フレーズ

16

「明らかな差し迫った危険の発生が具体的に予見」とは、十中八九起こる、80%以上の確率で起こると予想できる、ということを意味しています。

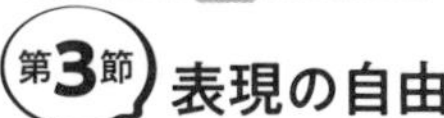

第3節 表現の自由

- [ ] 知る権利とは、**情報を受領することができる権利**であり、21条1項によって保障されています。

- [ ] アクセス権は、マス・メディアに対し、**自己の意見の発表の場を提供することを要求する権利**のことです。21条1項により保障される権利とは考えられていません。

- [ ] 政党が新聞社に対して反論文の掲載を求めた事件において、反論権の制度について具体的な成文法がないのに、**反論権を認めるに等しい反論文掲載請求権をたやすく認めることはできない**と判断されています。

- [ ] 報道機関の報道は、国民の「知る権利」に奉仕するものであるので、**事実の報道の自由**は、表現の自由を規定した**21条で保障されています。**

- [ ] **取材の自由**については、判例は、21条の精神に照らし十分尊重に値するというにとどめ、**直接保障されるとはいっていません。**

- [ ] 報道関係者の法廷における**証言拒絶権は、刑事裁判においては認められていませんが、民事裁判においては認められる場合があります。**

- [ ] 国家秘密に対する取材活動も、それが**真に報道の目的から出たもので、その手段・方法が法秩序全体の精神に照らし相当なものとして社会観念上是認されるものである場合**には、正当な業務行為ということができます。

- [ ] 筆記行為の自由について、判例は、さまざまな意見、知識、情報に接し、これを摂取することを補助するものとしてなされる限り、**筆記行為の自由は、21条1項の規定の精神に照らして尊重されるべき**であると述べています。

- [ ] 「**検閲**」とは、**行政権が主体**となって、**思想内容等の表現物を対象**とし、その**全部又は一部の発表の禁止を目的**として、対象とされる一定の表現物につき**網羅的一般的に**、**発表前**にその内容を審査した上、不適当と認めるものの発表を禁止することを指すとするのが判例です。

- [ ] **裁判所による事前差止め**は、①その**表現内容が真実でなく、又はそれが専ら公益を図る目的のものではないことが明白**であって、かつ、②**被害者が重大にして著しく回復困難な損害を被るおそれがある**ときは、許されます。

- [ ] **明確性の原則**とは、表現の自由を規制する法律の文言は明確でなければならないという原則であり、**法律の文言が不明確な場合には違憲無効となります**。

- [ ] 刑罰法規があいまい不明確のゆえに31条に違反するものと認めるべきかどうかは、**通常の判断能力を有する一般人を基準に判断**されます。

- [ ] 真実であることの証明に失敗した場合でも、行為者がその事実を真実であると誤信し、その誤信したことについて、**確実な資料、根拠に照らし相当の理由があるときは、犯罪の故意がなく、名誉毀損の罪は成立しません**。

- [ ] 戸別訪問を一律に禁止する公職選挙法の規定は、**合理的で必要やむをえない限度を超えるものとは認められず**、憲法21条に違反しません。

- [ ] 特定の場所又は方法につき、**合理的かつ明確な基準の下でのデモ行進に対して許可制を定めることは許されます**。

- [ ] 公共施設の使用を不許可にできる回避すべき危険性の程度としては、単に危険な事態を生ずる蓋然性があるというだけでは足りず、**明らかな差し迫った危険の発生が具体的に予見されることが必要**です。

第3節 ○×スピードチェック

01 新聞記事に取り上げられた者は、当該新聞紙を発行する者に対し、その記事の掲載により名誉毀損の不法行為が成立しない場合でも、人格権又は条理を根拠として、記事に対する自己の反論文を当該新聞紙に無修正かつ無料で掲載することを求める権利が認められるとした。　特別区Ⅰ類2010

× 掲載することを求める権利（アクセス権）は認められないとしています。

02 報道の自由は憲法第21条によって保障され、報道のための取材の自由も、報道の自由に含まれるものとして同条によって保障されることから、報道機関の撮影した取材フィルムを刑事事件の証拠として提出させることは、取材の自由を侵すものであり、同条に違反する。　国家専門職2013

× 取材の自由は21条１項で保障されているとまではいえません。

03 民事訴訟法は、職業の秘密に関する事項について尋問を受ける場合には、証人は証言を拒むことができると規定しているところ、ここにいう「職業の秘密」とは、その事項が公開されると、当該職業に深刻な影響を与え、以後その遂行が困難になるものをいう。もっとも、ある秘密が、このような意味での職業の秘密に当たる場合においても、そのことから直ちに証言拒絶が認められるものではなく、そのうち保護に値する秘密についてのみ証言拒絶が認められる。　国家一般職2019

○

04 新聞が真実を報道することは、憲法の認める表現の自由に属し、また、そのための取材活動も認められなければならないことはいうまでもないため、公判廷の状況を一般に報道するための取材活動として行う公判開廷中における自由な写真撮影の行為を制限する刑事訴訟規則の規定は、憲法に違反するとした。　特別区Ⅰ類2010

× 法廷での写真撮影に対する規制は合憲とされています。

05 法廷メモ採取事件では、法廷で傍聴人がメモを取ることの自由は、憲法が直接保障する表現の自由そのものに当たるため、いかなる場合であっても妨げられないものとした。 特別区Ⅰ類2010

✕ 尊重されるべきですが憲法が直接保障する表現の自由そのものには当たりません。

06 検閲とは、公権力が主体となって、思想内容等の表現物を対象とし、その全部又は一部の発表の禁止を目的として、対象とされる一定の表現物につき網羅的一般的に、発表前にその内容を審査した上、不適当と認めるものの発表を禁止することであるから、道知事選挙への立候補予定者を攻撃する目的の記事が掲載された雑誌の印刷、販売等の事前差止めを命じた裁判所の仮処分は、検閲に当たり、違憲である。 国家一般職2021

✕ 裁判所による仮処分は検閲には当たらず、違憲ではありません。

07 憲法第21条第２項前段は、「検閲は、これをしてはならない。」と規定する。憲法が、表現の自由につき、広くこれを保障する旨の一般的規定を同条第１項に置きながら、別に検閲の禁止についてこのような特別の規定を設けたのは、検閲がその性質上表現の自由に対する最も厳しい制約となるものであることに鑑み、これについては、公共の福祉を理由とする例外の許容をも認めない趣旨を明らかにしたものと解すべきである。 国家一般職2012

○

08 知事によって有害図書として指定されると、青少年への販売、配布、貸付及び自動販売機業者が自動販売機に納入することが禁じられる旨の規定が条例に定められている場合、知事が、著しく性的感情を刺激し、または著しく残忍性を助長するため、青少年の健全な育成を阻害するおそれがある図書を有害図書として指定することは、憲法第21条第２項前段の検閲に該当する。 裁判所2018

✕ 自動販売機への収納と販売を禁止するのみで発表を禁止しているわけではないため、検閲には該当しません。

09 出版物の頒布等の事前差止めは、表現行為に対する事前抑制に該当するが、その対象が公務員又は公職選挙の候補者に対する評価、批判等の表現行為に関するものである場合であっても、その表現内容が私人の名誉権を侵害するおそれがあるときは、原則として許される。国家一般職2012

× 事前差止めは原則として許されず、許される場合は例外です。

10 出版物の頒布等の事前差止めは、とりわけ、その対象が公務員又は公職選挙の候補者に対する評価、批評等の表現行為に関するものである場合には、そのこと自体から、一般にそれが公共の利害に関する事項であるということができ、当該表現行為に対する事前差止めは、原則として許されないが、その表現内容が真実でなく、又はそれが専ら公益を図る目的のものでないことが明白であって、かつ、被害者が重大にして著しく回復困難な損害を被るおそれがあるときは、例外的に許される。 裁判所2018

○

11 市の公安条例が集団行進についての遵守事項の一つとして「交通秩序を維持すること」と規定している場合、当該規定は、抽象的で立法措置として著しく妥当性を欠くものであるが、集団行進を実施するような特定の判断能力を有する当該集団行進の主催者、指導者又はせん動者の理解であれば、具体的な場合に当該行為がその適用を受けるものかどうかの判断を可能ならしめる基準が読みとれるから、憲法に違反しない。 国家一般職2013

× 当事者ではなく一般人の理解を基準に判断されます。

12 名誉毀損罪における公共の利害に関する場合の特例を定める刑法第230条の2の規定は、人格権としての個人の名誉の保護と憲法が保障する正当な言論の保障との調和を図るものであるが、行為者が摘示した事実につき真実であることの証明がなければ、行為者がその事実を真実であると誤信し、その誤信したことについて、確実な資料、根拠に照らし相当の理由がある

としても、犯罪の故意が認められ、同罪が成立する。　国家一般職2021

× 確実な資料、根拠に照らし相当の理由があれば、犯罪の故意が認められず、名誉毀損罪が免責されます。

13 都市の美観風致の維持と公衆に対する危害の防止を目的として屋外広告物の表示の場所、方法等を規制する場合に、非営利広告を含めて規制対象とすることは、立法目的に照らして必要最小限度の規制を超えるものであり、表現の自由に対して許された必要かつ合理的な制限と解することはできない。　国家専門職2013

× ビラ貼りを禁止する条例は憲法違反ではありません。

14 集会の自由について、民主主義社会における重要な基本的人権の一つとして特に尊重すべきである理由は、集会が、国民が様々な意見や情報等に接することにより自己の思想や人格を形成、発展させ、また、相互に意見や情報等を伝達、交流する場として必要であり、さらに、対外的に意見を表明するための有効な手段であるためである。　裁判所2021

○

15 地方公共団体が定める条例において、集団行進等の集団行動を一般的な許可制を定めて事前に抑制することは憲法第21条第1項に反し許されない。　裁判所2021

○

16 集会の用に供される公共施設の管理者は、当該施設の利用申請に対し、集会が開かれることによって、人の生命身体又は財産が侵害され、公共の安全が損なわれる抽象的な危険があれば、当該施設の利用を拒否することができる。　裁判所2021

× 「抽象的な危険」ではなく、明らかな差し迫った危険の発生が具体的に予見されることが必要です。

第4節 学問の自由

START! 本節で学習すること

本節では、学問の自由（23条）について学習します。
学問の自由はあまり出題されるテーマではなく、頻出度は低いです。さらに出題される場合は、教育を受ける権利（26条）とセットで出題されることが多いです。
教育を受ける権利を学習し終えた後で一緒に学習していくと効果的でしょう。

1 学問の自由の内容

憲法23条
学問の自由は、これを保障する。

学問の自由には、①学問研究の自由、②研究発表の自由、③教授の自由が含まれています。大学が学術の中心として真理探究を本質とすることから、特に**大学におけるそれらの自由を保障する**ことを趣旨とするものです。そのため、**大学の自治も23条の学問の自由により保障される**と考えられています。

01 02

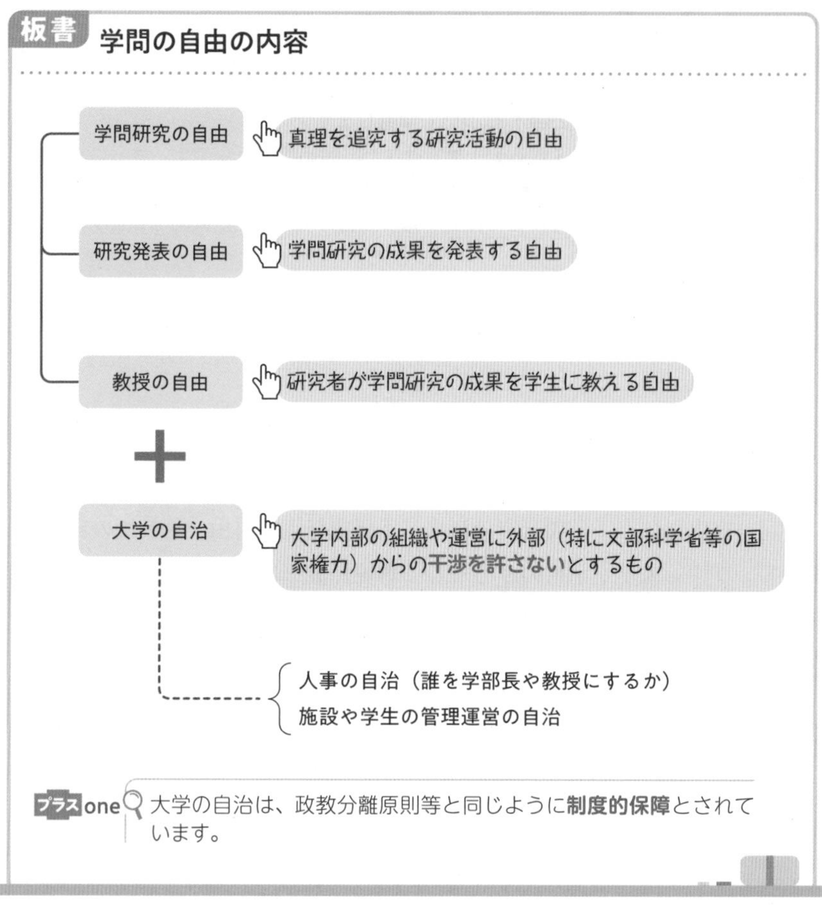

2 学問の自由に関する判例

1 研究発表の自由に関する判例

次に紹介する判例では教科書検定制度が、いま挙げた学問の自由の内容のうちの「研究発表の自由」を侵害するものではないかが争点となりました。

⚖最高裁にきいてみよう！

教科書検定訴訟

Q 教科書検定制度は、憲法23条に違反しませんか？

A 違反しません。

教科書は、普通教育の場において使用される児童、生徒用の図書であって、学術研究の結果の発表を目的とするものではない。

…教科書検定が学問の自由を保障した憲法23条の規定に違反しないことは、当裁判所の判例の趣旨に徴して明らかである。

2 教授の自由に関する判例

次の判例では、普通教育機関における教師の教授の自由が争われています。

⚖最高裁にきいてみよう！

旭川学力テスト事件

文部省（現文部科学省）企画の全国中学一斉学力テストを市立中学校校長が実施しようとしたところ、全国一斉に行われるテストの実施に批判的な教師らがテスト実施を妨害したため、建造物侵入・公務執行妨害罪等で起訴された事件です。

Q 普通教育機関の教師にも教授の自由が保障されていますか？

A 一定範囲では保障されています。

教授の具体的内容及び方法につきある程度自由な裁量が認められなければならないという意味においては、**一定の範囲における教授の自由が保障されるべき**ことを肯定できないではない。

よく出る！フレーズ

Q 普通教育機関の教師にも大学の場合と同様の完全な教授の自由が認められますか？

A 完全な教授の自由を認めることはできません。

大学教育の場合に、学生が一応教授内容を批判する能力を備えていると考えられるのに対し、普通教育においては、児童生徒にこのような能力がなく、教師が児童生徒に対して強い影響力、支配力を有することを考え、また、普通教育においては、子どもの側に学校や教師を選択する余地が乏しく、教育の機会均等をはかる上からも全国的に一定の水準を確保すべき強い要請がある。

（したがって、）**普通教育における教師に完全な教授の自由を認めることは、とうてい許されない**ところといわなければならない。

よく出る！フレーズ

「普通教育」とは、小学校などの初等教育や中学校、高等学校などの中等教育を指す用語です。

第1編 第3章 精神的自由

3 大学の自治に関する判例

次の判例では、大学の自治が問題になっています。

最高裁にきいてみよう！

東大ポポロ事件

大学の学内サークルである劇団「ポポロ」が大学構内で政治的なテーマの演劇を上演していたところに、私服警官が情報収集活動のために観劇に来ており、それを発見した学生ともみ合いとなりました。学生が警官に暴行を加えて警察手帳を取り上げる等したため、学生が逮捕・起訴されました。

Q 大学の学問の自由と自治の直接の保障対象は誰ですか？

A 大学の教授その他の研究者です。

大学の学問の自由と自治は、大学が学術の中心として深く真理を探求し、専門の学芸を教授研究することを本質とすることに基づくから、直接には教授その他の研究者の研究、その結果の発表、研究結果の教授の自由とこれらを保障するための自治とを意味すると解される。 03

大学の施設と学生は、これらの自由と自治の効果として、施設が大学当局によって自治的に管理され、学生も学問の自由と施設の利用を認められる。

Q 本件劇団の演劇発表（本件集会）も大学の自治を享有しますか？

A 享有しません。

よく出る！フレーズ

学生の集会が真に学問的な研究またはその結果の発表のためのものでなく、**実社会の政治的社会的活動に当る行為をする場合には、大学の有する特別の学問の自由と自治は享有しない。**

本件集会は、真に学問的な研究と発表のためのものでなく、実社会の政治的社会的活動であり、かつ公開の集会またはこれに準じるものであって、大学の学問の自由と自治は、これを享有しないといわなければならない。したがって、本件集会に警察官が立ち入ったことは、大学の学問の自由と自治を犯すものではない。 04

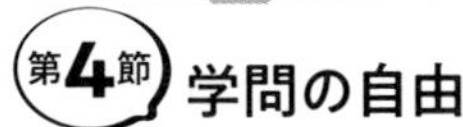

第4節 学問の自由

- [ ] 学問の自由には、①**学問研究の自由**、②**研究発表の自由**、③**教授の自由**が含まれています。

- [ ] 教科書は学術研究の結果の発表を目的とするものではないので、**教科書検定制度は、学問の自由に含まれる研究発表の自由を侵害するものではない**と判断されています。

- [ ] 普通教育機関の教師にも一定範囲で教授の自由が保障されていますが、**完全な教授の自由を認めることはできない**とされています。

- [ ] 大学の学問の自由と自治の直接の保障を受けているのは、**教授その他の研究者**です。

- [ ] 学生の集会が真に学問的な研究またはその結果の発表のためのものでなく、実社会の**政治的社会的活動に当たる行為をする場合には、大学の有する特別の学問の自由と自治は享有しません。**

第4節 ○×スピードチェック

01 憲法第23条の学問の自由には、学問的研究の自由は含まれるが、その研究結果の発表の自由については、研究結果の発表という形態をとった政治的社会的活動になる可能性が否定できないことから含まれない。

国家専門職2000

× 研究発表の自由も学問の自由に含まれます。

---

02 大学の自治は、憲法第23条には明文の規定はないことから、同条により保障されているものではなく、憲法第21条第１項が規定する結社の自由により保障されていると解するのが通説である。　国家一般職2001

× 大学の自治は23条により保障されていると考えられています。

---

03 今日の大学は、高度な科学技術の発達や社会の複雑多様化を背景として、政府や産業界と人事・財政面で強く結び付いており、大学が学問の自由を確保するためには学生を含めた大学に所属する者全体の一致した協力が不可欠であるから、学生も教授その他の研究者と同様に大学の自治の主体に含まれるとするのが判例である。　国家一般職2007

× 学生は大学の自治の主体には含まれません。

---

04 大学における学生の集会は、大学の自治の一環として認められるものであるから、大学が許可した学内集会であるならば、当該集会が真に学問的な研究又はその結果の発表のためのものでなく、実社会の政治的社会的活動に当たる行為をする場合であっても、大学の有する学問の自由と自治を享有するとするのが判例である。　国家一般職2007

× 政治的社会的活動を行う集会は学問の自由と自治を享有しません。

第1編

基本的人権

第4章

経済的自由

第1節 居住移転・職業選択の自由

START! 本節で学習すること

本節では、居住移転・職業選択の自由（22条）について学習します。重要なのは「職業選択の自由」です。規制目的二分論と呼ばれる考え方を理解しましょう。判例も結構ありますが、まずは結論をしっかり押さえることが大切です。合憲・違憲の結論だけで正誤判定ができてしまう問題も出題されています。

1 職業選択の自由

憲法22条
① 何人も、公共の福祉に反しない限り、居住、移転及び職業選択の自由を有する。

職業選択の自由とは、自己の従事する職業を決定する自由を意味しています。さらに、自己の選択した職業を遂行する自由（**営業の自由**）も含んでいます。

01

1 規制目的二分論

職業選択の自由も公共の福祉による制約を受けますが、その制約には、消極的な内在的制約と積極的な政策的制約があります。

プラスone 22条1項が「公共の福祉に反しない限り」と明文で規定している意味は、職業選択の自由が、精神的自由と比較して、公権力による規制の要請が強いことを強調するためであると考えられています（判例）。 02

消極的な内在的制約（消極目的規制）とは、他者の生命、身体、権利、利益等について被害が発生しないようにするために、誰かの自由に対して制限する場合に行われる制約を指します。

一方、**積極的な政策的制約（積極目的規制）**とは、社会的・経済的弱者を保護するために強い立場にある者の自由を制限する場合等に行われる制約を指します。 03

内在的制約 （消極目的規制）	他人の人権を侵害しないようにするための制約	例：他人の身体・生命を傷つけるような行為を制限する場合
政策的制約 （積極目的規制）	社会的・経済的弱者を保護するための政策的な制約	例：中小企業を保護するために大資本による独占を制限する場合

精神的自由では、公共の福祉による制約は内在的制約を前提としていましたが、経済的自由では、さらに政策的制約も登場します。

職業選択の自由に対する制約が合憲か否かを判定する場合の基準については、この２つの規制目的に応じて異なる基準を用いる考え方があり、この考え方を「**規制目的二分論**」と呼びます。判例はこの考え方を採用しているとされています。

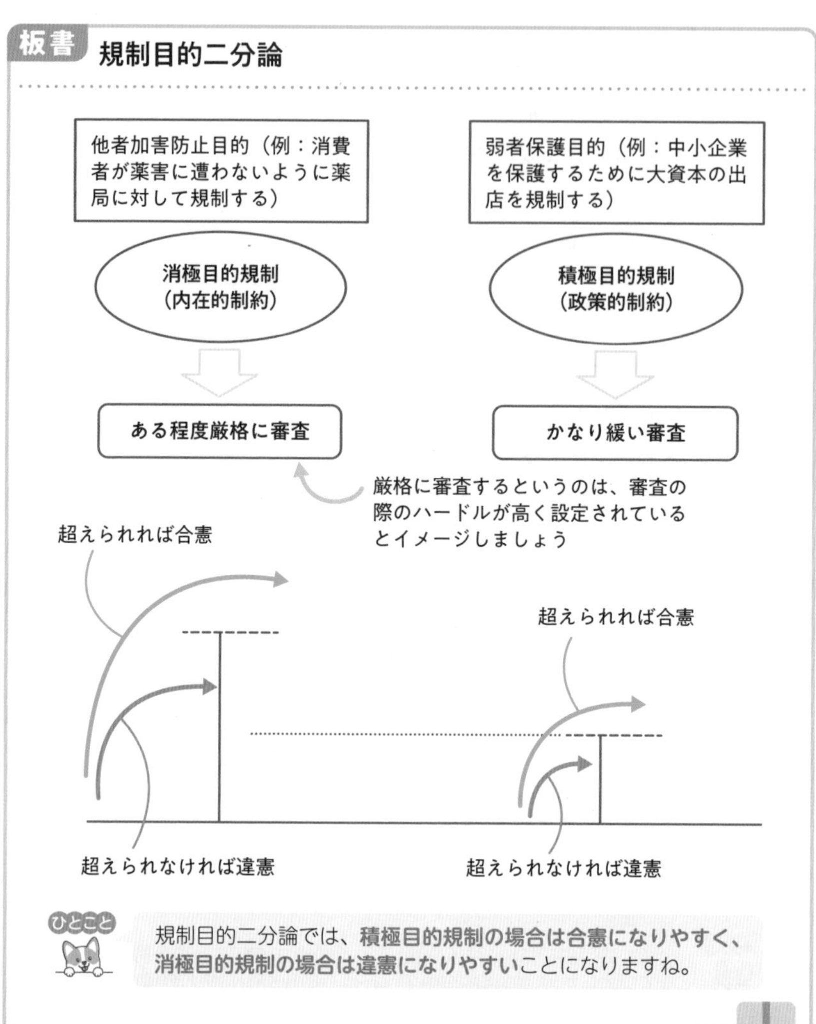

このあといくつかの判例を紹介しますが、最初の２つを例に、それぞれのケースがなぜ消極目的規制、積極目的規制に当たるのか把握しておきましょう。どちらも距離制限規定ですが、一方は消極目的、一方は積極目的の規制です。

距離制限規定／先に開業している者が近くにいると営業許可が出ない規定のことです。問題文では「**適正配置規制**」という表現で登場することが多いです。

2 消極目的規制

最高裁にきいてみよう！ 違憲判決 薬事法違反事件

不良医薬品の供給を防止し、一般消費者が薬害に遭うことを防ぐために薬局の開設を許可制としたうえで、許可の条件として距離制限を設けている薬事法および条例の合憲性が争われた事件です。

Q 許可制が合憲となるのはどのような場合ですか？

A 必要かつ合理的な措置である場合です。

一般に許可制は、狭義における職業の選択の自由そのものに制約を課するもので、職業の自由に対する強力な制限であるから、その合憲性を肯定しうるためには、原則として、重要な公共の利益のために必要かつ合理的な措置であることを要する。

04

Q 薬局開設を許可制とすることは合憲ですか？

A 合憲です。

不良医薬品の供給（不良調剤を含む）から国民の健康と安全とをまもるために、業務の内容の規制のみならず、供給業者を一定の資格要件を具備する者に限定し、それ以外の者による開業を禁止する許可制を採用したことは、それ自体としては公共の福祉に適合する目的のための必要かつ合理的措置として肯認することができる。

Q 許可条件として距離制限の規定を設けること（適正配置規制）は合憲ですか？

A 違憲です。

競争の激化→経営の不安定→法規違反という因果関係に立つ不良医薬品の供給の危険が指摘されているが、このような危険が相当程度の規模で発生する可能性があるとすることは、単なる観念上の想定にすぎず、確実な根拠に基づく合理的な判断とは認めがたい。

（距離制限規定の必要性と合理性を裏づける理由として指摘される）薬局等の偏在→競争激化→一部薬局等の経営の不安定→不良医薬品の供給の危険又は医薬品乱用の助長の弊害という事由は、…右の必要性と合理性を肯定するに足りず、…**適正配置規制は、不良医薬品の供給の防止等の目的のために必要かつ合理的な規制を定めたものということができないから、憲法22条１項に違反し、無効**である。 よく出る！フレーズ

05

プラスone このような判断基準のことを学説では、「**厳格な合理性の基準**」と呼んでいます。

判例が違憲としているのは適正配置規制（距離制限規定）であって、**許可制自体は合憲としている**ことに注意しましょう。
また、この事件は**職業選択の自由の分野における唯一の違憲判決**です。 06

3 積極目的規制

最高裁にきいてみよう！

小売市場事件

小売市場の開設許可につき距離制限規定が設けられていることの合憲性が争われた事件です。

Q 積極目的規制に対してはどのような基準で合憲か否かを判断しますか？

A 著しく不合理であることの明白である場合に限り違憲となります。

個人の経済活動に対する法的規制措置については、立法府の政策的技術的な裁量に委ねるほかはなく、裁判所は、立法府の裁量的判断を尊重するのを建前とし、ただ、よく出る！フレーズ **立法府がその裁量権を逸脱し、当該法的規制措置が著しく不合理であることの明白である場合に限って**、これを違憲として、その効力を否定することができる。 07

Q 小売市場の許可規制は違憲ですか？

A 合憲です。

小売市場の許可規制は、国が社会経済の調和的発展を企図するという観点から中小企業保護政策の一方策としてとった措置ということができ、その目的において、一応の合理性を認めることができないわけではなく、また、その**規制の手段・態様においても、それが著しく不合理であることが明白であるとは認められない。…小売市場の許可規制が憲法22条１項に違反するものとすることはできない。** 08

よく出る！フレーズ

プラスone このような判断基準のことを学説では、「**明白性の原則**」と呼んでいます。

次の判例も積極目的規制として、小売市場事件と同じ基準で判断された事件です。

最高裁にきいてみよう！　西陣ネクタイ訴訟

国産生糸の生産者を保護するために外国産生糸の輸入制限をしたことによって、絹織物業者が高い生糸を購入せざるを得なくなって損害を被ったことから国家賠償請求訴訟を起こした事件です。

Q 生糸の輸入制限は合憲ですか？

A 合憲です。

積極的な社会経済政策の実施の一手段として、個人の経済活動に対し一定の合理的規制措置を講ずることは、憲法が予定し、かつ、許容するところであるから、裁判所は、立法府がその裁量権を逸脱し、当該規制措置が著しく不合理であることの明白な場合に限って、これを違憲としてその効力を否定することができる。

(法が規定する）生糸の一元輸入措置の実施、及び所定の輸入生糸を同事業団が売り渡す際の売渡方法、売渡価格等の規制について規定しており、営業の自由に対し制限を加えるものではあるが、…国家賠償法１条１項の適用上例外的に違法の評価を受けるものではないとした原審の判断は、正当として是認することができる。所論は、違憲をも主張するが、その実質は原判決の右判断における法令違背の主張にすぎない。

09

4 その他の判例

次に紹介する公衆浴場については複数の判例が出ています。目的の認定が異なるので注意しましょう。

最高裁にきいてみよう！　公衆浴場距離制限事件（平成元年３月判決）

公衆浴場の距離制限規定の合憲性が争われた事件です。

Q 許可条件として距離制限の規定を設けること（適正配置規制）は合憲ですか？

A 合憲です。

適正配置規制の目的は、国民保健及び環境衛生の確保にあるとともに、…既存公衆浴場業者の経営の安定を図ることにより、自家風呂を持たない国民にとって必要不可欠な厚生施設である公衆浴場自体を確保しようとすることも、その目的としている。

適正配置規制は右目的を達成するための必要かつ合理的な範囲内の手段と考えられるので 憲法22条１項に違反しない。

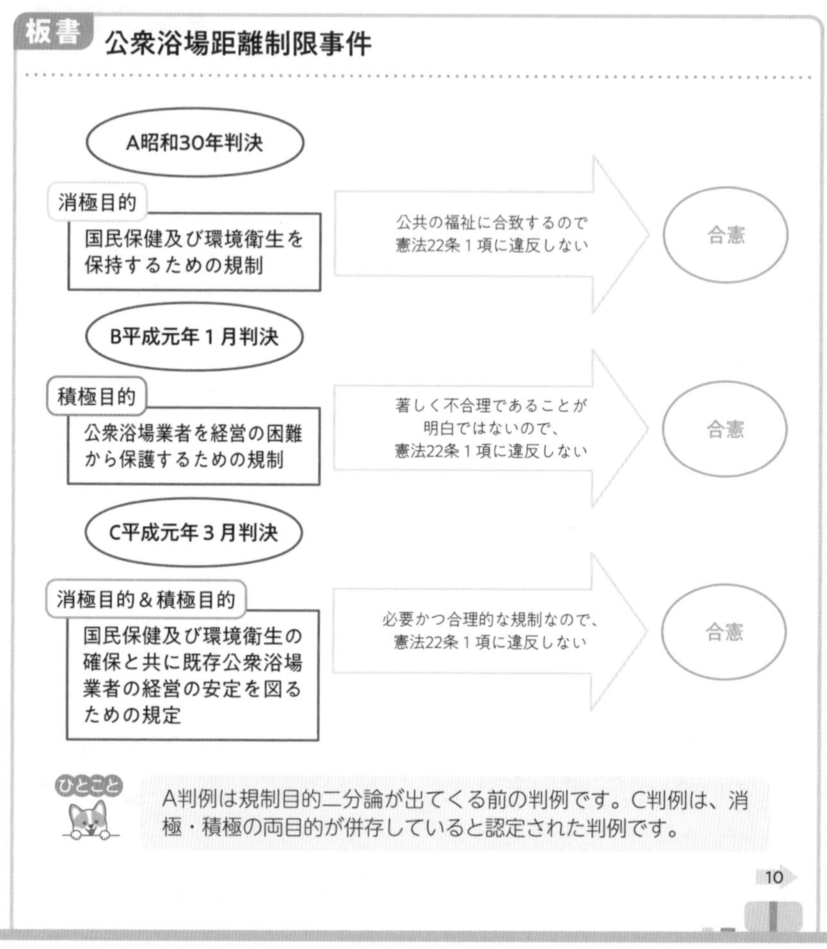

酒類販売業を免許制としていることの合憲性が争われた次の事件は、**国家の財政目的による規制**と認定されており、規制目的二分論に基づく判例ではないとされています。

最高裁にきいてみよう！

酒類販売業免許制事件

Q 国家の財政目的による制約について違憲か否かを判断する基準はどうなりますか？

A 著しく不合理な場合に限り違憲となります。

租税の適正かつ確実な賦課徴収を図るという国家の財政目的のための職業の許可制による規制については、その必要性と合理性についての**立法府の判断が、政策的、技術的な裁量の範囲を逸脱するもので、著しく不合理なものでない限り、これを憲法22条１項の規定に違反するものということはできない。** よく出る！フレーズ

Q 酒類販売業に対して免許制をとることは憲法22条１項に違反しますか？

A 違反しません。

酒税の適正かつ確実な賦課徴収を図るという国家の財政目的のために、免許制度を採用したことは、当初は、その必要性と合理性があったというべきである。…前記のような酒税の賦課徴収に関する仕組みがいまだ合理性を失うに至っているとはいえない。

当時においてなお酒類販売業免許制度を存置すべきものとした立法府の判断が、政策的、技術的な裁量の範囲を逸脱するもので、著しく不合理であるとまでは断定し難い。 11

プラスone 登記手続の代理業務を司法書士が独占していることの合憲性が争われた事件では、公共の福祉に合致した合理的なものであるとして22条１項に違反しないとする判断（合憲）が出されています。

2 居住・移転の自由

憲法22条

① 何人も、公共の福祉に反しない限り、居住、移転及び職業選択の自由を有する。

② 何人も、外国に移住し、又は国籍を離脱する自由を侵されない。

22条１項は**居住・移転の自由**を、２項は**外国移住・国籍離脱の自由**を保障しています。

居住・移転の自由は経済的自由に分類されていますが、広く知的な接触の機会を得ることができるなど精神的自由の側面も有しています。また、身体の拘束を解くことを意味することから人身の自由の側面も有しています。 12

海外渡航の自由については、22条２項の「外国移住の自由」に含めて保障されています（判例・通説）。２項では国籍離脱の自由も保障されていますが、**無国籍となることまでは許されていません**。

最高裁にきいてみよう！　帆足計事件

共産党の幹部がモスクワで開催される会議に出席するために旅券（パスポート）の発給を外務大臣に申請したところ、旅券法の規定に基づき拒否された事件です。

Q 旅券の発給拒否を定める旅券法の規定は22条２項に違反しませんか？

A 合理的な制約であり違反しません。

旅券発給を拒否することができる場合として、旅券法が「著しくかつ直接に日本国の利益又は公安を害する行為を行う虞があると認めるに足りる相当の理由がある者」と規定したのは、外国旅行の自由に対し、公共の福祉のために合理的な制限を定めたものとみることができる…。 13

ここが重要！

第1節 居住移転・職業選択の自由

- [ ] 職業選択の自由は、自己の従事する**職業を決定する自由**の保障を意味し、自己の選択した職業を遂行する自由である**営業の自由の保障も含んでいます**。
- [ ] 職業選択の自由に対する公共の福祉の制約の内容には、**消極的な内在的制約と積極的な政策的制約**があります。
- [ ] 消極的な内在的制約（消極目的規制）とは、国民の生命及び健康に対する危険の防止という**消極的、警察的目的のための規制措置**を指します。
- [ ] 積極的な政策的制約（積極目的規制）とは、**経済的・社会的弱者の保護のための規制措置**を指します。
- [ ] 消極目的規制と積極目的規制で制約目的に応じて異なる基準を用いる考え方を「**規制目的二分論**」といい、**消極目的規制は積極目的規制に比べて厳格に審査**されます。
- [ ] 消極目的規制が合憲といえるためには、**重要な公共の利益のために必要かつ合理的な措置**であることを必要とします。

- [ ] 薬事法違反事件では、距離制限規定は、目的達成のための必要性・合理性が認められず、**違憲**と判断されています。

- [ ] 小売市場の許可制および距離制限規定は、中小企業保護政策の一方策としてとった措置であり、その規制の手段・態様は著しく不合理であることが明白であるとは認められないので**合憲**とされています。

- [ ] 西陣ネクタイ訴訟では、国産生糸の生産者を保護するための輸入制限に対して、著しく不合理であることが明白であるとは認められないので**合憲**とされています。

- [ ] 酒類販売業の免許制は、酒税の適正かつ確実な賦課徴収を図るという国家の財政目的のための規制であり、著しく不合理であるとまではいえないので**合憲**とされています。

第1節 ○×スピードチェック

01 営業の自由は財産権の行使として憲法第29条により保障されるから、憲法第22条が保障する「職業選択の自由」には、営業の自由は含まれない。

裁判所2019

× 営業の自由も含まれています。

02 憲法第22条第１項が「公共の福祉に反しない限り」という留保を伴っているのは、職業活動は社会的相互関連性が大きく、精神的自由と比較して、公権力による規制の要請が強いことを強調する趣旨によるものである。

裁判所2019

○

03 職業選択の自由に対する規制の目的には、主として国民の生命及び健康に対する危険を防止又は除去ないし緩和するために課せられる積極目的規制と、福祉国家の理念に基づいて、経済の調和のとれた発展を確保し、特に社会的、経済的弱者を保護するために、社会経済政策の一環として実施される消極目的規制がある。

裁判所2019

× 消極目的規制と積極目的規制の内容が逆になっています。

04 薬局の適正配置規制のような国民の生命及び健康に対する危険の防止という消極的、警察的目的のための規制措置は、この目的達成のための必要性と合理性の存在を認めることができない場合は違憲となる。

国家専門職2008

○

05 薬局開設許可に関する距離制限を定める規制では、立法事実を検討し、制限が国民の生命及び健康に対する危険の防止という積極的、政策的目的のための規制措置であると判断した上で、その目的を達成するために必要かつ合理的な規制とはいえないとして、距離制限を違憲とした。

特別区Ⅰ類2011

✕ 違憲とする結論は正しいですが、積極的、政策的目的のための規制措置ではなく、消極的・警察的措置であると判断しています。

06 薬事法に基づく薬局開設の許可制及び許可条件としての適正配置規制は、主として国民の生命及び健康に対する危険の防止という消極的、警察的目的のための規制措置であるが、許可制に比べて職業の自由に対するより緩やかな制限である職業活動の内容及び態様に対する規制によってもその目的を十分に達成することができると解されるから、許可制の採用自体が公共の利益のための必要かつ合理的措置であるとはいえず、憲法第22条第１項に違反する。 国家一般職2010

✕ 許可制自体は合憲とされています。

07 小売市場開設の許可規制のような社会経済政策の実現を目的とする積極的規制措置は、より制限的でない他の選びうる手段によって目的を達することができないと認められる場合は違憲となる。 国家専門職2008改題

✕ 著しく不合理であることが明白である場合に限り違憲となります。

08 小売市場開設許可に関する距離制限を定める規制では、緩やかな合理性の基準を適用し、過当競争による小売商の共倒れから小売商を保護するという消極的、警察的目的の規制であると判断して、立法裁量を尊重し、距離制限を合憲とした。 特別区Ⅰ類2011

✕ 合憲という結論は正しいですが、消極的、警察目的の規制とはせずに社会経済政策的な積極目的規制としています。

09 生糸の一元輸入措置等の生糸の輸入制限措置は、営業の自由に対し制限を加えるものであるが、当該措置が著しく不合理であることが明白とはいえず、違憲とならない。 国家専門職2008

○

10 昭和30年の公衆浴場開設許可の距離制限に関する判決では、公衆浴場の偏在によって利用者の不便をきたし、濫立によって経営に無用の競争が生じるおそれはあるが、その結果、衛生設備が低下するとはいえないとして、距離制限を違憲とした。 特別区Ⅰ類2011

✕ 合憲としています。

11 酒類販売業の免許制は、租税の適正かつ確実な賦課徴収を図るという国家の財政目的のための規制であり、その必要性と合理性についての立法府の判断が、政策的、技術的な裁量の範囲を逸脱し、著しく不合理であるとまでは断定し難いとして、免許制を合憲とした。 特別区Ⅰ類2011

○

12 憲法第22条第1項が保障する居住・移転の自由は、経済活動の目的だけでなく、広く人の移動の自由を保障するという意味において、人身の自由としての側面を有すると一般に解されている。 国家一般職2017

○

13 憲法第22条第2項が保障する外国に移住する自由には外国へ一時旅行する自由が含まれるが、外国旅行の自由といえども無制限のままに許されるものではなく、公共の福祉のために合理的な制限に服するとするのが判例である。 国家一般職2017

○

第2節 財産権

START! 本節で学習すること

本節では、財産権（29条）について学習します。
財産権は、比較的出題頻度の高いテーマです。条文に登場する語句が議論の出発点になるので、１項から３項まで条文をきちんと覚えておくとスムーズに学習できます。判例は多くありませんが、違憲判決が出された重要判例があるのでしっかり押さえる必要があります。
損失補償については、どのような場合に補償が必要となるか、どの程度補償されるかを理解していきましょう。

1 財産権の保障とその制限

憲法29条
① 財産権は、これを侵してはならない。
② 財産権の内容は、公共の福祉に適合するやうに、法律でこれを定める。

1 財産権とは

財産権とは、物に対する所有権などの財産的価値を有するすべての権利を指します。

29条１項の財産権の保障には、①**個人が有する具体的財産権の保障**と②**私有財産制度の保障（制度的保障）**が含まれます。

①は、個人が有する財産についての権利（所有権等）を正当な理由もなく奪われることはない、という保障です。そして、①を保障するためには、その前提として、財産に対する私有を認める仕組み（私有財産制度）が必須になります。そのため、②の保障も含まれると考えられています。 01 02

2 「法律で」の意味

29条２項は、財産権が、「公共の福祉」による制約として、法律によって一般的に制約されるものであることを明示する規定と考えられています。

「法律で」と規定されているものの、**地方公共団体の条例でも制限できる**と考えられています。 03

⚖ **最高裁**にきいてみよう！ 奈良県ため池条例事件

ため池の破損や決壊などによる水害を防止するために、私有地であっても、ため池の堤とう部分で耕作等をすることを禁止する条例を県が制定したものの、以前から堤とう部分で耕作を行っていた所有者が耕作を続けたため、条例違反で起訴された事件です。

Q ため池を使用する行為を条例で制限することはできますか？

A 制限できます。

ため池の破損、決かいの原因となるため池の堤とうの使用行為は、憲法でも、民法でも適法な財産権の行使として保障されていないものであって、憲法、民法の保障する財産権の行使の埒外にあるものというべきである。…これらの行為を**条例をもって禁止、処罰しても憲法および法律に牴触またはこれを逸脱するものとはいえない。**

よく出る！フレーズ

本判例は条例による制限を認めてはいますが、通説は、条例による財産権制限が認められる理由を条例も法律同様の民主的基盤（私達の代表者によって定められたルールであること）があることに求めています。

Q 水害を防止するためにため池の堤とう部分で耕作をすることを禁止する場合、損失補償は必要ですか？

A 不要です。

災害を防止し公共の福祉を保持する上に社会生活上やむを得ないものであり、そのような制約は、ため池の堤とうを使用し得る財産権を有する者が当然受忍しなければならない責務というべきものであって、憲法29条第３項の損失補償はこれを必要としない。 04

この損失補償を不要とする判断は、このあと学習する**特別犠牲説**に基づくものです。

3 財産権の制約

財産権に対する制約も、職業選択の自由同様、内在的制約（消極目的規制）と政策的制約（積極目的規制）に服すると考えられています。しかし、判例は、財産権の制約に対して違憲か否かを判定する基準については、職業選択の自由と異なり、**規制目的二分論は採用しない立場である**と理解されています。

最高裁にきいてみよう！ 違憲判決

森林法共有林事件

親から受け継いだ森林を２分の１ずつ共有する兄弟が不仲となり、一方が共有林の分割を請求したところ、森林法の規定により認められなかった事件です。

Q 財産権に対する規制が合憲か否かをどのように決めるべきですか？

A 比較考量して決めるべきです。

財産権に対して加えられる規制が憲法29条２項にいう公共の福祉に適合するものとして是認されるべきものであるかどうかは、**規制の目的、必要性、内容、その規制によって制限される財産権の種類、性質及び制限の程度等を比較考量して決すべきものである。**

よく出る！フレーズ

Q 比較考量を前提とした具体的な判断基準はどうなりますか？

A 下記①②の点から判断されます。

①立法の規制目的が前示のような社会的理由ないし目的に出たとはいえないものとして公共の福祉に合致しないことが明らかであるか、又は②**規制目的が公共の福祉に合致するものであっても規制手段が目的を達成するための手段として必要性若しくは合理性に欠けていることが明らか**であって、そのため立法府の判断が合理的裁量の範囲を超えるものとなる場合に限り、当該規制立法が憲法29条２項に違背するものとして、その効力を否定することができる。

よく出る！フレーズ

05

Q 森林の分割を制限する森林法の規定は、憲法違反ですか？

A 憲法違反です。

旧森林法186条が共有森林につき持分価額２分の１以下の共有者に民法256条１項所定の**分割請求権を否定しているのは、森林法186条の立法目的との関係において、合理性と必要性のいずれをも肯定することのできないことが明らか**であって、この点に関する立法府の判断は、その合理的裁量の範囲を超えるものであるといわなければならない。旧森林法186条は、憲法29条２項に違反し、無効というべきである。

よく出る！フレーズ

この事件は**財産権の分野における唯一の違憲判決**です。

プラスone インサイダー取引を防止するための旧証券取引法の規定の合憲性が争われた事件においても、ほぼ同じ基準を用いて、「規制目的は正当であり、規制手段が必要性又は合理性に欠けることが明らかであるとはいえないから」**29条に違反しない**と判断されています。

2 財産権の制限と損失補償

憲法29条
③　私有財産は、正当な補償の下に、これを公共のために用ひることができる。

1 特別犠牲説

29条3項は、財産権を制限する際の**損失の補償**について定めています。

どのような場合に補償が必要かについては、**特別犠牲説**という考え方が通説とされています。この考え方は、**特定の個人に対して、その財産権に内在する社会的制約を超えて財産権の本質的内容を侵すほどの制約（特別の犠牲）を課した場合に補償が必要となる**とする考え方です。

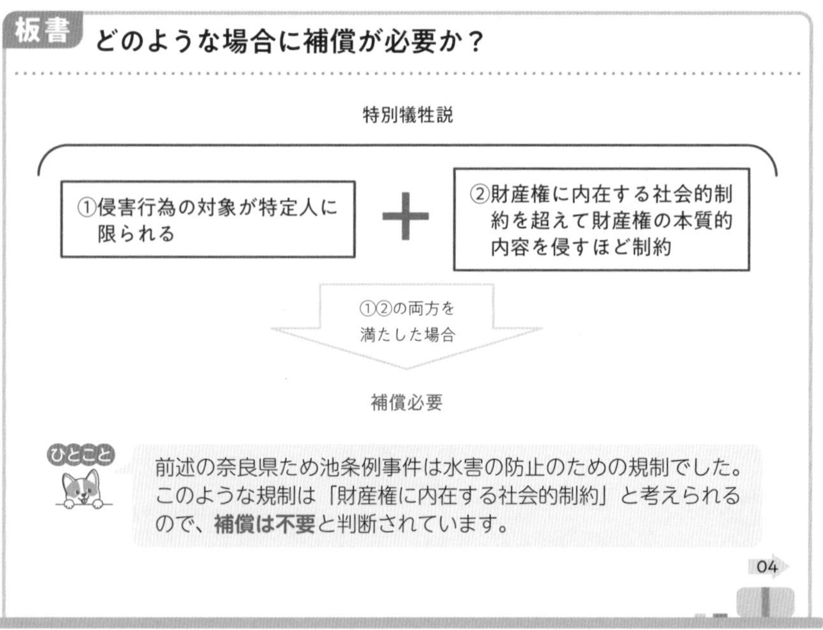

2 「公共のために」の意味

29条3項の「公共のために」が何を指すのかも問題になりえます。道路や鉄道、ダム等の建設など**公共事業のために私有財産（土地等）を供することは**「公共のために」に該当します。さらに、収用全体の目的が広く社会公共の利益のためであれば、**特定の個人が受益者となっていても「公共のため」に含まれる**と考えられています。 06

3 補償の範囲

さらに、補償が必要となった場合に、どの程度の補償をするべきなのかも問題となります。この点については、**相当補償説**と**完全補償説**が対立してきました。

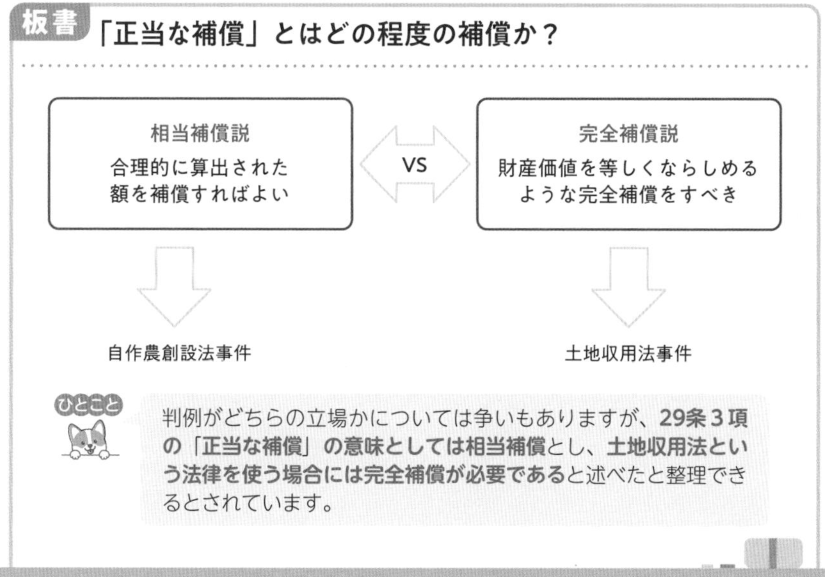

最高裁にきいてみよう！

自作農創設法事件

自作農創設法が市場価格より大幅に安く土地を買収することを認めていたため、農地を買収された地主が、補償額が少ないとして提訴した事件です。

Q 憲法29条３項の「正当な補償」はどの程度の補償を意味しますか？

A 相当な補償を意味しています。

憲法29条３項にいうところの財産権を公共の用に供する場合の正当な補償とは、その当時の経済状態において成立することを考えられる価格に基づき、**合理的に算出された相当な額をいうのであって、必ずしも常にかかる価格（市場価格）と完全に一致することを要するものでない。** よく出る！フレーズ

07

最高裁にきいてみよう！

土地収用法事件

土地収用法により土地を収用された者が、近傍類地の取引実例からして補償額が低すぎるとして提訴した事件です。

Q 旧土地収用法における損失補償はどの程度であるべきですか？

A 完全な補償であるべきです。

旧土地収用法における損失の補償は、特定の公益上必要な事業のために土地が収用される場合、その収用によって当該土地の所有者等が被る特別な犠牲の回復をはかることを目的とするものであるから、**完全な補償、すなわち、収用の前後を通じて被収用者の財産価値を等しくならしめるような補償をなすべき**であり、金銭をもって補償する場合には、被収用者が近傍において被収用地と同等の代替地等を取得することをうるに足りる金額の補償を要する。

よく出る！フレーズ

08

4 憲法に基づく直接請求

最後に、仮に財産権を制限する法律に損失補償の規定がない場合、損失補償を請求することが可能かも問題になります。

判例は、**29条３項を直接根拠にして損失補償請求は可能**としています。

第1編

最高裁にきいてみよう！　河川附近地制限令事件

河川附近地に指定され知事の許可なく砂利採取ができなくなった地域で、従来から河川敷の私有地において砂利採取を行っていた業者が、無許可で砂利採取を行ったとして、河川附近地制限令違反で起訴された事件です。

Q 法令に補償規定がない場合に憲法29条３項を直接根拠として補償請求ができますか？

A できます。

河川附近地制限令による制限について、同令に損失補償に関する規定がないからといって、同令があらゆる場合について一切の損失補償を全く否定する趣旨とまでは解されず、補償の請求をする者も、その損失を具体的に主張立証して、**別途、直接憲法29条３項を根拠にして、補償請求をする余地が全くないわけではない。**

（したがって）損失補償規定のない法令も違憲無効ではない。　よく出る！フレーズ　09

第4章　経済的自由

第2節 財産権

- [ ] 財産権の保障には、①**個人が現に有する具体的財産権の保障**と②その前提となる**私有財産制度の保障**（制度的保障）が含まれています。

- [ ] 29条２項は「法律で」と明記していますが、**条例による財産権の制限も許される**と考えられています。

- [ ] ①**規制目的が公共の福祉に合致しないことが明らか**であるか、又は②**規制手段が目的を達成するための手段として必要性・合理性に欠けていることが明らか**である場合、財産権に対する制約は**違憲**と判断されます。

- [ ] 森林法が森林共有者の分割請求権を制限しているのは、合理性と必要性のいずれをも肯定することのできないことが明らかであって、29条２項に違反し**違憲無効**と判断されています。

- [ ] 特定の個人に対して、財産権に内在する社会的制約を超えてその本質的内容を侵すほどの制約（**特別の犠牲**）を課した場合には**損失補償が必要**となります。

- [ ] 29条３項の「正当な補償」の意味については、合理的に算出された額を補償すればよいとする**相当補償説**と財産価値を等しくならしめるような完全補償をすべきとする**完全補償説**の対立があります。

- [ ] 財産権を制限する法律に損失補償の規定がない場合でも、**29条３項を直接根拠にして損失補償を請求することは可能**と考えられています。

第2節 ○×スピードチェック

01 憲法第29条第１項は「財産権は、これを侵してはならない」と規定するが、これは、個人の現に有する具体的な財産上の権利の保障を意味し、個人が財産権を享有し得る法制度の保障までも意味するものではない。

国家一般職2015

× 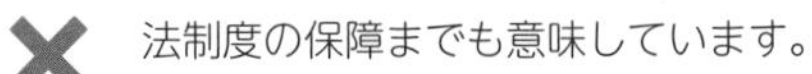
法制度の保障までも意味しています。

---

02 憲法29条は、１項において「財産権は、これを侵してはならない。」と規定し、２項において「財産権の内容は、公共の福祉に適合するやうに、法律でこれを定める。」と規定し、私有財産制度を保障しているのみではなく、社会的経済的活動の基礎をなす国民の個々の財産権につき、これを基本的人権として保障している。

裁判所2014

○

---

03 憲法29条２項は、「財産権の内容は、公共の福祉に適合するやうに、法律でこれを定める。」と規定しており、財産権が全国的な取引の対象となる場合が多く、統一的に法律で規定すべきであることからすると、財産権を法律によらずに条例で規制することは同項に反し許されない。

裁判所2014

× 判例の見解では条例で規制することも可能です。

---

04 ため池の堤とうを使用する財産上の権利に対する法令による制限が、当該権利の行使をほとんど全面的に禁止するものである場合は、それが災害を未然に防止するという社会生活上のやむを得ないものであっても、当該権利を有する者が当然に受忍しなければならないものとまではいうことはできないから、その制限に当たっては、憲法第29条第３項の補償を要するとするのが判例である。

国家一般職2011

× 補償は要しないとするのが判例です。

---

05 財産権は個人の生存の基礎をなし、自己実現の重要な手段であるという普遍性をも併せ持つものであるから、財産権に対して加えられる規制が

第1編 第4章 経済的自由

憲法第29条第2項にいう公共の福祉に適合するものとして是認されるかについての判断は一般に厳格にすべきであり、規制目的が正当であり、かつ、規制手段が当該目的の達成にとって必要最小限度のものでない限り、当該規制は同項に違反するとするのが判例である。 国家一般職2011

判例の示した基準と異なっています。

06 憲法第29条第3項は「私有財産は、正当な補償の下に、これを公共のために用ひることができる」と規定するが、この「公共のため」とは、ダムや道路などの建設のような公共事業のためであることを意味し、収用全体の目的が広く社会公共の利益のためであっても、特定の個人が受益者となる場合は該当しない。 国家一般職2015

×
特定の個人が受益者になる場合も該当します。

07 憲法第29条第3項にいう「正当な補償」とは、その当時の経済状態において成立すると考えられる価格に基づき合理的に算出された相当な額をいうのであって、必ずしも常にかかる価格と完全に一致することを要するものではないとするのが判例である。 国家一般職2011

08 土地収用法に基づいて土地を収用する場合、その補償は、当該土地について合理的に算出された相当な額であれば、市場価格を下回るものであっても、適正な補償であるといえる。 裁判所2014

×
収用の前後を通じて被収用者の財産価値を等しくならしめるような補償が必要です。

09 補償請求は、関係法規の具体的規定に基づいて行うが、法令上補償規定を欠く場合であっても、直接憲法第29条第3項を根拠にして、補償請求をすることができる。 国家一般職2015

○

第1編

基本的人権

第5章

人身の自由

第1節 適正手続の保障

START! 本節で学習すること

本節では、人身の自由の基本原則である適正手続の保障（31条）について学習します。
31条はそこに書かれていないことも保障の対象にしています。まずは内容をきちんと押さえていきましょう。さらに、本来刑事手続についての規定である31条が行政手続に適用されるかも問題になります。

1 人身の自由とは

国王や皇帝が絶対的な権力を有する専制国家が支配した古い時代においては、不当な逮捕や監禁が行われ、拷問も行われるなど身体の自由が不当に踏みにじられてきました。そこで、近代憲法では、過去の歴史の反省から、身体的な自由の保障や適正な刑罰権の行使のために「**人身の自由**」を保障しています。

日本国憲法では、奴隷的拘束の禁止（18条）や適正手続の保障（31条）という「人身の自由」の保障の基礎となる総則的規定を置いたうえで、被疑者・被告人の権利（33条～39条）についての細かい規定を置いています。

2 適正手続の保障とは

憲法31条
何人も、法律の定める手続によらなければ、その生命若しくは自由を奪はれ、又はその他の刑罰を科せられない。

本条は、刑罰を科すには法律の定める手続を必要とすること（＝手続の法定）を規定していますが、それだけにとどまるものではないと考えられています。

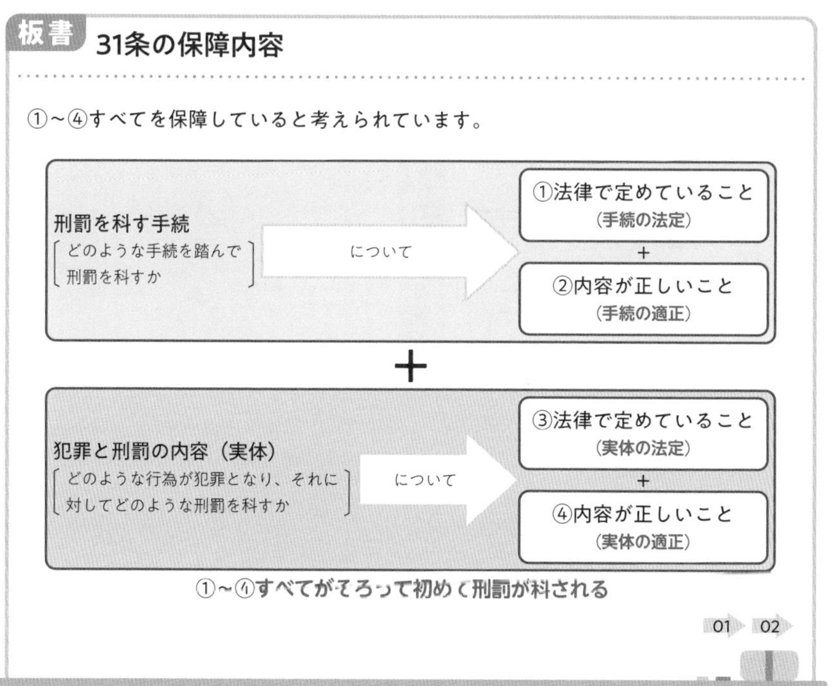

第1編
第5章
人身の自由

1　告知と聴聞を受ける権利

このうち、②で手続の適正の内容として重要なのは、**告知と聴聞を受ける権利**です。

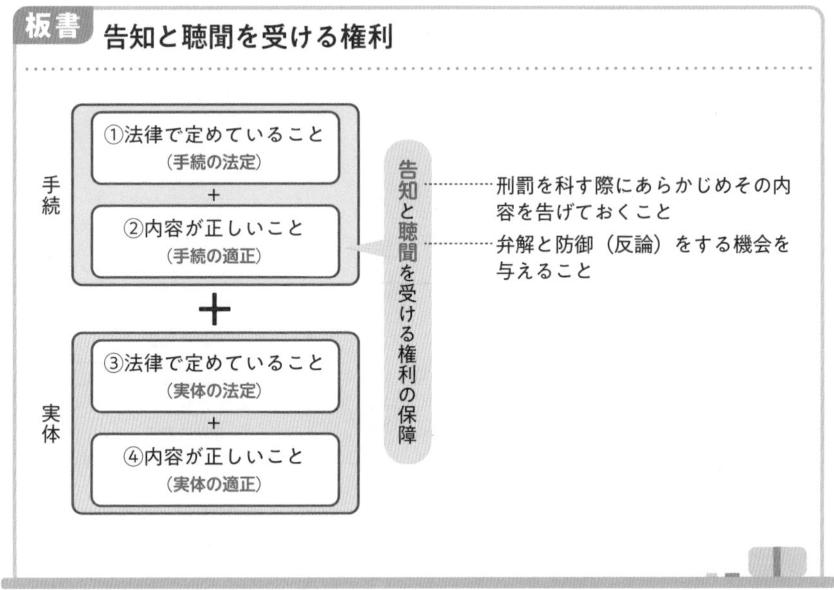

告知と聴聞を受ける権利の侵害ではないか、として争われたのが次の事件です。

最高裁にきいてみよう！ 違憲判決　第三者所有物没収事件

密輸を企てた犯人が逮捕され、有罪判決とともに密輸しようとした貨物の没収の判決を受けましたが、その貨物の中には第三者の所有物も含まれていたにもかかわらず第三者への告知・聴聞の機会は与えられていませんでした。

Q 所有者に告知・弁解等の機会を与えずに没収する判決を出すことは許されますか？

A 許されません。

第三者の所有物を没収する場合において、その没収に関して当該所有者に対し、何ら告知、弁解、防禦の機会を与えることなく、その所有権を奪うことは、著しく不合理であって、憲法の容認しないところであるといわなければならない。

本事件では、第三者に対して告知・弁解等の手続を経ることなく没収判決を出したことに対して**違憲判決**が出されています。

02

2 罪刑法定主義

③の実体の法定には、**罪刑法定主義**が含まれています。 03

板書 罪刑法定主義

手続
- ①法律で定めていること（手続の法定）
- ＋
- ②内容が正しいこと（手続の適正）

＋

実体
- ③法律で定めていること（実体の法定）
- ＋
- ④内容が正しいこと（実体の適正）

罪刑法定主義（③）……犯罪とそれに対する刑罰は法律で定めなければならないこと

3 明確性の原則

また、④の実体の適正からは**明確性の原則**が導き出されます。

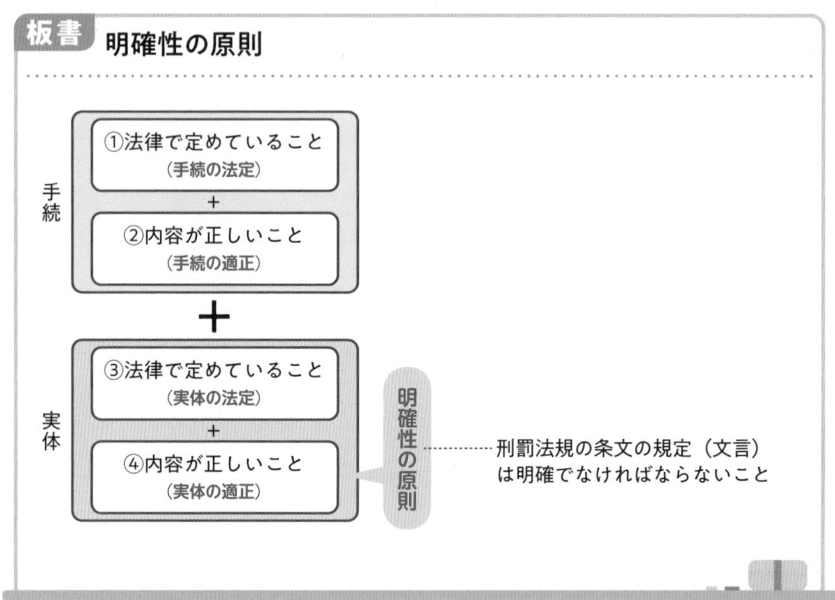

第３章第３節（表現の自由）で学習したとおり、ここでの「明確」は**通常の判断能力を有する一般人を基準**に判断します。徳島市公安条例事件では、「**交通秩序を維持すること**」という条例の規定が曖昧ではないかと問題になりましたが、判例はこれについて**明確性を欠くとはいえない**としています。 04

4 行政手続への適用

31条は、直接的には刑事手続（刑罰を科す手続）に適用される条文ですが、**行政手続（行政の機関が行う様々な手続）にも適用される場合がある**とするのが判例です。

最高裁にきいてみよう！

成田新法事件

Q 憲法31条の保障は行政手続にも及びますか？

A 及ぶ場合もあります。

憲法31条の定める法定手続の保障は、直接には刑事手続に関するものであるが、行政手続については、それが刑事手続ではないとの理由のみで、そのすべてが当然に同条による保障の枠外にあると判断することは相当でない。

Q 行政手続に常に告知、弁解等の機会を与える必要はありますか？

A 常に与えることが必要なわけではありません。

行政手続は、刑事手続とその性質においておのずから差異があり、また行政目的に応じて多種多様である。したがって、行政処分の相手方に事前の告知・弁解・防御の機会を与えるかどうかは、行政処分により制限を受ける権利利益の内容・性質、制限の程度、行政処分により達成しようとする公益の内容・程度、緊急性などを総合較量して決定されるべきものであって、常に必ずそのような機会を与えることを必要とするものではない。

05

ここが重要！

第1節 適正手続の保障

- [ ] 31条の法定手続の保障は、**手続の法定だけでなく、手続の適正、実体の法定、実体の適正までをも保障**した規定です。
- [ ] 刑事手続が適正とされるためには、刑罰を科す際にあらかじめその内容を告げ、弁解と防御（反論）をする機会を与えること、いわゆる**告知と聴聞を受ける権利が保障されていなければなりません。**
- [ ] 31条の「実体の適正」からは、刑罰法規の明確性が求められますが、明確か否かは、**通常の判断能力を有する一般人を基準**に判断します。
- [ ] 31条の定める法定手続の保障は、直接には刑事手続に関するものですが、**行政手続についても適用される場合があります。**

第1節 ○×スピードチェック

01 憲法31条は「何人も法律の定める手続によらなければ、その生命若しくは自由を奪はれ、又はその他の刑罰を科せられない。」と規定しているが、これは手続が法律で定められることを要求するものであり、法律で定められた手続が適正であることまでを要求するものではないと一般に解されている。 国家専門職2019

× 手続の法定だけでなく手続の適正も、さらに実体の法定、実体の適正まで要求するものと解されています。

02 旧関税法は、同法所定の犯罪に関係ある船舶、貨物等が被告人以外の第三者の所有に属する場合においてもこれを没収する旨を規定し、その所有者たる第三者に対して、告知、弁解、防御の機会を与えるべきことを定めていないが、当該規定に基づいて第三者の所有物を没収することは、法律に定める手続に従って行われるものであり、憲法第31条に違反するものではない。 国家一般職2003

× 第三者が告知と聴聞を受ける権利を奪っており、手続の適正を欠くため31条に違反します。

03 法律の定める手続によらなければその生命若しくは自由を奪われ、又はその他の刑罰を科せられないとの憲法の規定は、手続が法律で定められることだけでなく、法律で定められた手続が適正であることをも要求しているが、実体も法律で定められなければならないとする罪刑法定主義を要求するものではない。 特別区Ⅰ類2009

× 罪刑法定主義を要求するものです。

04 刑罰法規があいまい不明確のゆえに憲法の定める法定手続の保障に違反するかどうかは、通常の判断能力を有する一般人の理解において、具体的場合にその適用を受けるものかどうかの判断を可能ならしめるような基準が読みとれるかどうかによって決定すべきであり、公安条例の交通秩序を維持することという規定は、犯罪構成要件の内容をなすものとし

て不明確なため、違憲である。 特別区Ⅰ類2013

✖ 「交通秩序を維持すること」という規定は通常の判断能力を有する一般人にとって不明確とはいえず、違憲とはなりません。

05 憲法第31条の定める法定手続の保障は、直接には刑事手続に関するものであるが、行政手続についても人権保障の観点からそのすべてについて同条による保障が及ぶため、行政処分を行う際は、必ず事前の告知、弁解、防御の機会を与えなければならない。 国家専門職2007

✖ 必ず与えなければならないわけではありません。

第2節 被疑者・被告人の権利

START! 本節で学習すること

本節では、被疑者・被告人の権利について規定した条文（33条～39条）の内容を学習していきます。
出題の頻度はそれほど高くありませんが、出される場合は細かい条文規定について問われることも多いので、まずは条文の内容をきちんと押さえていく必要があります。

1 刑事手続の流れ

事件が発生すると警察による捜査が行われ、犯人と目された人が**逮捕**(たいほ)されます。その後一定期間の**勾留**(こうりゅう)（身柄の拘束）がされた後、検察官が**起訴**(きそ)を行い、**刑事裁判**が始まります。刑事裁判の法廷での手続を公判と呼びます。刑事裁判は**判決**によって終結します。

板書 刑事手続（刑罰を科す手続）の流れ

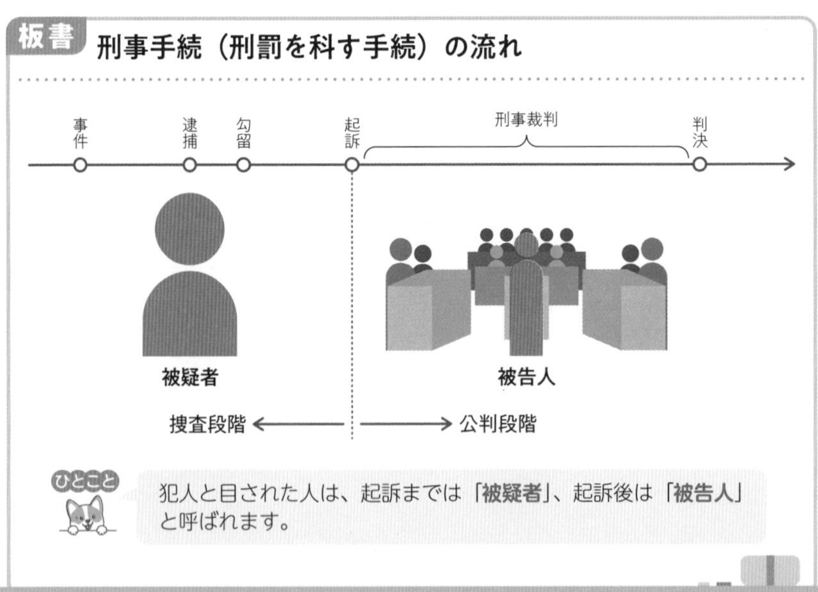

2 被疑者の権利（捜査段階における保障）

1 不当な逮捕からの自由

憲法33条
何人も、現行犯として逮捕される場合を除いては、権限を有する司法官憲が発し、且つ理由となつてゐる犯罪を明示する令状によらなければ、逮捕されない。

33条は、逮捕の際の**令状主義**を規定した条文です。不当な逮捕からの自由を保障するために、警察等が被疑者を逮捕する際には、原則として、裁判官が発する逮捕状が必要とされています。

現行犯による逮捕の場合、不法な逮捕である可能性が低い一方で、令状を要求すると犯人を取り逃がしてしまうことから例外的に令状がなくても逮捕できます。

板書 逮捕の際の令状主義

原則	**令状主義** ⇒	令状（逮捕状）が必要
例外	①**現行犯逮捕** ②**緊急逮捕** ⇒	令状なしの逮捕が許される

語句 **緊急逮捕**／刑事訴訟法210条の規定に基づく厳格な要件の下に行われる令状なしで行われる逮捕です。

ひとこと 33条では、①現行犯逮捕のみを例外として明記していますが、解釈上②**緊急逮捕も例外として許される**と考えられています。

第1編 第5章 人身の自由

最高裁にきいてみよう！

緊急逮捕の合憲性

Q 緊急逮捕は憲法33条の令状主義に違反しませんか？

A 違反しません。

刑事訴訟法210条のような厳格な制約の下に、**罪状の重い一定の犯罪のみについて、緊急已むを得ない場合に限り、逮捕後直ちに裁判官の審査を受けて逮捕状の発行を求めることを条件とし、被疑者の逮捕を認めること**は、憲法33条規定の趣旨に反するものではない。

よく出る！フレーズ

01

2 不当な抑留・拘禁からの自由

憲法34条

何人も、理由を直ちに告げられ、且つ、直ちに弁護人に依頼する権利を与へられなければ、抑留又は拘禁されない。又、何人も、正当な理由がなければ、拘禁されず、要求があれば、その理由は、直ちに本人及びその弁護人の出席する公開の法廷で示されなければならない。

本条は、**抑留・拘禁の際の理由の告知**、**拘禁の際の公開法廷での理由の開示**を規定する条文です。さらに、被疑者に対して**弁護人依頼権**を保障しています。

抑留／逮捕後の留置など短時間の身柄拘束を指します。

拘禁／継続的な身柄拘束を指します（刑事訴訟法では「**勾留**」と表現されます）。

身柄拘束の期間が長い「**拘禁**」（**勾留**）**についてだけ、公開法廷での理由の開示を求められる**点に注意しましょう。

3 住居等の不可侵

憲法35条

① 何人も、その住居、書類及び所持品について、侵入、捜索及び押収を受けることのない権利は、第33条の場合を除いては、正当な理由に基いて発せられ、且つ捜索する場所及び押収する物を明示する令状がなければ、侵されない。

本条は、**侵入、捜索、押収における令状主義**について規定した条文です。33条の場合を除いて、住居、書類、所持品等について侵入、捜索、押収を行うためには、裁判官が発する令状が必要となります。

33条の場合とは、逮捕の場合を指し、**令状による逮捕だけでなく、現行犯逮捕や緊急逮捕も含みます**。 02

3 被告人の権利（公判段階における保障）

1 公平な裁判所の迅速な公開裁判を受ける権利

憲法37条
① すべて刑事事件においては、被告人は、公平な裁判所の迅速な公開裁判を受ける権利を有する。

「公平な裁判所」というのは当然ですし、「公開」については別途82条にも規定がありますので、**この条文の意義は特に「迅速な裁判」を規定した部分にあります**。

本条の「迅速な裁判」の要請に反するとして、審理を打ち切った判例があります。

最高裁にきいてみよう！ 高田事件

Q 審理が長引いた場合に憲法37条１項を根拠に審理が打ち切られることはありますか？

A ありま す。

よく出る！フレーズ

（憲法37条１項は）**審理の著しい遅延の結果、迅速な裁判をうける被告人の権利が害せられたと認められる異常な事態が生じた場合**には、これに対処すべき具体的規定がなくても、もはや当該被告人に対する手続の続行を許さず、**その審理を打ち切るという非常救済手段がとられるべきことをも認めている**趣旨の規定である。 よく出る！フレーズ

（したがって、）判決で免訴の言渡しをするのが相当である。 03

語句 **免訴**／有罪・無罪の判断をすることなく、裁判を途中で打ち切ることです。

2 証人審問権・証人喚問権

憲法37条
② 刑事被告人は、すべての証人に対して審問する機会を充分に与へられ、又、公費で自己のために強制的手続により証人を求める権利を有する。

本条は、**証人審問権**（前段）および**証人喚問権**（後段）を保障した条文です。

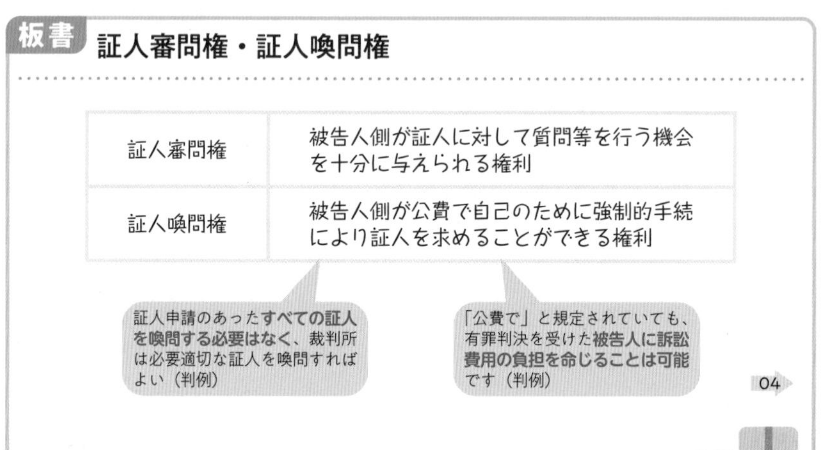
板書 証人審問権・証人喚問権

証人審問権	被告人側が証人に対して質問等を行う機会を十分に与えられる権利
証人喚問権	被告人側が公費で自己のために強制的手続により証人を求めることができる権利

3 弁護人依頼権

憲法37条
③ 刑事被告人は、いかなる場合にも、資格を有する弁護人を依頼することができる。被告人が自らこれを依頼することができないときは、国でこれを附する。

本条は、被告人に**弁護人依頼権を保障する**（前段）とともに、弁護人を依頼することができない被告人には**国の費用で弁護人を付すことができる**権利を保障しています（後段）。

国の費用で選任される弁護人を国選弁護人と呼びます。憲法上はあくまでも「被告人」に保障されたものであり、「**被疑者」にまでは及んでいません。**

4　自白強要からの自由

憲法38条
① 何人も、自己に不利益な供述を強要されない。
② 強制、拷問若しくは脅迫による自白又は不当に長く抑留若しくは拘禁された後の自白は、これを証拠とすることができない。
③ 何人も、自己に不利益な唯一の証拠が本人の自白である場合には、有罪とされ、又は刑罰を科せられない。

本条は、１項で自己負罪拒否特権（**黙秘権**の保障）、２項で**自白法則**、３項で**補強法則**を規定しています。

板書　憲法38条の内容

自己負罪拒否特権（黙秘権）	自己に不利益なことは言わなくてよい	被告人の**氏名は「不利益な事項」ではない**ので黙秘の対象にはなりません

交通事故を起こした者に事故の内容の警察官への報告を法令で義務づけていることは、自分に責任があることの申告を求めるものではなく、単に事故の状況の報告を求めるものにすぎないので、**38条に違反しない**とした判例があります。

自白法則	強制・拷問・脅迫による自白 不当に長い抑留・拘禁後の自白	**証拠とならない**
補強法則	自白が唯一の証拠である場合、**被告人を有罪にできない**	本人の自白に加え、**自白の真実性を補強する証拠**（補強証拠）が必要

ただし、**公判廷における被告人の自白**は、裁判所によって真実に合致すると判断された場合には、38条３項にいう「本人の自白」に含まれません。したがって、**補強証拠がなくても有罪判決を下すことができます。**

05

5 事後法の禁止と一事不再理

憲法39条
何人も、実行の時に適法であつた行為又は既に無罪とされた行為については、刑事上の責任を問はれない。又、同一の犯罪について、重ねて刑事上の責任を問はれない。

本条は、3つのことを1つの条文にまとめて規定しています。

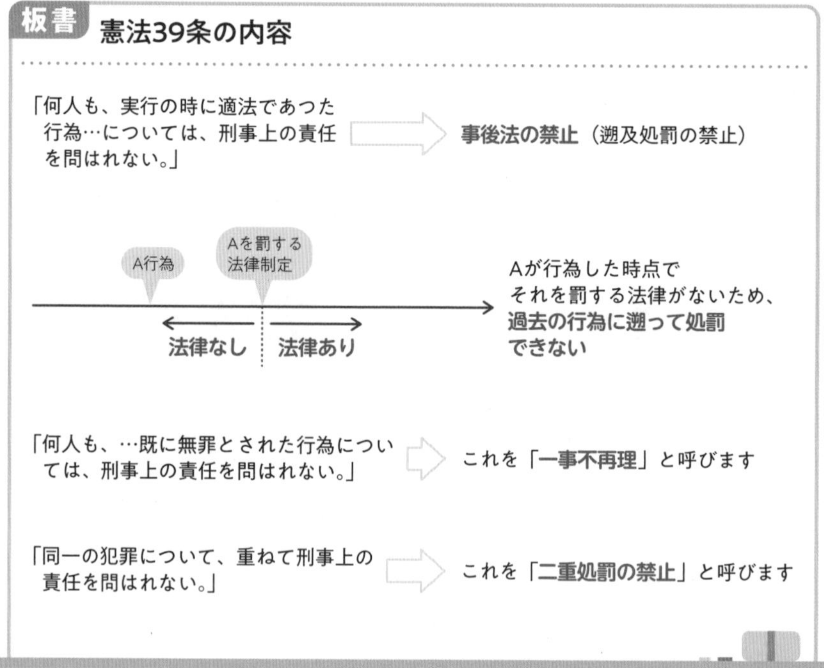

6 残酷な刑罰の禁止

憲法36条
公務員による拷問及び残虐な刑罰は、絶対にこれを禁ずる。

絞首刑は残虐な刑罰に当たらないので、現行の死刑制度は合憲であるとした判例があります。

7 行政手続への適用

35条（令状主義）や38条（黙秘権の保障）が行政手続にも及ぶのかが問題となったのが次の判例です。

最高裁にきいてみよう！ 川崎民商事件

税務署員が、所得税の過少申告の疑いがあったAに対し、所得税法の規定に基づいて、令状なしで帳簿書類などの検査や質問を行おうとしました。しかしAは、検査や質問に対する答弁を拒否したので、同法違反の罪で起訴されました。

Q 憲法35条１項（令状主義）の保障が行政手続にも及びますか？

A 及ぶ場合もあります。

憲法35条１項の規定は、本来、主として刑事責任追及の手続における強制について、それが司法権による事前の抑制の下におかれるべきことを保障した趣旨であるが、当該手続が刑事責任追及を目的とするものでないとの理由のみで、その手続における一切の強制が当然に同条項の規定による保障の枠外にあると判断することは相当ではない。

Q 憲法38条１項の規定する黙秘権の保障は行政手続に及びますか？

A 及ぶ場合もあります。

憲法38条１項の規定による保障は、純然たる刑事手続においてばかりではなく、それ以外の手続においても、**実質上、刑事責任追及のための資料の取得収集に直接結びつく作用を一般的に有する手続には、ひとしく及ぶ。** よく出る！フレーズ

結論としては、所得税法に基づく質問検査は、刑事責任の追及を目的とするものではなく、所得税の公平確実な賦課徴収を図るという公益上の目的を実現するためのものなので、**35条・38条に反しない**としています。

06

ここが重要！

第2節 被疑者・被告人の権利

- [ ] 逮捕の際には、**現行犯逮捕および緊急逮捕**の場合を除いて、裁判官が発する**令状が必要**です。

- [ ] 逮捕の場合を除いて、住居、書類、所持品等について侵入、捜索、押収を行うためには、裁判官が発する**令状が必要**となります。

- [ ] 37条1項は迅速な裁判を受ける被告人の権利を保障しており、審理の著しい遅延の結果、この権利が害せられたと認められる異常な事態が生じた場合には、**免訴**という形で審理を打ち切られることがあります。

- [ ] 刑事被告人は、証人に対して**審問する機会**が保障されており、さらに、公費で強制的手続により**証人を求める権利**を有しています。

- [ ] 被告人には、**弁護人依頼権**が保障されています。さらに、弁護人を依頼することができない被告人は、国の費用で弁護人を付すことができます。

- [ ] 実行の時に適法であった行為について、**事後に制定された法律をさかのぼって適用することで処罰することはできません。**

- [ ] 無罪の確定的な判断が出された後は、**同一の犯罪について、再度、刑事上の責任を問われることはありません。**これを**一事不再理**と呼びます。

- [ ] 令状主義を規定する35条及び黙秘権を保障する38条は、刑事手続に適用される条文ですが、**行政手続においても適用される場合があります。**

第2節

○×スピードチェック

01 憲法第33条は、「何人も、現行犯として逮捕される場合を除いては、権限を有する司法官憲が発し、且つ理由となつてゐる犯罪を明示する令状によらなければ、逮捕されない。」と規定している。このため、たとえ厳格な制約の下に、罪状の重い一定の犯罪のみについて、緊急やむを得ない場合に限り、逮捕後直ちに裁判官の審査を受けて逮捕状を求めることを条件としても、令状なく緊急に被疑者を逮捕することは認められないとするのが判例である。 国家専門職2019

× 「令状なく緊急に被疑者を逮捕すること」、すなわち緊急逮捕も認められています。

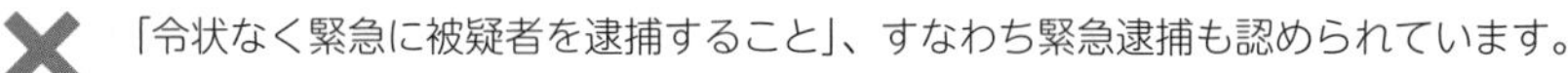

02 憲法は、住居、書類及び所持品について侵入、捜索及び押収を受けることのない権利を保障しており、住居の捜索や所持品の押収については裁判官が発した令状によりこれを行う必要があるが、令状がなくても住居の捜索や所持品の押収が許されるのは、現行犯逮捕の場合に限られる。

特別区Ⅰ類2015

× 現行犯逮捕の場合に限られるわけではありません。令状逮捕や緊急逮捕の場合も含みます。

03 審理の著しい遅延の結果、迅速な裁判を受ける被告人の権利が害されたと認められる異常な事態が生じた場合であっても、その救済のためには法律で具体的方法が定められている必要があるから、迅速な裁判を受ける権利を保障した憲法第37条第１項に違反する審理に対して、その審理を打ち切るために、判決で免訴の言渡しをすることはできない。 国家一般職2021

× 「迅速な裁判」の要請に反するため、免訴の言渡しができます。

04 憲法第37条第２項の規定により、刑事被告人はすべての証人に対して尋問する機会を十分に与えられることが保障されているから、裁判所は刑事被告人が申請したすべての証人を尋問しなければならない。 国家一般職2004

× すべての証人を尋問する必要はないとされています。

05 黙秘権を規定した憲法第38条第1項の法意は、何人も自己が刑事上の責任を問われるおそれのある事項について供述を強要されないことを保障したものと解されるから、交通事故を起こした者に事故の内容の警察官への報告を法令で義務付けていることは、同条項に違反する。 国家一般職2021

× 交通事故の報告は刑事責任を問われる内容を含まないため、違反しません。

06 旧所得税法に定める検査は、あらかじめ裁判官の発する令状によることを一般的要件としていないところ、検査の性質が刑事責任の追及を目的とするものではなく、所得税の公平確実な賦課徴収を図るという公益上の目的を実現するため不可欠のものであるとしても、強制的に行われ、検査の結果として刑事責任の追及につながる可能性があることから、憲法に定める令状主義に反するとするのが判例である。 国家専門職2019

× 憲法に定める令状主義に反しないとするのが判例です。

第1編

基本的人権

第6章

社会権

第1節 生存権

START! 本節で学習すること

本節では、最低限度の生活を営む権利である生存権（25条）について学習します。生存権をはじめとする社会権は、自由権と法的性格が異なりますので、まずはその性格を理解する必要があります。2つの重要判例をしっかり押さえることが大切です。

1 生存権の法的性格

憲法25条

① すべて国民は、健康で文化的な最低限度の生活を営む権利を有する。

② 国は、すべての生活部面について、社会福祉、社会保障及び公衆衛生の向上及び増進に努めなければならない。

25条は**生存権**について規定しています。国民が健康で文化的な最低限度の生活を営むためには、国家が何らかの対処をしていく必要があります。したがって、生存権には、国民が国家に対して積極的な配慮・作為を要求するという**請求権的側面**（**社会権的側面**）があります。

生存権は社会権に分類されていますが、国民が「健康で文化的な最低限度の生活を営む」自由を国家が侵害してはいけないという意味での**自由権的側面もあります。**

01

生存権の請求権的な側面についてはその法的性格が問題となりますが、**抽象的権利**と考えるのが通説です（**抽象的権利説**）。

抽象的権利は、憲法が保障する法的な権利ではあるものの、憲法の規定だけでは具体的な内容を持たないことから裁判上の救済を求めることはできません。生活保護法のような法律によってその内容が具体化されて初めて裁判上の救済を求めることが可能となります。

具体的権利と抽象的権利については、第2章第1節も参照してください。

一方、生存権の法的性格について、プログラム規定に過ぎないとする立場もあります（**プログラム規定説**）。これは生存権を権利としては考えず、政府に政治的・道義的な義務を課したに過ぎないとする立場です。 02

最高裁にきいてみよう！

朝日訴訟

朝日氏が厚生大臣（現・厚生労働大臣）が定める生活保護基準が低廉すぎて「健康で文化的な最低限度の生活」ができないとして訴えた事件です。

Q 生存権は具体的権利として保障されていますか？

A 保障されていません。

憲法25条１項は、すべての国民が健康で文化的な最低限度の生活を営みうるよう国政を運営すべきことを、**国の責務として宣言したにとどまり、直接個々の国民に対して具体的権利を付与したものではない。**（よく出る！フレーズ）具体的権利としては、憲法の規定の趣旨を実現するために制定された生活保護法によって、はじめて与えられているというべきである。 03

判例の立場がプログラム規定説なのか抽象的権利説なのかは**はっきりしていません。**

2 生存権に関する判例

生存権に関する判例として、このあと紹介する２つの重要判例があります（朝日訴訟、堀木訴訟）。朝日訴訟は行政の裁量が問題となったケース、堀木訴訟は立法の裁量が問題となったケースですが、判例はどちらも「**裁量権の逸脱・濫用がない限りは司法審査の対象とならない**」（つまり、**裁判所は違憲や違法とは判断できない**）としています。それは、内容が抽象的な生存権を具体化する際には、十分な知見や専門性を有する行政府や立法府に広範な裁量が与えられており、その判断を尊重するべきと考えているからです。

最高裁にきいてみよう！　朝日訴訟

Q 厚生大臣の行う生活保護基準の設定に対して、裁判所は違法と判断できますか？

A 直ちに違法とは判断できません。

健康で文化的な最低限度の生活なるものは、抽象的な相対的概念であり、その具体的内容は、文化の発達、国民経済の進展に伴って向上するのはもとより、多数の不確定的要素を綜合考量してはじめて決定できるものである。

したがって、**何が健康で文化的な最低限度の生活であるかの認定判断は、いちおう、厚生大臣の合目的的な裁量に委されており、その判断は、当不当の問題として政府の政治責任が問われることはあっても、直ちに違法の問題を生ずることはない。**よく出る！フレーズ

Q 厚生大臣の行う生活保護基準の設定が司法審査の対象となるのはどのような場合ですか？

A 裁量権の逸脱・濫用があれば司法審査の対象になります。

現実の生活条件を無視して著しく低い基準を設定する等憲法および生活保護法の趣旨・目的に反し、法律によって与えられた**裁量権の限界をこえた場合または裁量権を濫用した場合には、違法な行為として司法審査の対象となる**ことをまぬかれない。

よく出る！フレーズ

最高裁にきいてみよう！　堀木訴訟

障害福祉年金を受けていた堀木氏はシングルマザーとして２人の子供を育てていました。そこで児童扶養手当を申請したところ、障害福祉年金との併給を禁止する規定によりその申請が拒絶されたことから、併給禁止規定が生存権を侵害しないかが争われました。

Q 国会の立法措置が憲法25条に反するかの司法審査は可能ですか？

A 裁量の逸脱・濫用となる場合を除き、司法審査の対象となりません。

憲法25条の規定の趣旨にこたえて具体的にどのような立法措置を講ずるかの選択決定は、**立法府の広い裁量にゆだねられており、それが著しく合理性を欠き明らかに裁量の逸脱・濫用と見ざるをえないような場合を除き、裁判所が審査判断するのに適しない事柄である**といわなければならない。

よく出る！フレーズ

Q 併給調整条項は憲法25条に違反しますか？

A 違反しません。

社会保障給付の全般的公平を図るため公的年金相互間における併給調整を行うかどうかは、立法府の裁量の範囲に属する事柄と見るべきである。（したがって）それが低額であるからといって当然に憲法25条違反に結びつくものということはできない。

04

第1節 生存権

☐ 生存権には、国民が国家に対して積極的な配慮・作為を要求するという**社会権的側面**と、国民が健康で文化的な最低限度の生活を営む自由を国家が侵害してはいけないという意味での**自由権的側面**があります。

☐ 25条1項は、すべての国民が健康で文化的な最低限度の生活を営みうるよう国政を運営すべきことを、国の責務として宣言したにとどまり、**直接個々の国民に対して具体的権利を付与したものではない**とされています。

☐ 大臣の行う生活保護基準の設定は、**裁量権の限界をこえた場合または裁量権を濫用した場合**には、違法な行為として司法審査の対象となります。

☐ 憲法25条の規定の趣旨にこたえて具体的にどのような立法措置を講ずるかの選択決定は、立法府の広い裁量にゆだねられているので、**著しく合理性を欠き明らかに裁量の逸脱・濫用となる場合を除き、司法審査の対象とならない**とされています。

第1節 ○×スピードチェック

01 生存権には、社会権的側面があるが、国民が自らの手で健康で文化的な最低限度の生活を維持する自由を有し、国家はそれを阻害してはならないという自由権的側面が認められることはない。 特別区Ⅰ類2015

× 自由権的側面も認められます。

02 プログラム規定説は、憲法の生存権の規定は、国民の生存を確保すべき政治的・道義的義務を国に課したにとどまらず、個々の国民に対して法的権利を保障したものである。 特別区Ⅰ類2015

× 政治的・道義的義務を課したに過ぎないとする立場がプログラム規定説です。

03 最高裁判所の判例では、憲法の生存権の規定は、すべての国民が健康で文化的な最低限度の生活を営み得るように国政を運営すべきことを国の責務として宣言したにとどまらず、直接個々の国民に対して具体的権利を賦与したものであるとした。 特別区Ⅰ類2008

× 直接個々の国民に対して具体的権利を賦与したものではないとしています。

04 社会保障法制上、同一人に同一の性格を有する２以上の公的年金が支給されることとなるべき場合において、社会保障給付の全般的公平を図るため公的年金相互間における併給調整を行うかどうかは、立法府の裁量の範囲に属する事柄と見るべきであり、また、この種の立法における給付額の決定も、立法政策上の裁量事項であり、その給付額が低額であるからといって当然に憲法第25条に違反するものではないとするのが判例である。 国家一般職2012

○

第2節 教育を受ける権利

START! 本節で学習すること

本節では、教育を受ける権利（26条）について学習していきます。
教育を受ける権利では、「旭川学力テスト事件」がとても重要です。さらに、「義務教育の無償」の内容も押さえておきましょう。
第3章第4節で学習した「学問の自由」とセットで出題されることが多い分野です。

1 教育を受ける権利

憲法26条
① すべて国民は、法律の定めるところにより、その能力に応じて、ひとしく教育を受ける権利を有する。

本条は、**教育を受ける権利**を保障しています。「能力に応じて」と明記されていることから、**個人の適性や能力に応じて異なった内容の教育をすることは許されます**。判例は、この規定から「**学習権**」と呼ぶ権利を導き出しています。 01

板書 学習権

憲法26条の「教育を受ける権利」

↓ この規定から導かれるもの

子どもの「学習権」 ◀ 学習要求を充足するための教育を自己に施すことを大人一般に対して要求する権利

ここで、第3章第4節（学問の自由）で学習した判例（旭川学力テスト事件）が再び出てきます。教育内容の決定権がどこにあるかが争われた旭川学力テスト事件において、判例は、この学習権を満たすという観点から、各主体の役割分担について述べた上で、国の教育内容の決定権を**相当な範囲で認めています**。

最高裁にきいてみよう！

旭川学力テスト事件

教育内容の決定権が国にあるのか現場の教師にあるのかが争われた事件です。

Q 普通教育の教師には教授の自由が認められますか？

A 一定範囲では認められます。

普通教育の場においても、…子どもの教育が教師と子どもとの間の直接の人格的接触を通じ、その個性に応じて行わなければならないという本質的な要請に照らし、教授の具体的内容及び方法につきある程度自由な裁量が認められなければならないという意味においては、**一定の範囲における教授の自由が保障されるべきことを肯定できないではない**（が、完全な教授の自由を認めることはできない）。よく出る！フレーズ 02

ひとこと　直接子どもと接しているのは現場の教師なので、その子どもに適切な学習をさせるための**一定の教授の自由**が教師にはあるということです。

Q 国には教育内容の決定権が認められますか？

A 必要かつ相当な範囲で認められます。

国は、国政の一部として広く適切な教育政策を樹立、実施すべく、また、しうる者として、憲法上は、あるいは子ども自身の利益の擁護のため、あるいは子どもの成長に対する社会公共の利益と関心にこたえるため、**必要かつ相当と認められる範囲において、教育内容についてもこれを決定する権能を有する**もの（と解される）。よく出る！フレーズ

ひとこと　結論としては、ほとんどの教育内容について国に決定権を認めています。

プラスone　さらに、**学習指導要領に法規としての性質を有することを認め**、学習指導要領に従わず、教科書を使用しない授業を行った高校教師に対する免職処分を適法とした判例（伝習館高校事件）があります。 03

2 義務教育の無償

憲法26条
② すべて国民は、法律の定めるところにより、その保護する子女に普通教育を受けさせる義務を負ふ。義務教育は、これを無償とする。

本条は、保護者の保護する子どもに**普通教育を受けさせる義務**（前段）と**義務教育が無償であること**（後段）を規定しています。 04

普通教育を受けさせる義務を負うのが**保護者**（親）である点に注意しよう。また、「無償」の意味については、授業料不徴収の意味であり、**教科書費や学用品、給食費の無償まで含むものではない**とされています。

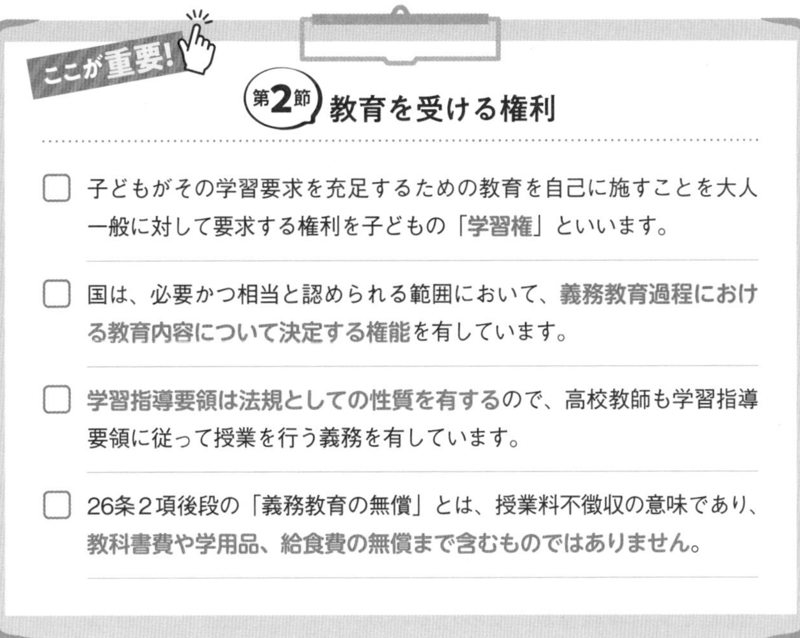

第2節 教育を受ける権利

- □ 子どもがその学習要求を充足するための教育を自己に施すことを大人一般に対して要求する権利を子どもの「**学習権**」といいます。
- □ 国は、必要かつ相当と認められる範囲において、**義務教育過程における教育内容について決定する権能**を有しています。
- □ **学習指導要領は法規としての性質を有する**ので、高校教師も学習指導要領に従って授業を行う義務を有しています。
- □ 26条２項後段の「義務教育の無償」とは、授業料不徴収の意味であり、**教科書費や学用品、給食費の無償まで含むものではありません。**

第2節 ○×スピードチェック

01 憲法第26条第１項は「ひとしく教育を受ける権利を有する。」と規定し、教育基本法第４条第１項も「人種、信条、性別、社会的身分、経済的地位又は門地によつて、教育上差別されない。」と定めているから、教育を受ける子どもの適性や能力の違いに応じて異なった内容の教育をすることは許されない。 国家一般職2003改題

× 26条１項は「能力に応じて」とあるので、異なった内容の教育をすることも許されます。

---

02 教師の教育の自由については、憲法第23条が保障する学問の自由から導き出されるものであるが、子どもの教育は、教師と子どもとの間の直接の人格的接触を通じ、子どもの個性に応じて弾力的に行わなければならないという教育の本質的要請に照らせば、知識の伝達と能力の開発を主とする普通教育の場においても、大学における教授の自由と同程度の教授の自由が認められる。 国家一般職2009

× 大学と同程度の教授の自由は認められません。

---

03 学習指導要領に定められた内容を逸脱した授業等をし、所定の教科書を使用しなかった教師が懲戒処分を受けたことについて、学習指導要領には法的拘束力が認められず、教師の行為は裁量の範囲内であるので当該懲戒処分は妥当とはいえない。 特別区Ⅰ類2008改題

× 学習指導要領には法的拘束力が認められます。結論としても、懲戒処分は妥当とされています。

---

04 すべて国民は、その保護する子女に普通教育を受けさせる義務を負い、普通教育は子女の人格の完成に不可欠であることから、子女には、義務教育を受ける義務が課せられている。 特別区Ⅰ類2012

× 「子女」には課せられていません。保護者に「受けさせる義務」が課せられています。

第3節 労働基本権

START! 本節で学習すること

本節では、労働基本権（28条）について学習していきます。
まず労働三権とも呼ばれる労働基本権の内容を押さえましょう。労働基本権の3つの側面についても理解しておく必要があります。

1 労働基本権の内容

憲法28条
勤労者の団結する権利及び団体交渉その他の団体行動をする権利は、これを保障する。

本条は、勤労者の**労働基本権**を保障した条文です。使用者により劣位にある労働者を使用者と対等の立場に立たせるために保障されたのが労働基本権です。

ここで「勤労者」とは、職業の種類を問わず、賃金、給料その他これに準ずる収入によって生活する者を指します。したがって、**公務員や失業者も含まれますが、自営業者などは含まれません**。 01

公務員の労働基本権については、第1章第2節も参照してください。

労働基本権の具体的内容としては、①団結権、②団体交渉権、③団体行動権（争議権）の3つが保障されており、**労働三権**とも呼ばれます。

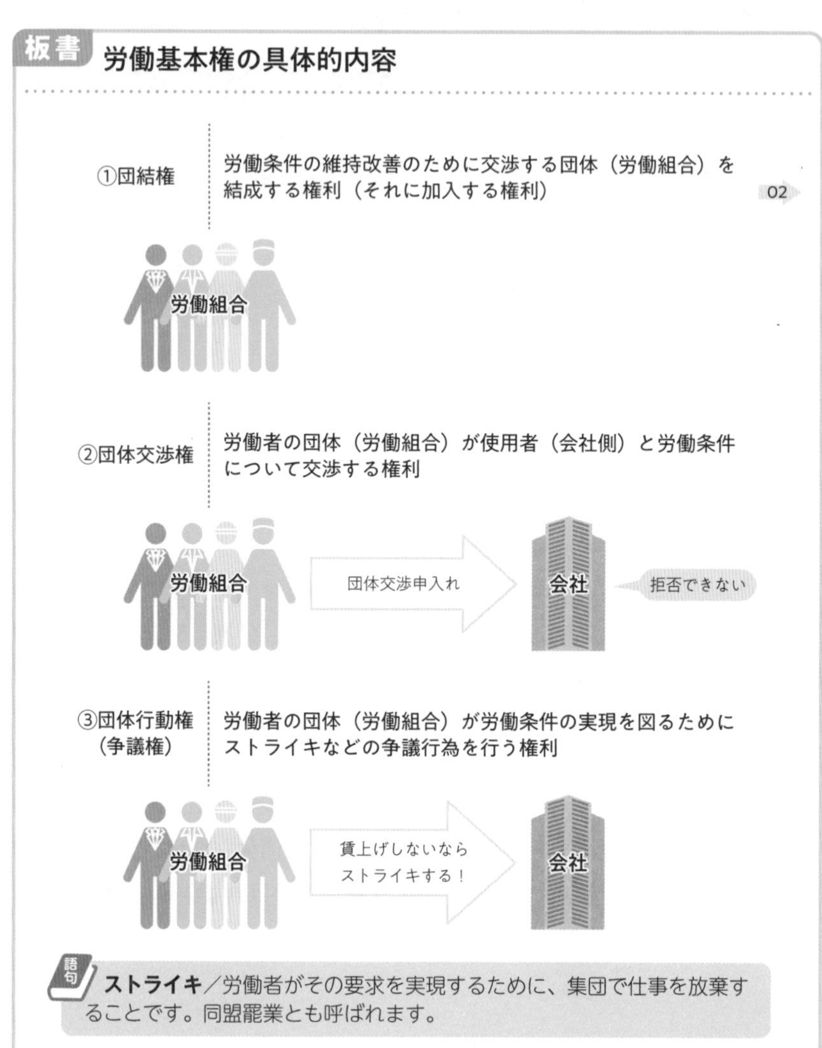

2 労働基本権の性格

労働基本権には、①**自由権的側面**、②**社会権的側面**、③**私人間への直接適用**という３つの性格があります。

板書 労働基本権の性格

①自由権的側面

国家が労働基本権の行使を妨害するような行為を禁止するという**自由権的側面**

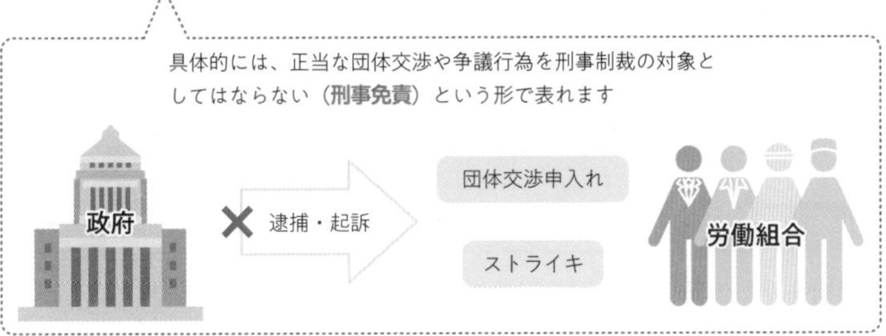

②社会権的側面

労働基本権の実現のために、労働者が国に対して積極的な措置を要求する権利を持つという**社会権的側面**

③私人間への直接適用

労働基本権を保障する憲法28条は**私人間にも直接適用**され、使用者（会社側）も労働基本権を侵害することは許されない 03

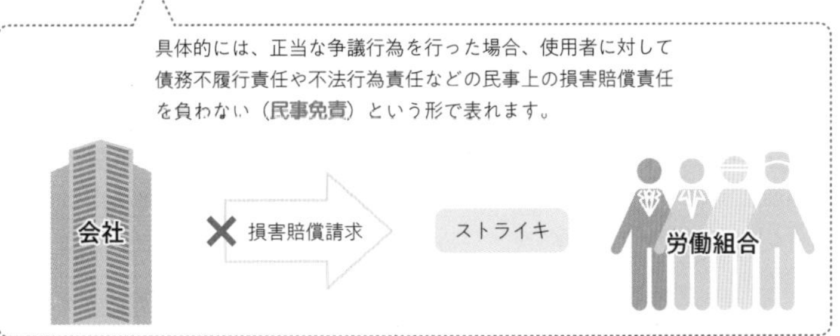

語句
債務不履行／民法上の用語で、契約違反のことです。
不法行為／民法上の用語で、他人に損害を与える違法な行為のことです。

3 労働基本権に関する判例

労働者が使用者と渡り合うためには、労働者の団体である労働組合が一致団結しなければならないことがあるでしょう。このとき、一致団結して行動するために労働組合が所属する組合員に対して一定の規制を加えることができる権利を**統制権**といいますが、この統制権がどこまで及ぶのかが問題になった判例を2つ紹介します。

最高裁にきいてみよう！　三井美唄事件

労働組合が、地元の市議会議員選挙の統一候補者を組合員Aとしたにもかかわらず、組合員Bが立候補しようとしたため、組合側はBの立候補を断念させようとしたものの結局立候補するに至ったため、組合はBを資格停止処分にしました。その後、組合の幹部が立候補妨害として起訴された事件です。

Q 労働組合は組合員を統制する権限を有していますか？

A 有しています。

憲法28条による労働者の団結権保障の効果として、労働組合は、その目的を達成するために必要であり、かつ、合理的な範囲内において、その**組合員に対する統制権を有する。**（よく出る!フレーズ）

Q 立候補したことを理由に労働組合が組合員を処分することが許されますか？

A 許されません。

統一候補以外の組合員で立候補しようとする者に対し、組合が所期の目的を達成するために、立候補を思いとどまるよう、勧告または説得をすることは、組合としても、当然なし得るところである。しかし、当該組合員に対し、**勧告または、説得の域を超え、立候補を取りやめることを要求し、これに従わないことを理由に当該組合員を統制違反者として処分するがごときは、組合の統制権の限界を超えるものとして、違法**といわなければならない。（よく出る!フレーズ）　04

ひとこと：処分をすることはやり過ぎだが、**説得・勧告までならOK**ということです。

最高裁にきいてみよう！　国労広島地本事件

労働組合が日米安保反対運動に関連して、臨時組合費を組合員から徴収することが許されるかが争われた事件です。

Q 安保反対闘争の資金とするために組合費の支払いを強制することが許されますか？

A 許されません。

いわゆる安保反対闘争のような活動は、直接的には国の安全や外交等の国民的関心事に関する政策上の問題を対象とする活動であり、このような政治的要求に賛成するか反対するかは、本来、各人が国民の一人としての立場において自己の個人的かつ自主的な思想、見解、判断等に基づいて決定すべきことであるから、それについて**組合の多数決をもって組合員を拘束し、その協力を強制することを認めるべきではない。**よく出る！フレーズ

Q 安保反対闘争に参加して不利益な処分を受けた組合員を援助・救援するための資金（救援資金）とするために組合費の支払いを強制することが許されますか？

A 許されます。

拠出を強制しても、組合員個人の政治的思想、見解、判断等に関係する程度は極めて軽微なものであって、このような**救援資金については、先に述べた政治的活動を直接の目的とする資金とは異なり、組合の徴収決議に対する組合員の協力義務を肯定することが相当である。**よく出る！フレーズ　05

ひとこと

救援資金の方は、**労働組合の目的の１つ**である組合員の助け合い（共済）としての意味を有しているからということでしょう。

プラスone　他の判例としては、以下のようなものがあります。
①ユニオン・ショップ協定（労働組合に加入しない者は雇用できないとする使用者と労働組合との合意）は、団結しない自由の侵害とはならず、合憲とした判例
②政治スト（政治的目的のために行われる争議行為）は、正当な争議行為とはいえないとした判例
③生産管理（労働者がストライキの際に工場や原材料などの生産手段を乗っ取って自ら生産を行うこと）は、正当な争議権の行使としては認められないとした判例

第3節 労働基本権

- □ 28条の「**勤労者**」には、公務員や失業者も含まれますが、自営業者は含まれません。
- □ 28条の労働基本権の保障は、具体的に①**団結権**、②**団体交渉権**、③**団体行動権**（**争議権**）の３つが保障されています。
- □ 団体行動権とは、労働者の団体（労働組合）が労働条件の実現を図るためにストライキなどの**争議行為を行う権利**です。
- □ 労働基本権の性格の１つとして、**正当な団体交渉や争議行為を刑事制裁の対象としてはならない**という自由権的側面があります。
- □ 労働組合が正当な争議行為を行った場合、使用者側はそれに対して**債務不履行責任に基づく損害賠償請求をすることはできません。**
- □ 労働組合には所属する組合員に対する統制権が認められますが、立候補をしたことを理由に**処分するまでの統制権の行使は許されない**と判断されています。
- □ 労働組合が**安保反対闘争のための活動資金を臨時組合費として組合員から徴収することは、許されない**と判断されています。

第3節 ○×スピードチェック

01 公務員は、憲法15条２項により「全体の奉仕者であって、一部の奉仕者ではない」と規定されている上、法律により主要な勤務条件が定められ、労働基本権行使の制約に対する適切な代償措置が講じられていることから、憲法28条の「勤労者」には該当しない。 裁判所2005

× 公務員も「勤労者」に該当します。

---

02 勤労者の団結する権利とは、労働条件の維持及び改善のために使用者と対等の交渉ができる団体を結成し、又はこれに加入する権利である。
特別区Ⅰ類2007

○

---

03 憲法の人権規定は、国家権力と個人との関係を規律するものであり、私人相互の関係を直接規律することを予定していないことから、憲法28条も、私人間には、民法の一般条項を介して契約自由の原則を制限するという意味で間接的に適用されるに過ぎない。 裁判所2005

× 労働基本権は私人間にも直接的に適用されるという性格を持ちます。

---

04 労働組合が、地方議会議員選挙の際に統一候補者を選出し、支持することを決定した場合には、統一候補者以外の組合員で当該選挙に立候補しようとする者に対し、組合が立候補を思いとどまるよう勧告又は説得をすること、さらに、これらに従わないことを理由に当該組合員を統制違反者として処分することも、組合の統制権の範囲内であり、認められる。
国家専門職2008

 勧告、説得までは認められますが、処分することは認められません。

---

05 労働組合がいわゆる安保反対闘争実施の費用として徴収する臨時組合費については、組合員は納付する義務を負わないが、労働組合がその実施したいわゆる安保反対闘争により民事上又は刑事上の不利益処分を受けた組合員に対する生活等の経済的な援助・救援費用として徴収する臨時組合費については、組合員は納付する義務を負う。国家専門職2004

○

第1編

基本的人権

第7章

受益権・参政権

第1節 受益権

START! 本節で学習すること

本節では、受益権を学習します。受益権は国務請求権とも呼ばれます。あまり出題される分野ではなく、重要度は低いです。
ただし、国家賠償請求権は、行政法でも国家賠償法として出題されますので、押さえておく必要があります。

1 受益権とは

受益権とは、人権を確保するための権利であり、ある権利や自由が侵害された場合などに国家に対して救済を求める権利です。そのため**国務請求権**とも呼ばれています。

具体的には、裁判を受ける権利（32条）、国家賠償請求権（17条）、刑事補償請求権（40条）、請願権（16条）があります。

2 裁判を受ける権利

憲法32条
何人も、裁判所において裁判を受ける権利を奪はれない。

本条は、民事事件、刑事事件、行政事件を含む全ての事件について、**裁判所において裁判を受ける権利**を保障した条文です。

32条の「裁判を受ける権利」の「裁判」は、裁判の公開原則を規定する82条1項の「裁判」と同じ意味であると考えられています。

その具体的な内容については、第2編第3章で学習しましょう。

プラスone 裁判には、どの事件をどこの裁判所で扱うかという管轄があります。例えば簡単な事件は簡易裁判所、家庭内のもめ事は家庭裁判所で扱い、東京都内の事件は東京地方裁判所で扱うといったことです。
判例は、「裁判を受ける権利の保障」は、「訴訟法で定める管轄権を有する裁判所において裁判を受ける権利」まで保障したものではない、としています。
したがって、**管轄違いの裁判所で行った裁判は、憲法違反とまではいえない**ことになります（法律違反になるだけです）。 01

第1編

3 国家賠償請求権

憲法17条
何人も、公務員の不法行為により、損害を受けたときは、法律の定めるところにより、国又は公共団体に、その賠償を求めることができる。

本条は、公務員の違法な行為によって損害を受けた者が、国又は公共団体に対し、その**損害を賠償するように請求する権利**を保障しています。この権利を**国家賠償請求権**と呼び、これを具体化する「法律」が国家賠償法です。

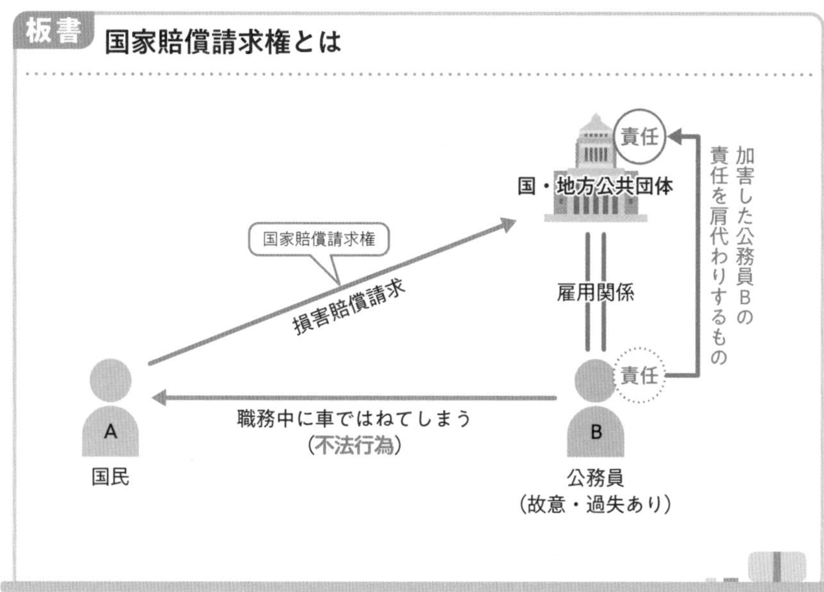

第7章 受益権・参政権

現在では郵便事業は民営化されていますが、かつて郵便局員は国家公務員でした。その時代に郵便局員が配達ミスを犯して国民に損害を与えたら、国民は国に対し国家賠償請求権を有することになります。しかし郵便法にはこれを免責する規定があり、この規定の合憲性が争われました。この事件では、**違憲**判決が出されています。

最高裁にきいてみよう！ 違憲判決

郵便法違憲事件

Q 書留郵便物について国の損害賠償責任を免除・制限するのは憲法17条に違反しますか？

A 軽過失（軽いミス）の場合を除き、違反します。

郵便業務従事者の軽過失による不法行為に基づき損害が生じたにとどまる場合には、国の損害賠償責任を免除し、又は制限することは、やむを得ないものであり、憲法17条に違反するものではない。しかし、郵便法の規定のうち、**郵便業務従事者の故意又は重大な過失による不法行為に基づく国の損害賠償責任を免除し、又は制限している部分は、憲法17条が立法府に付与した裁量の範囲を逸脱しており、同条に違反し無効である。** よく出る！フレーズ

02

Q 特別送達郵便物について国の損害賠償責任を免除・制限するのは憲法17条に違反しますか？

A 軽過失の場合も含めて違反します。

特別送達郵便物について、郵便業務従事者の軽過失による不法行為に基づき損害が生じた場合に、国家賠償法に基づく国の損害賠償責任を免除し、又は制限している部分は、憲法17条が立法府に付与した裁量の範囲を逸脱しており、同条に違反し無効である。

特別送達郵便／裁判所からの重要な通知を送るための郵便です。

4 刑事補償請求権

憲法40条
　何人も、抑留又は拘禁された後、無罪の裁判を受けたときは、法律の定めるところにより、国にその補償を求めることができる。

　本条は、逮捕・勾留によって身柄を拘束された後に裁判で無罪判決を受けた被告人が、国に対し金銭による補償を請求する権利を保障した条文です。これを**刑事補償請求権**といいます。

　本条の「法律」とは、刑事補償法を指しています。

5 請願権

憲法16条
　何人も、損害の救済、公務員の罷免、法律、命令又は規則の制定、廃止又は改正その他の事項に関し、平穏に請願する権利を有し、何人も、かかる請願をしたためにいかなる差別待遇も受けない。

　本条は、国又は公共団体の機関に対して、平穏に自らの希望や要求などを述べることができる権利を保障している条文です。これを**請願権**といい、請願権を保障するための「法律」として請願法が制定されています。参政権的な機能を有する権利とも考えられています。

板書 **請願権のポイント**

請願権は誰に対しても保障されています。

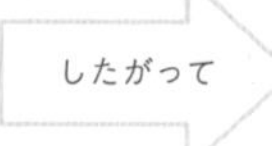

外国人、未成年者、法人も行使できます。

請願の内容には特に限定はありません。

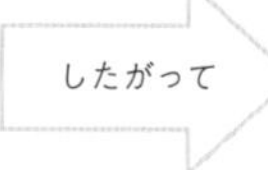

誰に対しても請願でき、どんな内容でも（請願者本人の利害に関係しない事項でも）請願の対象にできます。 03

請願の相手方（政府や官庁等）は、請願を受理し、誠実に処理する義務を負います。

請願の内容を審理・判定したり、実現したりする法的義務は負うものではありません。

第1節 受益権

- ☐ 受益権には、**裁判を受ける権利**（32条）、**国家賠償請求権**（17条）、**刑事補償請求権**（40条）、**請願権**（16条）の４つが含まれます。

- ☐ 何人も、公務員の不法行為により、損害を受けたときは、法律の定めるところにより、国又は公共団体に、その賠償を求めることができます。これを**国家賠償請求権**と呼びます。

- ☐ 郵便業務従事者の故意又は重大な過失による不法行為に基づく国の損害賠償責任を免除し、又は制限している郵便法の部分は、憲法17条が立法府に付与した裁量の範囲を逸脱しており、同条に違反し**無効**であると判断されています。

- ☐ 逮捕・勾留によって身柄を拘束された後に裁判で無罪判決を受けた被告人は、国に対して補償を求める権利があり、これを**刑事補償請求権**といいます。

- ☐ 請願をする資格については特に限定はなく、**外国人も法人も行使することが可能**です。

第1節 ○×スピードチェック

01 憲法第32条は、訴訟法で定める管轄権を有する具体的裁判所において裁判を受ける権利を保障したものであるが、管轄違いの裁判所がした裁判であっても、それが恣意的な管轄の間違いでない限り、同条に違反しないとするのが判例である。 国家一般職2018

× 「訴訟法で定める管轄権を有する具体的裁判所において裁判を受ける権利を保障したもの」ではありません。

---

02 書留郵便物について、郵便業務従事者の故意又は重大な過失による不法行為について免責又は責任制限を認めることは、憲法第17条が立法府に付与した裁量の範囲を逸脱しているとまではいえず、違憲とはならない。 国家専門職2007

× 逸脱しており違憲です。

---

03 請願は、国家機関の権限内に属する事項に関するものであれば、請願者本人の利害に関するものでなくてもすることができる。 裁判所2004

○

第2節 参政権

START! 本節で学習すること

本節では、参政権について学習します。
参政権は国民主権の表れである重要な権利ですが、頻出のテーマではなく、重要度は低いです。判例も多くありませんが、在外邦人選挙権制限事件という違憲判決が出された判例は重要です。

1 参政権の保障

憲法15条
① 公務員を選定し、及びこれを罷免することは、国民固有の権利である。

参政権は、国民が主権者として国の政治に参加する権利です。具体的には、選挙権と被選挙権が含まれています。

15条は、**選挙権**を保障した条文です。

被選挙権（立候補の自由）については特に規定されていませんが、**被選挙権も本条を根拠に保障されています**（判例）。

最高裁にきいてみよう！

三井美唄事件

Q 被選挙権はどの条文を根拠に保障されますか？

A 15条１項を根拠に保障されます。
立候補の自由は、選挙権の自由な行使と表裏の関係にあり、自由かつ公正な選挙を維持するうえで、きわめて重要であるから、**憲法15条１項の保障する重要な基本的人権の１つと解すべき**である。

よく出る！フレーズ 01

第1編 第7章 受益権・参政権

2 参政権の制限

1 公民権停止

選挙運動の自由は、政治的表現活動の自由として表現の自由（21条１項）で保障されていますが、選挙犯罪により一定の刑を科された者に対しては、選挙権および被選挙権が一定期間停止されることがあり、これを**公民権停止**と呼びます。

公民権停止が選挙権・被選挙権の侵害ではないかが争われた事件では、選挙の公正の確保のために必要であるとして、判例は憲法に違反しないとしています。

2 連座制

また、**連座制**についても合憲とする判断が出されています。

語句 **連座制**／候補者の親族や秘書など選挙運動で一定の立場にある者が選挙犯罪で禁錮以上の刑罰を受けると、候補者の当選無効、同一選挙同一選挙区からの５年間の立候補禁止という効果が発生する仕組みのことです。

最高裁にきいてみよう！　連座制の合憲性

Q 連座制は憲法に違反しませんか？

A 違反しません。

(連座制の規定は､) 民主主義の根幹をなす公職選挙の公明、適正を厳粛に保持するという極めて重要な法益を実現するために定められたものであって、その立法目的は合理的である。

また、右規定は、組織的選挙運動管理者等が買収等の悪質な選挙犯罪を犯し禁錮以上の刑に処せられたときに限って連座の効果を生じさせることとして、連座制の適用範囲に相応の限定を加え、立候補禁止の期間及びその対象となる選挙の範囲も前記のとおり限定し（同じ選挙で同じ選挙区から５年間）、…そうすると、**このような規制は、これを全体としてみれば、前記立法目的を達成するための手段として必要かつ合理的なもの**というべきである。

よく出る！フレーズ

したがって、法251条の３の規定（連座制の規定）は、憲法前文、１条、15条、21条及び31条に違反するものではない。

3 海外在住者の選挙権

海外に居住する日本国民の選挙権行使を制限していたことの違憲性が争われたのが次の判例です。

最高裁にきいてみよう！ 違憲判決 在外邦人選挙権制限事件

海外に居住する日本国民の選挙権行使を比例区選挙に限定し、選挙区選挙については選挙権行使ができなかった当時の公職選挙法の合憲性が争われた事件です。

Q 選挙権の行使を制限することはどのような場合に違憲となりますか？

A 制限をすることがやむを得ないと認められる場合でない限り、違憲となります。

自ら選挙の公正を害する行為をした者等の選挙権について一定の制限をすることは別として、**国民の選挙権又はその行使を制限することは原則として許されず、国民の選挙権又はその行使を制限するためには、そのような制限をすることがやむを得ないと認められる事由がなければならない。** よく出る！フレーズ 02

Q 制限をすることがやむを得ないと認められる場合とはどんな場合ですか？

A 選挙の公正を確保しつつ選挙権の行使を認めることが事実上不能ないし著しく困難であると認められる場合です。 よく出る！フレーズ

そのような制限をすることなしには選挙の公正を確保しつつ選挙権の行使を認めることが事実上不能ないし著しく困難であると認められる場合でない限り、上記のやむを得ない事由があるとはいえず、このような事由なしに国民の選挙権の行使を制限することは、憲法15条１項及び３項、43条１項並びに44条ただし書に違反するといわざるを得ない。

Q 在外選挙制度の対象を比例代表選出議員の選挙に限定する部分は憲法に違反しますか？

A 違反します。

公職選挙法の規定のうち、在外選挙制度の対象となる選挙を当分の間両議院の比例代表選出議員の選挙に限定する部分は、遅くとも、本判決言渡し後に初めて行われる衆議院議員の総選挙又は参議院議員の通常選挙の時点においては、憲法15条１項及び３項、43条１項並びに44条ただし書に違反するものといわざるを得ない。

なお、類似の事件として、海外に居住する日本国民による最高裁判所裁判官の国民審査投票権が制限されていたことの違憲性が争われたものがあります。

最高裁にきいてみよう！ 違憲判決 在外邦人国民審査権制限事件

Q 在外国民に国民審査権の行使を認めていないのは違憲ですか？

A 違憲です。

国民審査の公正を確保しつつ、在外国民の審査権の行使を可能にするための立法措置をとることが、事実上不可能ないし著しく困難であるとは解されない。そうすると、在外審査制度の創設に当たり検討すべき課題があったとしても、在外国民の審査権の行使を可能にするための立法措置が何らとられていないことについて、やむを得ない事由があるとは到底いうことができない。

したがって、国民審査法が在外国民に審査権の行使を全く認めていないことは、憲法15条１項、79条２項、３項に違反するものというべきである。

3 選挙に関する諸原則

憲法15条

③　公務員の選挙については、成年者による普通選挙を保障する。

④　すべて選挙における投票の秘密は、これを侵してはならない。選挙人は、その選択に関し公的にも私的にも責任を問はれない。

３項は、**普通選挙**を保障しています。普通選挙とは、性別・教育・財産の有無等にかかわりなく、選挙権が付与されることです。

４項は、**秘密投票**を保障しています。これは、誰に投票したかを秘密にする制度をいい、無記名投票（投票用紙に投票者の氏名を記載しないで行う投票方式）の保障を意味します。 03

第2節 参政権

- □ 被選挙権（立候補の自由）については、憲法は特に規定していませんが、判例は、**被選挙権も15条1項を根拠に保障される**としています。
- □ **連座制**は、選挙の公正を確保するための手段として必要かつ合理的なものであるとして、**憲法に違反しない**とする判断がされています。
- □ 選挙権の行使を制限することは、**制限をすることがやむを得ないと認められる場合でない限り、違憲**となります。
- □ **在外選挙制度の対象を比例代表選出議員の選挙に限定する部分は憲法に違反する**とする判断が出されています。
- □ 15条3項は、**普通選挙**を保障しています。普通選挙とは、性別・教育・財産の有無等にかかわりなく、選挙権が付与されることです。
- □ 15条4項は**秘密投票**を保障しており、これは無記名投票の保障を意味しています。

第2節 ○×スピードチェック

01 憲法は立候補の自由について直接には規定していないが、立候補の自由も憲法の保障する基本的な人権の一つと解すべきである。

特別区Ⅰ類2013改題

02 憲法第47条は、選挙区、投票の方法その他両議院の議員の選挙に関する事項は法律でこれを定めると規定しており、その具体化は立法府の裁量に広く委ねられている。したがって、国民の選挙権又はその行使に対する制限は、当該制限が著しく合理性を欠き明らかに裁量の逸脱・濫用と見ざるを得ない場合を除き、憲法第15条に違反しない。　国家専門職2011

× 「当該制限が著しく合理性を欠き明らかに裁量の逸脱・濫用と見ざるを得ない場合を除き」ではなく、「やむを得ないと認められる事由がある場合」のみ違反しません。

03 秘密選挙とは、誰に投票したかを秘密にする原則をいい、秘密選挙については、憲法上の明文規定はないが、公職選挙法において具体的な規定が置かれている。

裁判所2011

× 憲法（15条４項）に明文規定があります。

第2編

統治機構

第1章

国　会

第1節 国会の地位と組織

START! 本節で学習すること

本節では、国会の地位とその組織について学習します。
国会には、国民の代表機関、国権の最高機関、唯一の立法機関という３つの地位が憲法上規定されています。その内容について理解していきましょう。
国会の組織については、二院制と衆議院の優越について学習していきます。特に重要性が高いのが衆議院の優越です。その具体的な内容をしっかり覚えていくことが求められます。

1 国会の地位

国会には憲法上、次の３つの地位があります。

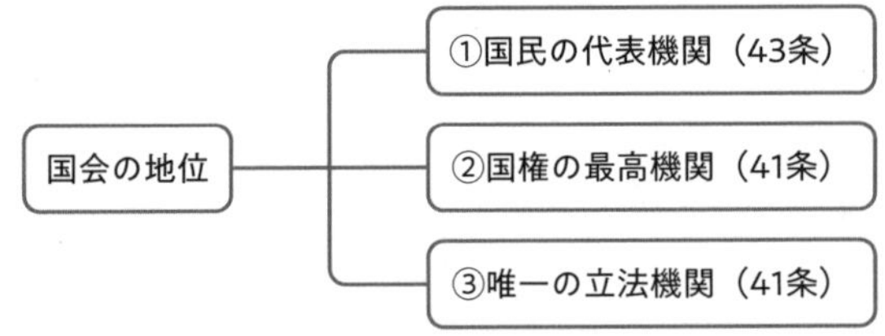

ひとこと　“国会の地位”とは、国会の**位置づけ**、**役割**、といった意味です。

1 国民の代表機関

憲法43条
① 両議院は、全国民を代表する選挙された議員でこれを組織する。

本条は、国会が国民の代表機関であることを規定しています。

ここで「全国民を代表」とはどのような意味なのかが問題になりますが、**選挙区の有権者や後援団体等の代表ではなく、日本国民全体の代表**であると考えられています（**政治的代表**）。したがって、議員は、**選挙区の有権者や後援団体等の意思には法的に拘束されず**、自己の信念に基づき全国民のために自由に行動できると考えられています（**自由委任の原則**）。

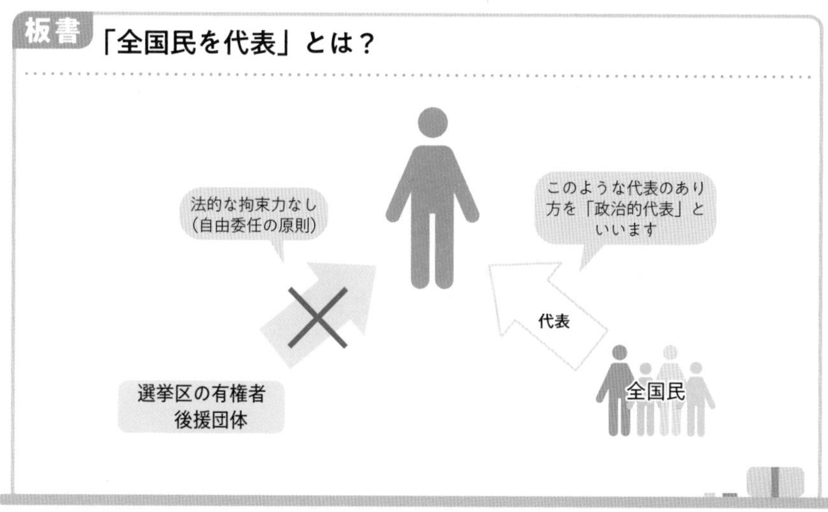

2 国権の最高機関

憲法41条
国会は、国権の最高機関であつて、国の唯一の立法機関である。

「国権」とは「国家権力」のことを指しています。したがって、本条の前半部分は、**国会が、国家権力の中で最高の機関である**ことを規定していることになります。

しかし、言葉どおりに捉えると、国会が内閣や裁判所より上位の機関であることを意味することになってしまい、権力分立の観点から好ましくありません。そこで、「最高機関」の意味については、**国政の中心的地位を占める機関であることを表す政治的美称**（単なるほめ言葉）にすぎず、法的な意味は持っていないとするのが通説的な理解です。

「最高機関」の意味については、国会は、並列関係にある国家諸機関のうち、一番高い地位にあり、国政全般の働きに絶えず注意しつつ、その円滑な運営を図る統括的な機関であるという説（統括機関説）もあります。
この論点については、国政調査権の法的性質の所で意味をもってきます。

3 唯一の立法機関

❶ 「立法」の意味

41条の後半部分は、国会だけが立法ができる機関であることを規定しています。では、「立法」とは何を指しているのでしょうか。「立法」とは**一般的抽象的な法規範を作ること**を指すと考えられています。

板書 「唯一の立法機関」の「立法」とは?

●「立法」とは?

「**ある特定の内容を持った法規範を制定すること**」を指します。「内容」に着目して捉えるので、これを**実質的意味の立法**といいます(通説)。

つまり、「法律と名前の付いた法規範を作ること」が立法であるという形式的な捉え方はしないということです。

●「ある特定の内容」とは?

「**一般的・抽象的法規範**」を制定する行為を広く含みます(通説)。

これに対し、「権利を制限し、義務を課する法規範」のみを指すと捉える立場もあります。

01

語句 **一般的・抽象的法規範**/当初からある特定の人・事件に対して適用することを予定して作られるルールではなく、あらゆる人・あらゆる事件に適用されることを予定して抽象的に、かつ一般性を持った形で制定されるルールのことを指します。

❷「唯一」の意味

では、次に「唯一」とはどのような意味を持っているのでしょうか。

「唯一」には、**国会中心立法の原則**と**国会単独立法の原則**という２つの意味が含まれているとされています。

板書 「唯一の立法機関」の「唯一」とは？

●国会中心立法の原則

国会のみが「立法」をすることが可能であり、他の機関は「立法」をすることができないことをいいます。
ただし、次の例外があります。

【国会中心立法の原則の例外】

- **両議院の規則制定権**（58条２項）：衆議院・参議院がそれぞれ単独で内部の規律に関する規則を制定できる権限です。
- **最高裁判所の規則制定権**（77条１項）：最高裁判所が訴訟に関する手続や裁判所の内部規律等に関して規則を制定できる権限です。
- **地方公共団体の条例制定権**（94条）　条例制定権については例外とは考えない立場もあります。

01

●国会単独立法の原則

立法は、国会以外の機関の参加を必要としないで成立することをいいます。
ただし、次の例外があります。

【国会単独立法の原則の例外】

- **地方自治特別法の住民投票**（95条）：特定の地方自治体のみに適用される特別法については住民投票が必要になります。
住民投票で過半数の同意がないと国会はその法律を制定できません。

02

板書 **国会の地位のポイント整理**

国会の地位

①国民の代表機関（43条）

・法的な意味での代表ではなく政治的な意味での代表（**政治的代表**）
・国会議員は選挙区民の意思に法的に拘束されない（**自由委任の原則**）

②国権の最高機関（41条）

・最高機関という言葉に法的な意味はなく、単なる**政治的美称**にすぎない

③唯一の立法機関（41条）

・「唯一」は**国会中心立法の原則**、**国会単独立法の原則**を意味する
・「立法」とは**実質的意味の立法**、すなわち**一般的抽象的法規範**を制定することを意味する

2 国会の組織

1 二院制

憲法42条
国会は、衆議院及び参議院の両議院でこれを構成する。

日本の国会は衆議院と参議院の２つの院で構成されています（**二院制**）。二院制が採用されている理由は、①審議を慎重にすることで軽率な行為、間違った判断を回避すること、②多様な民意（国民の意見）を多角的に反映させることにあるとされています。

板書 二院制

	衆議院	参議院
任期	４年	６年
解散	あり	なし

語句 **解散**／任期の満了前に全員の議員としての身分を失わせる行為です。解散されるとその後選挙が行われます。

両議院の議員を兼ねることは禁じられています（兼職禁止）。

また、両議院の活動について次のような原則が設けられています。

板書 両議院の活動における原則

●同時活動の原則

両議院は、**同時に召集、同時に閉会**する原則です。衆議院が解散されたときは参議院は同時に閉会となります。

つまり、同じ期間に活動する原則です。
この原則については**憲法上に明文の規定**があります（54条２項）。
この原則の例外が「**参議院の緊急集会**」です。

03 04

●独立活動の原則

両議院は**それぞれ独立して**議事・議決を行います。

つまり、合同して活動はしない原則です。
この原則については**憲法上に明文の規定がなく**、二院制から当然に導かれる原則です。
この原則の例外が「**両院協議会**」です。

05

語句 **両院協議会（両議院の協議会）**／両議院で議決が異なった場合に両議院の妥協を図るために設けられるものです。各議院から選ばれた10名ずつの議員によって構成されます。

2 衆議院の優越

本来、両院の議決は対等であるべきです。しかし、完全に対等とすると意見が対立した場合、国政が停滞してしまうことになりかねません。そこで、議事の停滞を防止し、国会の意思形成を容易にするために、**衆議院の意思を参議院の意思よりも優先させる**ことにしました。これが「**衆議院の優越**」と呼ばれる仕組みです。

衆議院を優越させた理由は、衆議院の方が任期が短く、かつ解散もあるため、**より強く民意を反映している**と考えられたためです。 06

板書 衆議院の優越事項

衆議院の優越事項		両院が対等
衆議院のみに付与されている権限	衆議院が議決の要件で優越	
・**予算の先議権** ・内閣総辞職の効果を持つ**内閣不信任の決議権**	・**法律案**の議決 ・**予算**の議決 ・**条約の承認**の議決 ・**内閣総理大臣の指名**の議決	・皇室財産授受の議決 ・予備費の支出の承諾 ・決算の審査 ・**憲法改正の発議**

先に審議・議決できる権限を先議権といいます。衆議院に先議権が与えられているのは予算のみです。

内閣を総辞職（一体として辞めること）に追い込むことができる不信任決議権は衆議院にだけあります。参議院にはこのような効果を持つ決議をする権限がありません。そのため、参議院では、内閣総理大臣や国務大臣個人に対して、法的効果が特にない決議が行われており、この決議は**問責決議**と呼ばれています。

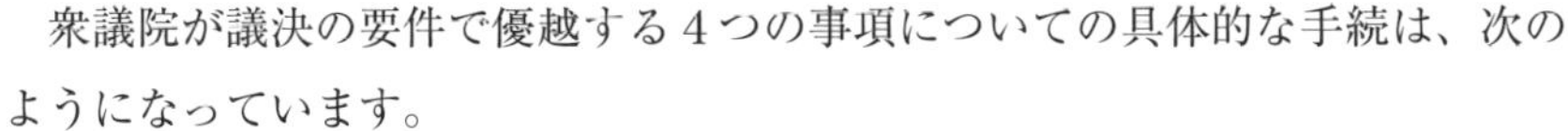
プラスone 会期の延長の決定については、憲法上は規定されていませんが、**国会法**で衆議院の優越が認められています。

衆議院が議決の要件で優越する４つの事項についての具体的な手続は、次のようになっています。

❶ 法律案の議決

憲法59条

① 法律案は、この憲法に特別の定のある場合を除いては、両議院で可決したとき法律となる。
② 衆議院で可決し、参議院でこれと異なつた議決をした法律案は、衆議院で出席議員の３分の２以上の多数で再び可決したときは、法律となる。 よく出る!フレーズ
③ 前項の規定は、法律の定めるところにより、衆議院が、両議院の協議会を開くことを求めることを妨げない。
④ 参議院が、衆議院の可決した法律案を受け取つた後、国会休会中の期間を除いて60日以内に、議決しないときは、衆議院は、参議院がその法律案を否決したものとみなすことができる。

衆議院で可決した法律案を参議院が否決した場合、**衆議院で出席議員の３分の２以上の多数で再可決したときに法律案が成立**します（59条２項）。

法律は、予算や条約、内閣総理大臣の指名に比べると成立しなかった場合に生じる支障が小さいことから**衆議院の優越の度合いは弱くなっており**、再可決がされないと廃案となってしまいます。なお、衆議院で再可決する代わりに、衆議院の**任意の判断で両院協議会の開催を求めることも可能**です。

参議院が国会休会中の期間を除いて60日以内に議決しない場合は、衆議院は、参議院が否決したとみなして、再可決等を行うことが可能です。

この**60日**という日数も、予算や条約の承認、内閣総理大臣の指名に比べて緊急性が低いことから、**長く設定されています。**

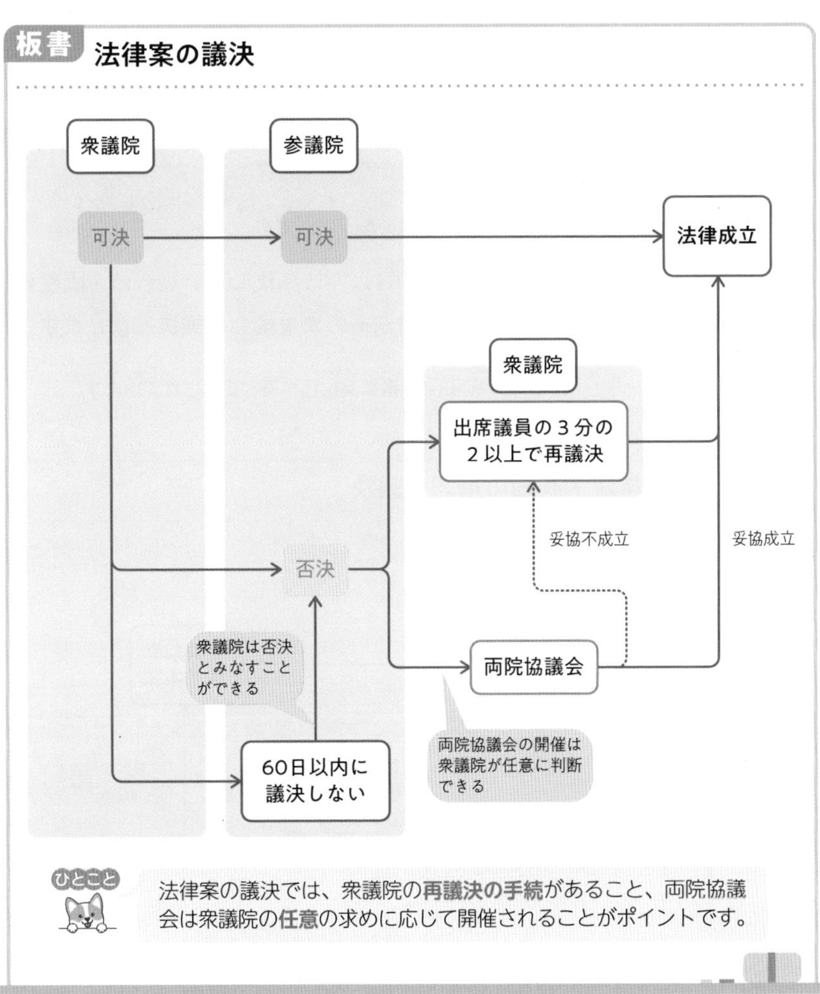

❷ 予算・条約の承認、内閣総理大臣の指名の議決

憲法60条

① 予算は、さきに衆議院に提出しなければならない。

② 予算について、参議院で衆議院と異なつた議決をした場合に、法律の定めるところにより、両議院の協議会を開いても意見が一致しないとき、又は参議院が、衆議院の可決した予算を受け取つた後、国会休会中の期間を除いて30日以内に、議決しないときは、衆議院の議決を国会の議決とする。

よく出る！フレーズ

衆議院と参議院で異なる議決がされ、両院協議会を開いても意見が一致しなかった場合、**衆議院の議決がそのまま国会の議決となります**。衆議院での再可決は必要ありませんが、**両院協議会の開催は必須となっています**。

予算や条約の承認は、国会の意思を早期に確定させ国政や外交関係の停滞を防止する必要性が高いことから、**法律案の議決に比べて衆議院の優越の度合いが強くなっています。**

参議院が国会休会中の期間を除いて30日以内に議決しない場合は、**両院協議会を開催する必要はなく、衆議院の議決がそのまま国会の議決となります**。

緊急性が高いことから、日数は**法律案に比べると短縮されています。**

板書 予算の議決・条約の承認の議決

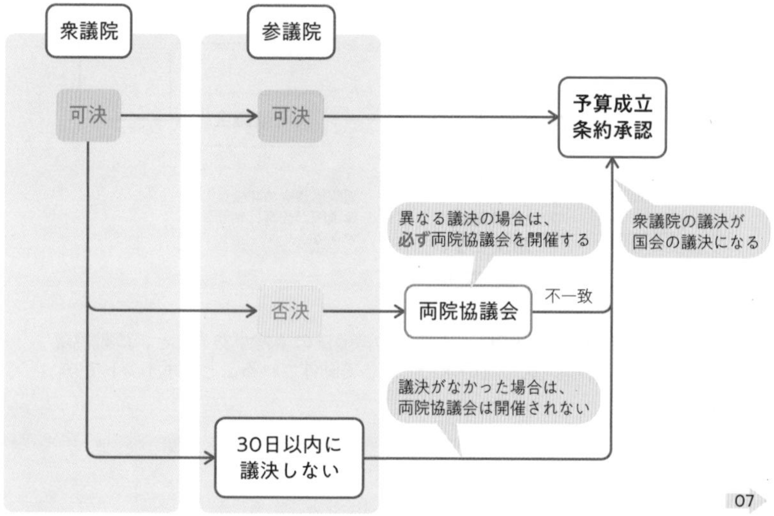

衆議院　参議院

可決 → 可決 → 予算成立・条約承認

可決 → 否決 → 両院協議会 →（不一致）→ 予算成立・条約承認

異なる議決の場合は、必ず両院協議会を開催する

衆議院の議決が国会の議決になる

可決 → 30日以内に議決しない → 予算成立・条約承認

議決がなかった場合は、両院協議会は開催されない

07

ひとこと

予算・条約の場合のポイントは、異なる議決の場合は、衆議院の任意ではなく、**必ず両院協議会が開催されること**、**衆議院の再議決という手続は存在せず**、衆議院の議決がそのまま国会の議決になることです
さらに、予算には衆議院の先議権がありますが、条約にはないことにも注意しましょう！

❸ 内閣総理大臣の指名の議決

憲法67条
② 衆議院と参議院とが異なつた指名の議決をした場合に、法律の定めるところにより、両議院の協議会を開いても意見が一致しないとき、又は衆議院が指名の議決をした後、国会休会中の期間を除いて10日以内に、参議院が、指名の議決をしないときは、衆議院の議決を国会の議決とする。

内閣総理大臣の指名についての議決の流れは、予算・条約の承認の議決とほぼ同じです。

唯一の違いは、参議院が議決しないことにより衆議院の議決が国会の議決となってしまう期間が**10日**と短縮されている点です。内閣総理大臣は行政のトップであり、後継者をなるべく早く決める必要があるからです。

板書 内閣総理大臣の指名の議決

衆議院
参議院
Aを指名 → Aを指名 → Aを指名
Aを指名 → Bを指名 → 両院協議会 → 不一致 → Aを指名
Aを指名 → 10日以内に議決しない → Aを指名
異なる議決の場合は、必ず両院協議会を開催する
衆議院の議決が国会の議決になる
議決がなかった場合は、両院協議会は開催されない

08

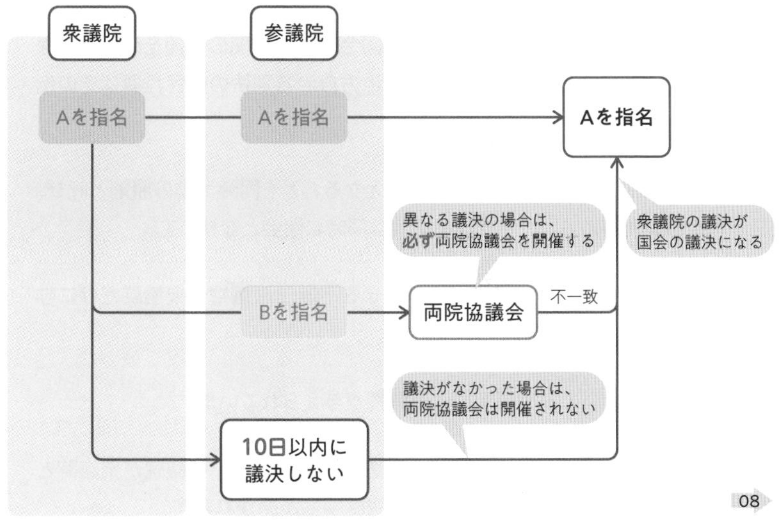

第1節 国会の地位と組織

- [ ] 国会は、**国民の代表機関**、**国権の最高機関**、**唯一の立法機関**という３つの地位を憲法上有しています。

- [ ] 国会議員は、選挙区の有権者の代表ではなく、日本国民全体の代表であり、選挙区の有権者の意思には法的に拘束されないと考えられています。これを**自由委任の原則**と呼びます。

- [ ] 41条の「唯一の立法機関」における「唯一」には、**国会中心立法の原則**と**国会単独立法の原則**という２つの意味が含まれています。

- [ ] 国会中心立法の原則とは、**国会のみが「立法」をすることが可能であり、他の機関はできない**という原則であり、最高裁判所の規則制定権はその例外になります。

- [ ] 国会単独立法の原則とは、**立法は国会以外の機関の参加を必要としないで成立する**という原則であり、地方自治特別法の住民投票はその例外となります。

- [ ] 両議院が同時に召集、同時に閉会となることを**同時活動の原則**と呼び、衆議院が解散されたときは参議院は同時に閉会となります。

- [ ] 内閣の総辞職という効果を生じさせる**不信任決議権**は衆議院だけに与えられています。

- [ ] 予算についてのみ衆議院には**先議権**が与えられています。

- [ ] 予算・条約の承認、内閣総理大臣の指名の議決で、参議院が衆議院と異なる議決を行った場合、**必ず両院協議会が開かれます。**

- [ ] 予算・条約の承認、内閣総理大臣の指名の議決で、参議院が一定期間議決をしなかった場合、**衆議院の議決が国会の議決となります。**衆議院の再議決の手続はありません。

第1節 ○×スピードチェック

01 国会は、唯一の立法機関であるから、不特定多数の人に対して不特定多数の場合ないし事件に適用される一般的・抽象的な法規範を、国会以外の機関、例えば裁判所が制定することは、いかなる場合であっても許されない。 裁判所2010

× 最高裁判所による規則の制定は憲法上の例外として許されています。

02 両議院による議院規則の制定、最高裁判所による規則の制定及び一の地方公共団体のみに適用される特別法の制定のための住民投票は、いずれも「国会中心立法の原則」の例外であると一般に解されている。

国家専門職2015

× 「一の地方公共団体のみに適用される特別法の制定のための住民投票」は国会単独立法の原則の例外です。

03 衆議院が解散されたときは、参議院は同時に閉会になる。

国家専門職2003改題

○

04 両議院の召集、開会及び閉会が同時に行われるべきとする両議院の同時活動の原則については、憲法上、これに関連する規定はないが、憲法が二院制を採用していることを踏まえ、法律により明文で規定されている。

国家一般職2016

× 憲法上、これに関連する規定がおかれています（54条２項）。

05 両院協議会は、各議院が独立して議事を行い、議決することを内容とする両議院の独立活動の原則の例外とされている。 国家一般職2016

○

06 衆議院議員は、参議院議員より任期が短く、解散による任期短縮の可能性もあって、選挙民の意思をより直接に反映すると見られるから、予算の先議権は衆議院に与えられている。 国家専門職2005

○

---

07 予算について、参議院で衆議院と異なった議決をしたときは、衆議院の議決を直ちに国会の議決とすることができ、両院協議会を開催する必要はない。 裁判所2009

× 両院協議会を開催する必要があります。

---

08 内閣総理大臣の指名の議決について、衆議院が議決をした後、国会休会中の期間を除いて10日以内に参議院が議決しない場合、衆議院の総議員の３分の２以上の多数で再び可決したときは、衆議院の議決が国会の議決となる。 特別区Ⅰ類2014

× 衆議院の再議決を経ることなく、衆議院の議決が国会の議決となります。

第2節 国会議員の特権

START! 本節で学習すること

本節では、国会議員に憲法上与えられている特権について学習します。重要なのは不逮捕特権と免責特権なので、その内容をしっかり押さえていきましょう。

1 国会議員の特権

国会議員には、憲法上明記されている特権として、①**歳費受領権**、②**不逮捕特権**、③**免責特権**という3つの特権があります。

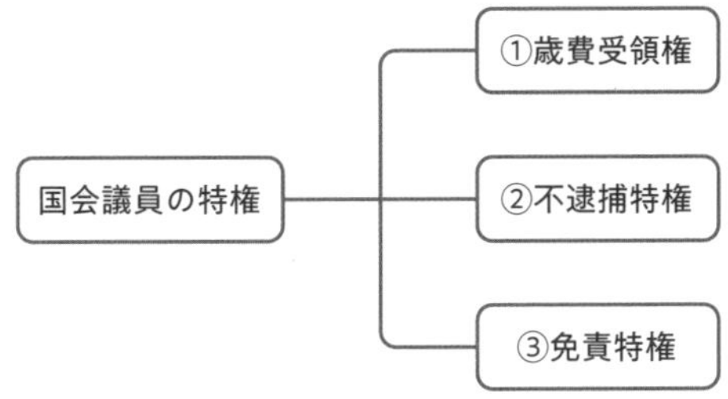

2 歳費受領権

憲法49条
両議院の議員は、法律の定めるところにより、国庫から相当額の歳費を受ける。

歳費とは、報酬のことです。無報酬だと財産のある者しか国会議員になれなくなってしまいます。財産の有無にかかわらず国会議員となれるように歳費受領権を憲法で保障しています。

第3章第2節で学習する裁判官の報酬と異なり、**減額されない保障まではありません。** 01

3 不逮捕特権

憲法50条
両議院の議員は、法律の定める場合を除いては、国会の会期中逮捕されず、会期前に逮捕された議員は、その議院の要求があれば、会期中これを釈放しなければならない。

本条は、国会議員は会期中逮捕されないとする**不逮捕特権**について規定しています。この規定は、①不当な逮捕から議員の身体の自由を保障することと②議員が拘束されることによって議院の審議権が侵害されないようにする（議事が停滞することを防ぐ）ためのものと考えられています。

両議院の議員は、国会の会期中は、原則として逮捕されません。国会の会期前は逮捕できますが、国会が開会し会期中となると、**所属する議院の要求があれば、逮捕した議員は釈放されます**。 02

会期／国会が活動している期間のことです。常会・臨時会・特別会の3種類があります。

板書 不逮捕特権のポイント整理

●不逮捕特権とは？

・原則：国会の会期中、逮捕されない
・例外的に逮捕できる場合（国会法で規定）：❶院外での現行犯の場合 ❷議院の許諾がある場合

03

●「会期中」とは？

国会の会期である常会、臨時会、特別会が開かれている間
＋
参議院の緊急集会が開かれている間も含まれます

04

●「逮捕」とは？

刑事訴訟法上の逮捕
＋
厳密には「逮捕」には含まれない「保護措置」など広く公権力による身体の拘束も含まれます

「逮捕」されない特権なので、不逮捕特権が及んでいる場合でも、逮捕なしで**「起訴」（いわゆる在宅起訴）をして刑事裁判にかけることは可能です**。また、不逮捕特権は国会議員の特権なので、**地方議会の議員は対象となりません**。

4 免責特権

憲法51条
両議院の議員は、議院で行つた演説、討論又は表決について、院外で責任を問はれない。

本条は、国会議員の免責特権を定めていますが、免責される責任とは**「民事責任」**や**「刑事責任」**を指しています。

板書 免責特権のポイント整理

●免責特権の対象は？

国会議員だけが対象
⇒国会議員が大臣を兼ねる場合、
議員としての発言のみ免責

国務大臣や地方議会議員は対象となりません

05

●免責の対象となる行為は？

議院で行った演説、討論、表決
＋
職務に付随する行為
（**地方公聴会**など院外の行為も含む）

やじ、暴力行為は職務遂行とはいえないので免責の対象となりません

06

●免除される責任は？

一般人なら負うべき**法的責任**
⇒民事責任、刑事責任、公務員としての懲戒責任

院内での懲罰や所属政党からの除名処分などの政治的責任は免除されません

07 08

では、国会議員が議院で行った発言により名誉を毀損された人は、損害賠償等を全く受けられないのでしょうか。国会議員の個人責任を否定しつつ、国が国家賠償責任を負う余地があることを認めたのが次の判例です。

最高裁にきいてみよう！

国会議員の名誉毀損的発言

ある国会議員が委員会において、病院の院長が女性患者にわいせつな行為を行っている等の発言をしたところ、翌日院長が自殺し、その妻が国家賠償請求訴訟を起こした事件です。

Q 国会議員が国会内で行った名誉毀損的発言により被害を被った者に対して国の損害賠償責任は発生しますか？

A かなり限定されたケースでのみ発生します。

よく出る！フレーズ

当該責任が肯定されるためには、当該国会議員が、**その職務とはかかわりなく違法又は不当な目的をもって事実を摘示し、あるいは、虚偽であることを知りながらあえてその事実を摘示する**など、国会議員がその付与された権限の趣旨に明らかに背いてこれを行使したものと認め得るような特別の事情があることを必要とすると解するのが相当である。 09

この事件では、国会議員個人は責任を負わないことを前提に上記のような判断がされていますが、免責特権をその理由として明示しているわけではありません。

国会議員の特権

- [ ] 国会議員には、①**歳費受領権**、②**不逮捕特権**、③**免責特権**の３つの特権が憲法上明記されています。

- [ ] 国会議員の歳費受領権については、裁判官と異なり、**減額されない保障まではない**とされています。

- [ ] 両議院の議員は、**院外での現行犯の場合**と**所属する議院の許諾がある場合**を除いて、国会の会期中は逮捕されません。

- [ ] 国会の会期前に逮捕された議員は、国会が開会し**会期中となると、所属する議院の要求があれば、釈放しなければなりません。**

- [ ] 免責特権の対象となるのはあくまでも国会議員のみであり、**国務大臣や地方議会議員は対象とはなりません。**

- [ ] 免責特権により免責される責任とは、民事責任や刑事責任、公務員としての懲戒責任であり、**院内での懲罰の責任や所属政党からの除名処分などは免責の対象とはなりません。**

第2節　○×スピードチェック

01 国会議員は、その勤務に対する報酬として、法律の定めるところに従い、会期中相当額の歳費を受領することができるとされ、その歳費は、在任中減額されないことが憲法上保障されている。　裁判所2006

× 在任中減額されないことの保障はありません。

02 両議院の議員は、法律の定める場合を除いては、国会の会期中、逮捕されない。ただし、会期前に現行犯逮捕された議員は、議院の要求があっても、会期中、釈放されない。　国家専門職2018

× 議院の要求があれば、会期中釈放されます。

03 両議院の議員には会期中の不逮捕特権が認められているが、院内外における現行犯逮捕若しくは所属する議院の許諾がある場合は不逮捕特権の例外とされる。　国家専門職2014

× 「院内における現行犯逮捕」は例外には該当しません。

04 両議院の議員は、院外における現行犯罪の場合及び議員の所属する議院の許諾のある場合を除いては会期中は逮捕されないが、緊急集会中の参議院の議員は、院外における現行犯罪でない場合であっても、参議院の許諾なくして逮捕されることがある。　国家一般職2007

× 参議院の許諾がなければ逮捕されません。

05 国会議員の発言について、いわゆる免責特権が与えられているからといって、それを直ちに地方議会に当てはめ、地方議会議員の発言についても、いわゆる免責特権を憲法上保障しているものと解すべき根拠はないとするのが判例である。　国家専門職2003

○

06 国会議員に免責特権が認められているのは、院内での言論の自由を確保し、国会の機能を十分に発揮させるためであるから、国会議員が所属す

る委員会の地方公聴会での発言など、国会議員が院外で行った発言には、免責特権は及ばない。　国家一般職2015

✕ 国会議員が院外で行った発言にも免責特権は及びます。

07 両議院の議員は、議院で行った演説、討論又は表決について院外で責任を問われないが、これは、議院における議員の自由な発言・表決を保障するため一般国民ならば負うべき民事上の法的責任を負わないことを意味するにとどまり、刑事上の法的責任まで免除するものではない。

国家一般職2007

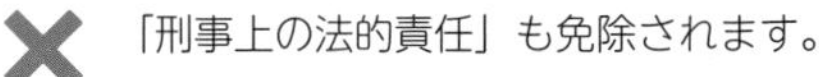

✕「刑事上の法的責任」も免除されます。

08 憲法51条は「両議院の議員は、議院で行つた演説、討論又は表決について、院外で責任を問はれない。」と規定して、国会議員の免責特権を定めていることから、ある国会議員の議院での発言を理由として法的責任を問われることがないのはもちろんのこと、所属する政党や団体等から制裁や除名処分を受けることもない。　裁判所2012

✕ 所属する政党や団体等から制裁や除名処分を受けることはあります。

09 国会議員が国会の質疑、演説、討論等の中でした個別の国民の名誉又は信用を低下させる発言については、国会議員の裁量に属する正当な職務行為とはいえず、免責特権は及ばないことから、これによって当然に国家賠償法第１条第１項の規定にいう違法な行為があったものとして国の損害賠償責任が生ずるとするのが判例である。　国家一般職2015

✕ 国の損害賠償責任が生ずる場合をかなり限定するのが判例です。

第3節 国会の活動

START! 本節で学習すること

本節では、国会の活動に関する規定を学習します。
会期の種類では、どの会がどのような場合に開かれるのかを押さえていきましょう。
国会の審議では、議決の要件をしっかり暗記する必要があります。特に「3分の2以上」となっている事項は頻出です。
単純な暗記が求められることが多い分野です。

1 国会の会期

1 国会の会期

国会の会期とは、国会が活動をしている期間を指します。国会の会期には、**常会・臨時会・特別会**の3種類があります。

板書 常会・臨時会・特別会

種類	開かれるのはどんな場合？
常会	毎年1回必ず開かれる （1月中に召集）
臨時会	①**内閣**が召集を決定した場合 ②**いずれかの議院の総議員の4分の1以上**の要求があった場合（内閣は召集を決定しなければならなくなる） ③**任期満了**による衆議院議員の総選挙後（選挙日から30日以内に召集される） ④参議院議員の通常選挙後 （選挙日から30日以内に召集される）
特別会	衆議院の**解散総選挙後** （選挙日から30日以内に召集される）

会期の日数は**150日**です。会期の延長は**1**回だけ可能です

会期の延長は2回まで可能です

01

会期の延長は**2回**まで可能です。
常会と併せて召集することもできます。

02

ひとこと 衆議院が**任期満了**で総選挙を行った後は**臨時会**、解散して総選挙を行った後は**特別会**が開かれることを区別しましょう。

2 会期不継続の原則

会期に関する原則として、**会期不継続の原則**があります。この原則は、その会期中に議決されなかった議案は、後会（次の会期）に継続されないという原則です。

したがって、審議途中の議案は、廃案となるのが原則となります。仮に次の会期でも審議をする場合、新規の議案として最初から手続をとる必要があります。

なお、各議院の議決で特に付託された案件については、各議院に設置されている委員会で国会の閉会中も審査することが可能です。これを**閉会中審査**と呼びますが、閉会中に審査した議案については、**会期不継続の原則の例外として、後会に継続**されます。 03

会期不継続の原則は憲法上規定されたものではなく、**国会法**に規定されている原則です。

2 参議院の緊急集会

憲法54条

② 衆議院が解散されたときは、参議院は、同時に閉会となる。但し、内閣は、国に緊急の必要があるときは、参議院の緊急集会を求めることができる。

③ 前項但書の緊急集会において採られた措置は、臨時のものであつて、次の国会開会の後10日以内に、衆議院の同意がない場合には、その効力を失ふ。

衆議院が解散⇒総選挙となった場合に、国会の議決を必要とするような緊急事態が勃発したとしても、国会を召集することはできません。そのような場合に開催されるのが**参議院の緊急集会**です。

緊急集会とは、衆議院の解散中、国に緊急の必要があるときに、内閣の求めによって開かれる参議院議員のみが参加する緊急の集会をいいます。

参議院の緊急集会は、**両院同時活動の原則の例外**です。 04

板書 **参議院の緊急集会**

●どんなときに開催される？

衆議院が解散されている間に国に緊急の必要が生じた場合

●開催を要求するのは？

内閣が開催を要求します

参議院自身や参議院議員が要求することはできません
また国会の会期と異なり、天皇が召集するものでもありません

要求を行うのは「**内閣**」であり、「内閣総理大臣」ではないことに注意しましょう。

●緊急集会では何を取り扱う？

緊急に処理しなければならない問題のみ

憲法改正の発議や内閣総理大臣の指名などは対象外

●事後に必要な措置は？

緊急集会でとられた措置は、次の国会（特別会）開会後10日以内に衆議院の同意がないと効力を失います 05

「効力を失う」とは過去に遡らずに、**その時点から将来に向かって**効力がなくなったと取り扱うことを意味します。

3 国会の審議

1 議決の要件等

国会の審議における定足数（最低限必要な出席者の数）は、**総議員の３分の１**です。なお、総議員とは、法定の議員数と考えられています。 06

また、議決をするためには、原則として**出席議員の過半数**で決する必要があります。しかし、重要な事項については、これよりも高い議決要件を定めている場合もあります。

板書 議決の要件等の整理

	求められる数
定足数	総議員の３分の１
議決の際の原則	出席議員の過半数 ※可否同数のときは **議長が決する** 07
・衆議院における法律案の再議決 ・両議院の会議で秘密会を開く議決 ・議員の資格争訟の裁判で議員の議席を失わせる議決 ・議員を除名する議決	出席議員の３分の２以上
憲法改正の発議（96条１項）	各議院の総議員の ３分の２以上

「3分の1」なのか「過半数」なのか「3分の2」なのかとは別に、**母数が「総議員」なのか「出席議員」なのか**についても注意を払うようにしましょう。

2 秘密会

両議院の会議（本会議）については、**公開の原則**が採られています。ここで「公開」とは、傍聴の自由および報道の自由が認められることを指すと考えられています。

しかし、**出席議員の３分の２以上**の多数で議決した場合には、**秘密会**を開くことができます（57条１項）。 08

会議の記録については、保存しておく必要があり、秘密会の記録で特に秘密を要すると認められるもの以外は、公表・頒布されることになります（57条２項）。

また、**出席議員の５分の１以上**の要求があれば、各議員の表決は会議録に記録されます（57条３項）。

第3節 国会の活動

- [ ] 国会の会期とは、国会が活動をしている期間を指し、**常会・臨時会・特別会**の３種類があります。

- [ ] 臨時会は、**内閣が召集を決定**しますが、いずれかの議院の総議員の４分の１以上の召集の要求があった場合、内閣は召集を決定しなければならなくなります。

- [ ] 衆議院の**解散後の総選挙の日から30日以内**に召集される国会を**特別会**といいます。

- [ ] 会期不継続の原則とは、その**会期中に議決されなかった議案は後会**（次の会期）**に継続されない**という原則であり、**国会法に規定**されています。

- [ ] 参議院の緊急集会は、衆議院が解散されている間に国に緊急の必要が生じた場合に**内閣の要求**によって開かれます。

- [ ] 緊急集会でとられた措置は、次の国会（特別会）開会後10日以内に衆議院の同意がないと**将来に向かって効力を失います**。

- [ ] 国会の審議において最低限必要な出席者の数（定足数）は、**総議員の３分の１**です。

- [ ] 両議院の本会議は、公開されるのが原則ですが、**出席議員の３分の２以上**の多数で議決した場合には、**秘密会**を開くことができます。

第2編 第1章 国会

第3節 ○×スピードチェック

01 内閣総理大臣は、国会の臨時会の召集を決定することができる。また、いずれかの議院の総議員の４分の１以上の要求があれば、内閣総理大臣は、その召集を決定しなければならない。　国家一般職2006

× 「内閣総理大臣」ではなく「内閣」が臨時会の召集を決定します。

---

02 常会、臨時会及び特別会の会期は、両議院一致の議決で延長することができるが、延長できる回数については、常会は２回までであり、臨時会及び特別会はそれぞれ１回とされている。　国家専門職2003

× 延長できる回数は常会は１回まで、臨時会及び特別会はそれぞれ２回までです。

---

03 国会の会期中に議決に至らなかった案件は、後会に継続しないが、例外的に議院の議決により特に付託された案件は、閉会中も審査することができ、閉会中に審査された議案は後会に継続する。　国家専門職2003改題

○

---

04 憲法は両議院の同時活動の原則を採用しており、衆議院が解散されたときは、参議院は同時に閉会となるが、参議院議員は、国に緊急の必要があるときは、参議院の緊急集会を求めることができる。　国家一般職2010

× 参議院議員（もしくは参議院）の側から求めることはできません。

---

05 参議院の緊急集会において採られた措置は、臨時のものであり、次の国会において衆議院の同意がない場合には、当該措置は将来に向かって効力を失うばかりではなく、過去に遡及して効力を失う。　特別区Ⅰ類2018

× 過去には遡及せず、将来に向かって効力を失います。

---

06 憲法は本会議の議事及び議決に必要な定足数を総議員の３分の１以上としているが、ここでいう「総議員」の意味について、両議院の先例は、現在の議員数ではなく、法定の議員数であると解している。

国家一般職2010

07 両議院の議事は、憲法に特別の定めのある場合を除いては、総議員の過半数でこれを決し、可否同数のときは、議長の決するところによる。

裁判所2005

「総議員」ではなく、「出席議員」です。

08 議会は原則として公開であるが、出席議員の３分の２以上の多数で議決したときは、秘密会を開くことができる。また、公開とは、傍聴の自由のみならず、報道の自由が認められることをいうと一般に解されている。

国家専門職2015

第4節 国会の権能と議院の権能

START! 本節で学習すること

本節では、国会の権能と議院の権能について学習します。
「国会の権能」とは、衆議院と参議院が統一意思を形成して物事を進めていく事項を指します。したがって、衆議院の優越事項と重なり合う事項が多く登場します。重ならない部分も「裁判所」「財政」「憲法改正」など他の項目で学習するものなので、ここではポイントだけ押さえておけば十分です。
ここでの学習の中心は、議院の権能です。議院の権能は、各議院が単独で行使できる権限を指します。どのような権限が認められているかをしっかりと覚えていきましょう。

1 国会の権能と議院の権能

権能とは、権限のことです。国会の権能は、両議院の意思により行使される事項であり、議院の権能は、各議院が単独で行使する事項を指します。

衆議院と参議院が意思を統一させて行使する権限

衆議院と参議院がそれぞれ単独で行使する権限

国会の権能	議院の権能
・憲法改正の発議 ・法律の制定 ・条約締結の承認 ・財政の監督 ・予算の議決 ・内閣総理大臣の指名 ・弾劾裁判所の設置	●議院の自律権 ・議員の資格争訟の裁判 ・役員の選任権 ・議員の逮捕の承諾・釈放要求権 ・議員の辞職の許可 ・議院規則制定権 ・議員懲罰権 ・議長の秩序維持権 ●国政調査権

いずれも国会の中で行われていることであり、大雑把に捉えれば国会の権限に該当しますが、それを**両議院の一致の意思により行使するか、各議院が単独で行使するか**で区別しています。

2 国会の権能

国会の権能の中で、法律の制定、条約締結の承認、予算の議決、内閣総理大臣の指名は、衆議院の優越事項と重なりますので、第1節で学習したことで足りるでしょう。また、財政の監督は第4章で学習します。ここでは、**憲法改正の発議、条約締結の承認、弾劾裁判所の設置**について、ポイントだけを押さえておきます。

板書 国会の権能のポイント

憲法改正の発議

発議（国民に提案する改正案を国会が決定すること）には**各議院の総議員の3分の2以上の賛成**が必要です。

条約締結の承認

条約の締結権は内閣が有しています。内閣が締結するつもりの条約案、もしくは締結してきた条約を承認するのが国会の権能になります。
原則として**事前**に国会の承認を経るべきですが、場合によっては、**事後**に国会の承認を経ることも可能です。 01

弾劾裁判所の設置

弾劾裁判所とは、裁判官を罷免するための裁判を行う裁判所です。国会に設置され、弾劾裁判所の裁判員は、両議院の議員で組織されます。

3 議院の権能

1 議院の自律権

議院の自律権とは、各議院が、他の国家機関（内閣・裁判所）や他の議院からの干渉を受けずに、その組織や運営について自主的に決定することができる権能をいいます。

❶ 議員の資格争訟の裁判

憲法55条
両議院は、各々その議員の資格に関する争訟を裁判する。但し、議員の議席を失はせるには、出席議員の３分の２以上の多数による議決を必要とする。

議員の資格争訟の裁判とは、議員に当選した者が、❶被選挙権を有していたか、❷兼職を禁じられた公職に就いていないか、について疑義が生じた場合に、その議員の所属する議院で行われる裁判です。

この裁判で議員の議席を失わせるには、**出席議員の３分の２以上**の多数による議決が必要です。 02

この裁判は、議院の自律性を尊重するために設けられたものです。したがって、この裁判により議員資格を失うこととなった者に不服があっても、**司法裁判所に訴えを起こすことはできない**、と考えられています。 03

❷ 議院規則制定権

憲法58条
② 両議院は、各々その会議その他の手続及び内部の規律に関する規則を定め、又、院内の秩序をみだした議員を懲罰することができる。

各議院は、❶会議その他の手続、❷内部の規律に関する規則を定めることができます（**議院規則制定権**）。これは**国会中心立法の原則の例外**として位置づけられる規定です。

❸ 議員懲罰権

憲法58条
② …又、院内の秩序をみだした議員を懲罰することができる。但し、議員を除名するには、出席議員の３分の２以上の多数による議決を必要とする。

各議院は、院内の秩序を乱した議員を懲罰することができます（**議員懲罰権**）。

懲罰の種類として、❶戒告、❷陳謝、❸一定期間の登院停止、❹除名の４つが国会法に定められています。除名は議員の身分を失う処分です。

その除名を行うためには、**出席議員の３分の２以上**の多数による議決が必要です。 04

なお、「秩序をみだした」とは、正当な理由なく会議に出席しない、暴言を吐くなどの議事の運営に関する行為を指し、**会議の運営と無関係に行われた議場外の個人的な行為などは対象となりません**。 05

懲罰に不服があっても、自律権に属する行為として、**司法裁判所の審査権は及ばない**、と考えられています。

2 国政調査権

憲法62条
両議院は、各々国政に関する調査を行ひ、これに関して、証人の出頭及び証言並びに記録の提出を要求することができる。

❶ 国政調査権とは

国政調査権とは、両議院が国政に関する調査を行い、証人の出頭・証言や記録の提出を求める権限をいいます。 06

その手段として、**強制力を有する捜索・押収などの手段によることは認められていません**。 07

❷ 国政調査権の法的性質

国政調査権の法的性質も問題になります。

国政調査権の法的性質は、「国会は国権の最高機関」であるとする41条と関連づけて論じられています。

「国権の最高機関」を法的意味のない単なる褒め言葉（政治的美称）と捉える立場では、国政調査権は議院の本来の権能（立法権限等）を補助するための権能と考えます（**補助的権能説**）。

一方、「国権の最高機関」を国政を統括し調整する地位（統括機関）にあることを意味する言葉と捉える立場では、国政調査権は、国会が国権を統括するための独立の権能であると考えます（**統括機関説**）。 08

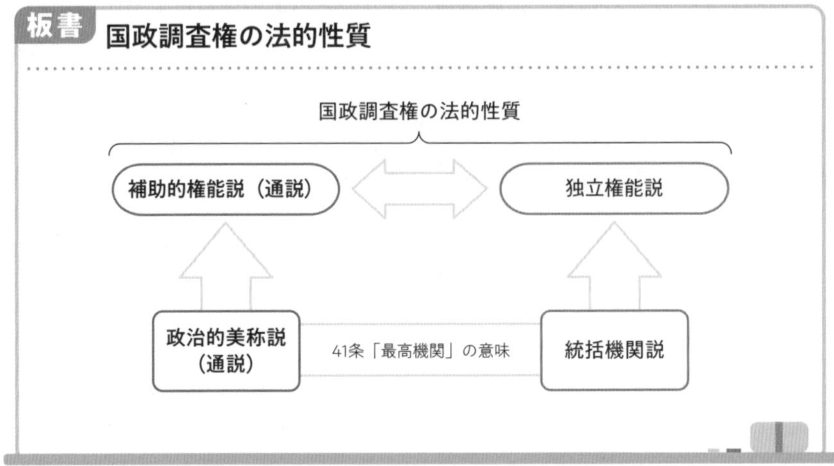

通説は、補助的権能説ですが、補助的権能（本来議院が有している権能が及ぶ範囲に限られる）と理解したとしても、**議院（国会）の権能は広範なので、国政全般に及ぶ**ことにはなります。 09

しかし、他の憲法原理（例：三権分立、司法権の独立、国民の人権保障）に反する行使は許されないと考えられています。

❸ 司法権との関係

司法権の独立の観点から**裁判官の活動に事実上重大な影響を及ぼすような調査**はできません。

例えば裁判官の訴訟指揮や裁判内容の妥当性に対する調査は裁判中も**裁判後も許されません。** 10

ただし、行政監督目的等議院の本来の権能を行使するために裁判所と異なる目的で調査が行われる場合には、**裁判中の並行調査も可能**です。 11

❹ 検察権との関係

国会は行政権を監督する必要があり、行政権全般が国政調査の対象となります。検察の事務は、行政権に属しています（検察庁は法務省の特別の機関として置かれています）ので、国政調査の対象となります。しかし、**起訴・不起訴**

の判断につき政治的圧力を加える調査、捜査の続行に重大な支障をきたす調査はできません。

その理由は、起訴・不起訴の判断権を有する検察は刑事裁判と密接に関連しており、裁判の公正確保の観点から司法権と同様の配慮が必要と考えられているからです。

ここが重要！

第4節 国会の権能と議院の権能

- [ ] 議員の資格争訟の裁判において、議員の議席を失わせるためには、**出席議員の3分の2**以上の多数による議決を必要とします。
- [ ] 各議院は、会議その他の手続、内部の規律に関する規則を制定することができます。この**議院規則制定権**は、国会中心立法の原則の例外です。
- [ ] 各議院は院内の秩序を乱した議員を懲罰できますが、懲罰の種類としては、**戒告**、**陳謝**、**一定期間の登院停止**、**除名**の４種類があります。
- [ ] 懲罰の一つである除名は議員の身分を失わせる処分であり、**出席議員の3分の2**以上の多数による議決が必要です。
- [ ] 各議院には、国政に関する調査権が認められており、証人の出頭、証言、記録の提出を求めることができますが、その手段として**捜索・押収などの強制的な手段は行使できません**。
- [ ] 国政調査権は、立法する権限等、**議院の本来の権能を補助するための権能**と考えるのが通説です。
- [ ] 司法権の独立の観点から、裁判内容（判決）の当否に関する調査など**裁判官の活動に支障を生じさせるような調査はできない**とされています。

第4節 ○×スピードチェック

01 条約の締結は、内閣の職務として憲法上規定されているが、必ず事後に国会の承認を経ることが必要である。 国家専門職2018

× 事前もしくは事後に国会の承認を経ることが必要です。

02 両議院は、各々その議員の資格に関する争訟を裁判することができるが、この争訟の「裁判」は、憲法第76条の例外であって、司法裁判所の管轄外とされているため、議員の資格を失わせるには、特に厳格な手続が求められており、総議員の３分の２以上の多数による議決が必要である。 国家専門職2016

× 「総議員」ではなく「出席議員」が正しいです。

03 両議院は、それぞれその議員の資格に関する争訟を裁判するが、議員は、その裁判に不服がある場合には、司法裁判所に救済を求めて出訴することができる。 特別区Ⅰ類2006

× 司法裁判所に救済を求めて出訴することができません。

04 両議院は、それぞれ院内の秩序をみだした議員を懲罰することができるが、議員を除名するには、所属議院の総議員の３分の２以上の多数による議決を必要とする。 特別区Ⅰ類2006

× 「総議員」ではなく「出席議員」が正しいです。

05 両議院は、議場外の行為で会議の運営と関係のない個人的行為を事由として、それぞれその議員を懲罰することができる。 特別区Ⅰ類2002

× 議場外の行為で会議の運営と関係のない個人的行為は懲罰の対象となりません。

06 両議院は、各々国政に関する調査を行い、これに関して、証人の出頭及び証言並びに記録の提出を要求することができる。 国家専門職2018

○

07 国政調査権は、その行使に当たって、証人の出頭及び証言並びに記録の提出の要求のほか、住居侵入、捜索、押収も強制力を有する手段として認められている。　特別区Ⅰ類2017

✕ 「住居侵入、捜索、押収などの強制力を有する手段」は認められていません。

08 各議院の持つ国政調査権は、憲法第41条によって国会が唯一の立法機関であると定められたことに基づき、憲法の他の条項によって各議院に与えられた諸権能とは独立した権能であると解される。

国家一般職2004

✕ 通説は独立した権能ではなく、補助的権能と考えています。

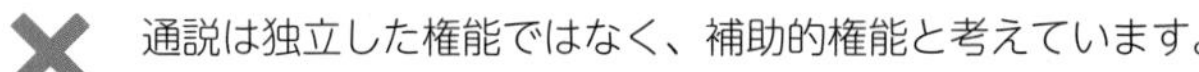

09 国政調査権の性質につき、議院に与えられた権能を実効的に行使するために認められた補助的権能であるという見解をとった場合でも、国政に関連のない純粋に私的な事項を除き、国政のほぼ全体が調査の対象となる。　裁判所2004

10 裁判所で係争された事件については、判決確定後であれば、議院が裁判内容の当否を調査し批判することや、その事件を再審理するような方法で調査することが認められている。　特別区Ⅰ類2005

✕ 判決確定後であっても認められません。

11 裁判所で審理中の事件の事実について、国政調査権により議院が裁判所と並行して調査をすることは、たとえ裁判所と異なる目的であっても、司法権の独立を侵害し、国政調査権の範囲を逸脱するものとなる。

国家専門職2006

✕ 裁判所と異なる目的であれば国政調査権の範囲を逸脱するものとはなりません。

第2編

統治機構

第2章

内閣

第1節 内閣の組織と権能

START! 本節で学習すること

本節ではまず、内閣がどのように構成される組織かについて学習します。議院内閣制についても理解する必要があります。同時に、衆議院の解散についても押さえていきましょう。
次に、内閣の有する権能について学習します。内閣の権能を列挙している73条を中心に内閣がどのような権限を持っているかを覚えていきましょう。

1 内閣の組織

1 行政権とは

憲法65条
行政権は、内閣に属する。

本条は、**内閣が行政権を担っている**ことを示していますが、ここで「行政権」とは、どのような権限を指すのでしょうか？

行政は多様な内容を含む概念であり、明確な定義づけは難しいことから、行政とは**国家作用の中から立法作用と司法作用を除いた残りの作用**をいうと考えられています。

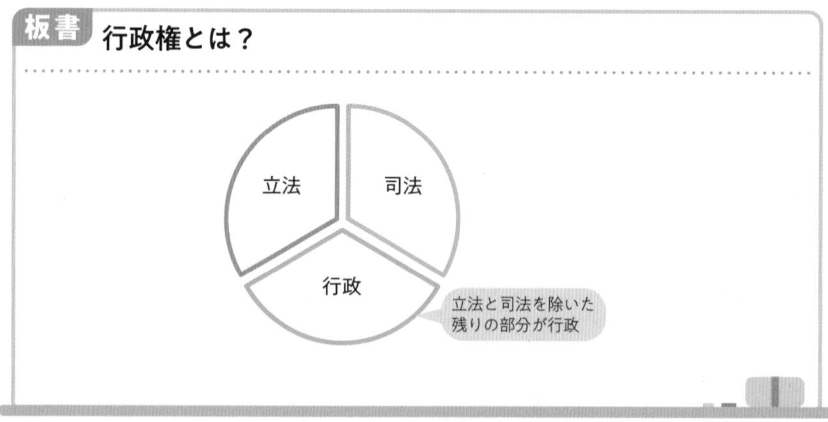

プラスone 65条との関係で問題となり得るものに**独立行政委員会**があります。独立行政委員会とは、内閣から独立して職権を行使する合議制の行政機関を指し、**人事院**、**公正取引委員会**などがその例です。
独立行政委員会は、高度の政治的中立性や専門的・技術的能力が要求される行政分野において、内閣から独立して任務に当たれるように設けられた機関なので、内閣には指揮監督権がないとされています。
そのため、「行政権は内閣に属する」とする65条に反するのではないかが問題となります。
しかし、結論として合憲とすることにほぼ争いはありません。その理由としては、65条が内閣に属しない行政機関の存在も容認していると解されること、独立行政委員会も最終的に国会による直接のコントロールが及ぶものとなっていること等が挙げられています。

2 内閣の構成

憲法66条
① 内閣は、法律の定めるところにより、その首長たる内閣総理大臣及びその他の国務大臣でこれを組織する。
② 内閣総理大臣その他の国務大臣は、文民でなければならない。

憲法67条
① 内閣総理大臣は、国会議員の中から国会の議決で、これを指名する。この指名は、他のすべての案件に先だつて、これを行ふ。

憲法68条
① 内閣総理大臣は、国務大臣を任命する。但し、その過半数は、国会議員の中から選ばれなければならない。

❶ 内閣の構成

内閣は、**内閣総理大臣と国務大臣で構成される合議体**です。

内閣総理大臣には内閣の首長としての地位と権能が与えられており、内閣総理大臣は、国務大臣の任命権を持っています。

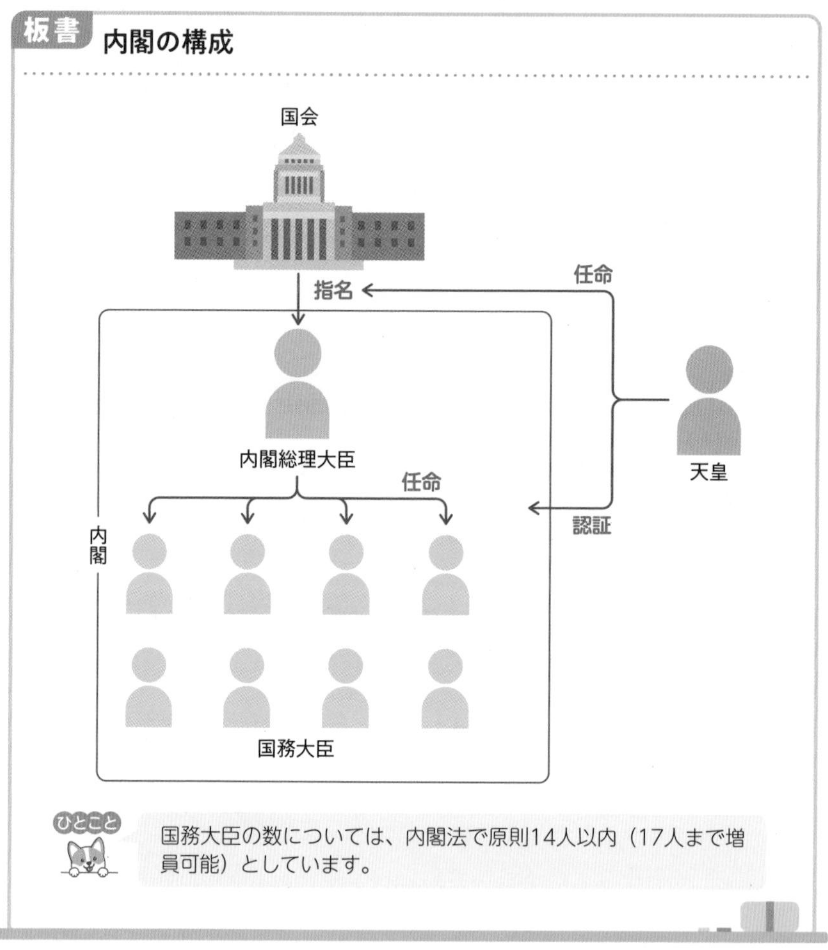

❷ 内閣構成員の資格

内閣総理大臣および国務大臣の双方とも、**文民**(ぶんみん)である必要があります。また、**内閣総理大臣は必ず国会議員である必要があります**が、**国務大臣はその過半数を国会議員から選べばよい**ことになっています。

内閣総理大臣は国会議員である必要がありますが、国会議員であればよいので**参議院議員でも内閣総理大臣になることは憲法上、法律上は可能**です（ただし、現時点では参議院議員が内閣総理大臣となった例はありません）。

語句 **文民**／一般には「**軍人ではない人**」を指す言葉です。日本国憲法の「文民」の意味については、政府見解によると、①旧帝国陸海軍の職業軍人の経歴を有し軍国主義に染まった者および②現在自衛官の職にある者、双方に該当しない者を指すとされています。

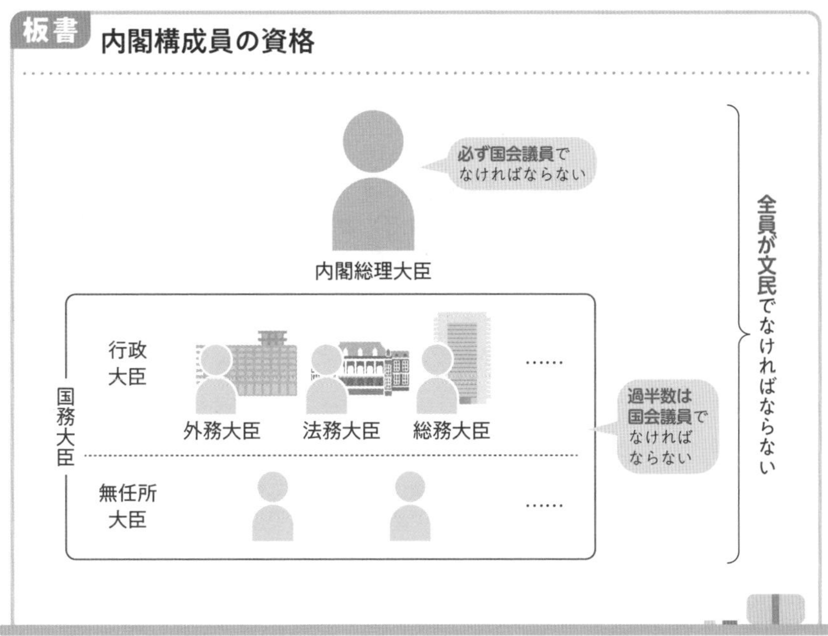

行政大臣／ある特定の行政事務を分担管理する大臣のこと（財務省を担当⇒財務大臣、外務省を担当⇒外務大臣）で、憲法の規定では、「主任の国務大臣」という言葉で表現されています。

無任所大臣／担当する行政事務を持たない大臣をいい、無任所大臣を内閣に置くことも認められています。

ひとこと

国会議員であることは、内閣総理大臣の場合は在職するために必要な要件になりますが、**国務大臣は必ずしも国会議員であることは要しない**ため、国会議員であることは、国務大臣に在職するための要件ではありません。

2 議院内閣制

憲法66条

③　内閣は、行政権の行使について、国会に対し連帯して責任を負ふ。

1 議院内閣制と大統領制

本条は、日本国憲法が**議院内閣制**を採っていることを表している条文とされています。議院内閣制とは、**政府（行政府）が議会（立法府）に対して責任を負う**政治体制のことをいいます。

「議会に対して責任を負う」とは、その**存立が議会に依存していること**を指しており、議会の信任を失うと存続できないこと（辞めなくてはいけなくなること）を意味しています。

議院内閣制と対置されるのが**大統領制**です。アメリカ合衆国がその典型的な国ですが、大統領は国民によって選出されるため、責任を負うのも国民に対してであって、議会ではないと考えられています。

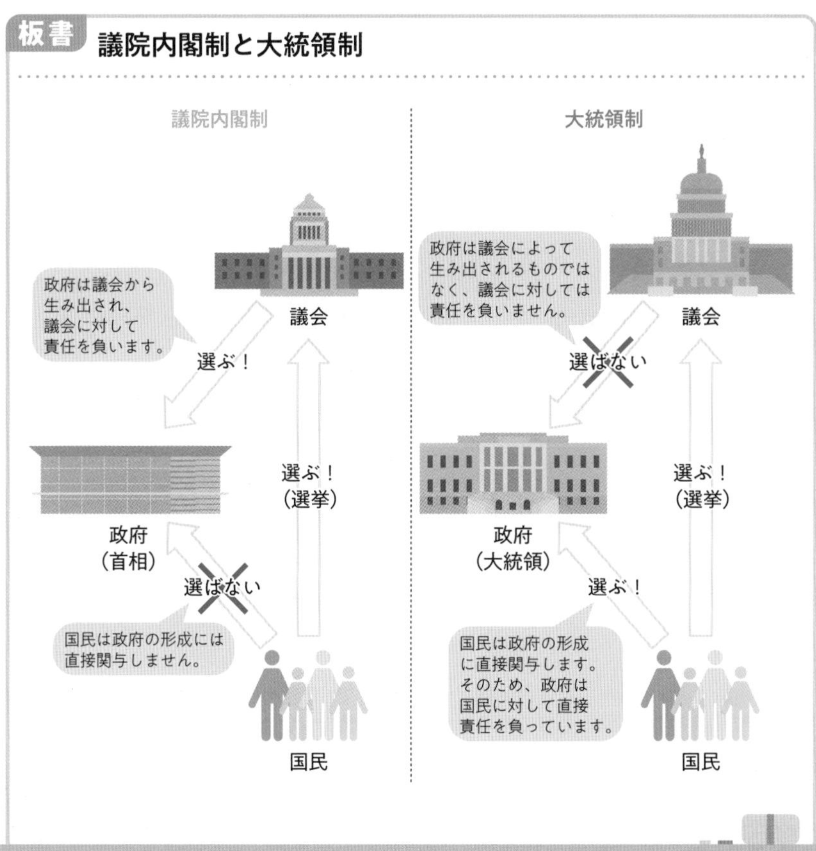
板書
議院内閣制と大統領制
議院内閣制
議会
政府は議会から
生み出され、
議会に対して
責任を負います。
選ぶ！
政府
（首相）
選ぶ！
（選挙）
選ばない
国民は政府の形成には
直接関与しません。
国民
大統領制
政府は議会によって
生み出されるものでは
なく、議会に対しては
責任を負いません。
議会
選ばない
政府
（大統領）
選ぶ！
（選挙）
選ぶ！
国民は政府の形成
に直接関与します。
そのため、政府は
国民に対して直接
責任を負っています。
国民

2 憲法上の表れ

憲法の中で議院内閣制を採っていることを表しているのは次の条文です。

板書 議院内閣制の表れと考えられる規定

①議会に対する責任

「内閣は、行政権の行使について、国会に対し連帯して責任を負ふ。」(66条3項)

政府が議会に対して責任を負っていることを宣言しており、
議院内閣制が最も表れている条文といえます。

ひとこと

連帯責任を負うとされていますが、これは大臣が個人としての責任を負わないとするものではないので、**大臣が単独で責任追及をされることもあります。**したがって、特定の大臣に対する不信任決議を行うことはできます。しかし、これは**政治的責任の追及にとどまり、辞職をさせる効果はありません。**

01

②不信任決議

「内閣は、衆議院で不信任の決議案を可決し、又は信任の決議案を否決したときは、10日以内に衆議院が解散されない限り、総辞職をしなければならない。」(69条)

不信任決議は、議会が政府に対して責任を追及する方法です。

③政府と議会の協働関係

「内閣総理大臣は、国会議員の中から国会の議決で、これを指名する。この指名は、他のすべての案件に先だつて、これを行ふ。」(67条1項)

「(国務大臣)の過半数は、国会議員の中から選ばれなければならない。」(68条1項但書)

「内閣総理大臣その他の国務大臣は、両議院の一に議席を有すると有しないとにかかはらず、何時でも議案について発言するため議院に出席することができる。又、答弁又は説明のため出席を求められたときは、出席しなければならない。」(63条)

これらは大統領制のような完全な分離は図られていないことを表しており、
政府と議会の協働関係を重視する議院内閣制の表れといえます。
最後の63条は、内閣総理大臣、国務大臣に議院へ出席する権利および義務を定めた規定です。

02

3 内閣不信任決議と衆議院の解散

憲法69条
内閣は、衆議院で不信任の決議案を可決し、又は信任の決議案を否決したときは、10日以内に衆議院が解散されない限り、総辞職をしなければならない。

第1章第1節の「衆議院の優越」で学習したように、衆議院には内閣を総辞職に追い込む法的効力のある内閣不信任の決議権が認められています。69条はそのことを規定した条文です。 O3

1 内閣不信任決議

衆議院が不信任決議案を可決し、または信任決議案を否決した場合、内閣は、10日以内に**衆議院を解散するか、解散せずに総辞職をするか**、を選択する必要があります。

参議院も決議自体は行えます。しかし、それは問責決議（政治的な責任を問うだけの決議）として、内閣に対する法的な効力は生じないとされています。**参議院で問責決議がされたとしても、内閣は総辞職することにはなりません。**

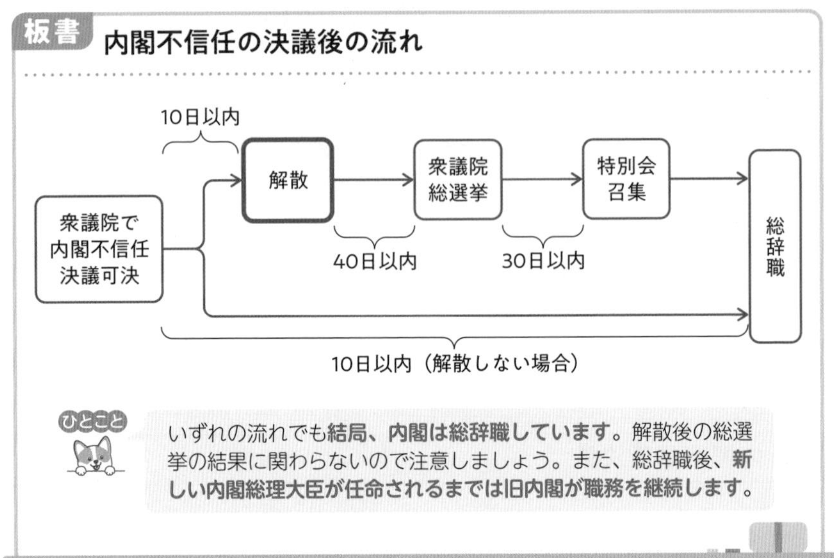

2　衆議院の解散

解散がされると、衆議院議員は**解散と同時に議員としての身分を失います**。

04

69条の場合（衆議院で内閣不信任決議が可決された場合）に、解散ができるのは条文から明らかです。では、それ以外のケースでは解散はできないのでしょうか？

内閣が解散ができるのは**69条の場合に限定されない**と考えられています（69条非限定説）。69条の場合以外における内閣の解散権の根拠をどこに置くかについては、複数の立場がありますが、天皇の国事行為を定めた７条３号に根拠を置くのが通説的立場です。

05

憲法７条

天皇は、内閣の助言と承認により、国民のために、左の国事に関する行為を行ふ。

三　衆議院を解散すること。

内閣の解散権の根拠について、上記のとおり通説は７条３号としていますが、**判例はこれを明示していません。**

板書 内閣の解散権

○ 69条非限定説	⇔	69条限定説 ×
解散は憲法69条の場合に限られない。したがって、衆議院で内閣不信任案が可決（信任案が否決）された場合でなくとも、内閣は解散できる。		解散は憲法69条の場合に限られる。したがって、衆議院で内閣不信任案が可決（信任案が否決）された場合でない限り、内閣は解散できない。

解散権の根拠は69条以外の場合にどこにある？

7条3号説

天皇が国事行為として行う「衆議院の解散」（7条3号）への助言と承認を通じて、内閣が実質的に解散を決定している。

他にも65条を根拠とする立場（65条説）や議院内閣制等の制度を根拠とする立場（制度説）があります。

ひとこと

衆議院自身が自ら解散を決定することを認める立場（自律解散説）もありますが、少数説であり、通説は否定しています。

なお、69条非限定説に立った場合でも、69条以外の場合（衆議院で内閣不信任案が可決されていない場合）に解散できるのは、次のようなケースに限定されると考えられています。

① 衆議院で内閣の重要案件が否決され、または審議未了となった場合
② 新たな政治的課題が生じた場合や内閣が基本政策を変更する場合
③ 政界の再編により内閣の性格が基本的に変更された場合
④ 衆議院議員の任期の満了時期が近づいている場合

4 内閣の権能

1 73条に列挙された事項

憲法73条

内閣は、他の一般行政事務の外、左の事務を行ふ。

一 法律を誠実に執行し、国務を総理すること。

二 外交関係を処理すること。

三 **条約を締結すること。但し、事前に、時宜によつては事後に、国会の承認を経ることを必要とする。** よく出る！フレーズ

四 法律の定める基準に従ひ、官吏に関する事務を掌理すること。

五 **予算を作成して国会に提出すること。**

六 **この憲法及び法律の規定を実施するために、政令を制定すること。但し、政令には、特にその法律の委任がある場合を除いては、罰則を設けることができない。** よく出る！フレーズ

七 大赦、特赦、減刑、刑の執行の免除及び復権を決定すること。

73条は、内閣の権能を列挙した条文です。極力全部覚えておきたいですが、特に重要なのは、3号・5号・6号です。

なお、内閣の権能につき意思決定を行う場合には、内閣の会議である「**閣議**」による必要があります。閣議は内閣総理大臣の主宰で行われ、その意思決定は、**全員一致が慣例として定着**しています。

閣議における全員一致という意思決定方式については、**憲法上も法律上も明文の規定はありません。**

73条で列挙された内閣の権能のポイント

●法律の誠実な執行と国務の総理

・たとえ憲法上疑義があると内閣が考える法律でも、最高裁判所が違憲と判断しない限り、**内閣は法律の執行を拒否することはできません。**
・一方、最高裁判所が違憲と判断した場合、内閣は、その法律を執行する義務がなくなります。

「国務の総理」という表現から内閣総理大臣の権限と誤解しがちなので注意しましょう。**「内閣」の権限です。**

●条約締結権

・条約の締結権は内閣が有していますが、国会の承認が必要です。
・この承認は、原則として事前に経るべきですが、**場合によっては事後に経ることも可能**です。 06

●官吏に関する事務の掌理

・この場合の「官吏」とは、行政府の国家公務員を指します。
・**国会や裁判所の職員、地方公務員などは含みません。**

●予算の作成提出権

・予算の作成提出権は、内閣のみが有しています。
・**国会議員には予算の作成提出権がありません。**

●政令制定権

・憲法、法律の規定を実施するために、内閣は政令を制定することができます。
・ただし、政令に**罰則を設けるには、特に法律による委任が必要**です。
・委任があれば、罰則も政令（命令）で定めることが可能です。 07

政令／行政機関が制定するルールを命令といい、その中でも内閣が定める命令を政令といいます。

●恩赦の決定

・内閣が恩赦の決定を行い、天皇が認証します。

第2編 第2章 内閣

内閣の政令制定権については、国会中心立法の原則に反しないようにするために「●●については政令に定める」という**個別具体的な委任を法律で規定しておく**必要があります。法律による委任がないまま定める独立命令は許されていません。
例えば、道路交通法で「信号機の表示する信号の意味その他信号機について必要な事項は、政令で定める」という規定を置き、その委任を受ける形で、道路交通法施行令という政令に、信号の意味についての規定（「赤色の灯火－車両等は停止位置を越えて進行してはならないこと」等）を置いているのがその例です。 08

2 その他の内閣の権能

国会との関係では、①**臨時会の召集の決定**、②**参議院の緊急集会の要求**も内閣の権能です。

裁判所との関係では、内閣は裁判官の人事に関する権限を有しています。まず、**最高裁判所の長官**（長たる裁判官）は、**内閣が指名**します（その後、**天皇が任命**）。また、長官以外の**最高裁判所の裁判官**は、**内閣が任命**します（その後、**天皇が認証**）。さらに、**下級裁判所の裁判官**は、（最高裁判所の指名した者の名簿に基づき）**内閣が任命**します。

この部分は、第３章第２節の板書「裁判官の選任関係の整理」を参照してみてください。

天皇との関係では、天皇の国事行為に対する助言と承認があります。

5 内閣の総辞職

憲法69条
内閣は、衆議院で不信任の決議案を可決し、又は信任の決議案を否決したときは、10日以内に衆議院が解散されない限り、総辞職をしなければならない。

憲法70条
内閣総理大臣が欠けたとき、又は衆議院議員総選挙の後に初めて国会の召集があつたときは、内閣は、総辞職をしなければならない。

総辞職とは、内閣総理大臣と国務大臣全員が一体的にかつ同時に辞職することです。

内閣は、その意思により自発的に総辞職することも可能ですが、その意思にかかわらず総辞職しなければならない場合があります。 09

板書 内閣が総辞職しなければならない場合

① 衆議院の内閣不信任決議案が可決された場合（又は内閣信任決議案が否決された場合）において、10日以内に衆議院が解散されないとき 03

②内閣総理大臣が欠けたとき
「欠けたとき」には、死亡、辞職、失職は含みますが、病気、生死不明、事故は含みません。

③衆議院議員総選挙の後に初めて国会の召集があったとき 10
総辞職に至るのは、「衆議院」の選挙後だけであって、「参議院」の選挙後は総辞職する必要はありません。

総理大臣の**病気や一時的な生死不明**の場合は、臨時代理を置いて対応するので、内閣が**総辞職する必要はありません**。

第1節 内閣の組織と権能

- [ ] 行政とは国家作用の中から**立法作用と司法作用を除いた残りの作用**をいうと考えられています。
- [ ] 内閣は、**内閣総理大臣と国務大臣**で構成される合議体です。
- [ ] 内閣総理大臣および国務大臣の双方とも、**文民**である必要があります。
- [ ] 内閣総理大臣は**必ず国会議員**である必要がありますが、国務大臣はその**過半数を国会議員から選べばよい**ことになっています。
- [ ] 日本国憲法は**議院内閣制**を採用しています。議院内閣制とは、政府（行政府）が議会（立法府）に対して責任を負う政治体制のことをいいます。
- [ ] 衆議院で内閣不信任決議案を可決し、または内閣信任決議案を否決した場合、内閣は、**10日以内に衆議院を解散**するか、**解散せずに総辞職**をするか、を選択する必要があります。
- [ ] 参議院も内閣に対する不信任の決議自体は行えますが、それは政治的な責任を問うだけの決議であり、内閣に対する**法的な効力は生じません**。
- [ ] 憲法・法律の規定を実施するために、内閣は、政令を制定することができます。ただし、**政令に罰則を設けるには、特に法律による委任が必要**です。

第1節 ○×スピードチェック

01 内閣は国会に対し連帯して責任を負うものとされているが、衆議院又は参議院が、個別の国務大臣に対し、その所管事項又は個人的理由に関して責任を問うために不信任決議を行うことまで否定するものではなく、かかる決議が可決された場合には、当該国務大臣は辞職しなければならない。 国家専門職2001

× 国務大臣を辞職させる効果はありません。

02 日本国憲法においては、議院内閣制を採用している旨の明文はないものの、内閣の連帯責任の原則（第66条第３項）、内閣不信任決議権（第69条）及び内閣総理大臣による行政各部の指揮監督権（第72条）の規定はいずれも、日本国憲法が議院内閣制を採用している根拠であると一般に解されている。 国家専門職2015

× 「内閣総理大臣による行政各部の指揮監督権（第72条）」の規定は、根拠とは一般には解されていません。

03 内閣は、国会に対し責任を負うとされているが、各議院が個別的に内閣に対して責任を追及することを排除する趣旨ではなく、例えば、内閣に対して、総辞職か議院の解散かの二者択一を迫る決議案は、衆議院及び参議院のいずれにおいても提出することができる。 国家一般職2015

× 参議院では提出することはできません。

04 衆議院が解散された場合であっても、衆議院議員は、次の国会が召集されるまで、議員としての身分を失わない。 特別区Ⅰ類2006

× 解散と同時に議員としての身分を失います。

05 衆議院の解散は、内閣の助言と承認によって天皇が行う国事行為であり、解散を実質的に決定する権限は天皇にある。

特別区Ⅰ類2006

× 解散を実質的に決定する権限は「内閣」にあります。

06 内閣の行う事務としては、他の一般行政事務のほか、外交関係を処理すること、条約を締結すること等がある。ただし、条約の締結に当たっては、事前に、場合によっては事後に、国会の承認を経ることが必要である。 国家専門職2008

〇

07 内閣は法律を執行するために必要な細則である執行命令のみならず、法律の個別的・具体的な委任に基づく委任命令も制定することができる。

国家専門職2012

〇

08 極めて高度に専門的・技術的な分野及び事情の変化に即応して機敏に適応することを要する分野に関しては、法律の委任がなくとも、内閣は、政令で罰則を定めることができる。 国家専門職2012

× 法律の委任がなければ、罰則を定めることはできません。

09 内閣は、自発的に総辞職することは許されないが、衆議院で不信任の決議案を可決し、又は信任の決議案を否決し、10日以内に衆議院が解散されない場合、必ず総辞職しなければならない。 国家専門職2015

× 自発的に総辞職することも許されます。

10 憲法70条は、内閣総理大臣が欠けたときは内閣は総辞職しなければならないと規定しているところ、「内閣総理大臣が欠けたとき」とは、死亡、失踪、亡命などがこれに含まれるが、国会議員の地位を失った場合は含まれない。 裁判所2013

× 国会議員の地位を失った場合も含まれます。

第2節 内閣総理大臣の権限

START! 本節で学習すること

本節では、内閣総理大臣に憲法上与えられている権限について学習します。
重要なのは、①国務大臣の任免権と②国務大臣の訴追に対する同意権です。特に①が頻出事項になっています。判例が1つだけ登場します。内閣分野で学習すべき唯一の判例です。

1 国務大臣の任免権

憲法68条
① 内閣総理大臣は、国務大臣を任命する。但し、その過半数は、国会議員の中から選ばれなければならない。
② 内閣総理大臣は、任意に国務大臣を罷免することができる。

日本国憲法においては、内閣総理大臣を首長と位置づけ、内閣の一体性と統一性を確保するために、強い権限を与えています。その表れが、この国務大臣の任免権です。

明治憲法下では、内閣総理大臣は同輩中の首席にすぎず、軍国主義化を招いた反省から、内閣総理大臣に「首長」としての**強いリーダーシップ**を発揮できるようにしました。

内閣総理大臣には、**国務大臣を任命し、任意に罷免する権限**が与えられています。 01 02 03

国務大臣の任免は内閣総理大臣の専権事項であるとされ、**自分の判断のみで決定ができる**と考えられています。したがって、国務大臣の任免について、**閣議にかける必要はありません**。また、国会の承認等を得るなど国会の意向を考慮する必要もありません。ただし、任免について**天皇の認証が必要**です。 04

2 内閣の代表

憲法72条
　内閣総理大臣は、内閣を代表して議案を国会に提出し、一般国務及び外交関係について国会に報告し、並びに行政各部を指揮監督する。

　本条では、①内閣を代表して議案を国会に提出すること、②内閣を代表して一般国務及び外交関係について国会に報告すること、③内閣を代表して行政各部を指揮監督することの３つを内閣総理大臣の権限として挙げています。

　本条の「行政各部を指揮監督すること」の意味が争われた判例を紹介しましょう。

最高裁にきいてみよう！　ロッキード事件

　総理大臣が、航空会社に特定のメーカーの航空機を購入するように勧めるよう運輸大臣に対して働きかけをする職務権限の有無が争点となった事件です。

Q 内閣総理大臣は行政各部に対して指揮監督する職務権限がありますか？

A 内閣の明示の意思に反しない限り、あります。

内閣総理大臣が行政各部に対し指揮監督権を行使するためには、閣議にかけて決定した方針が存在することを要するが、**閣議にかけて決定した方針が存在しない場合においても**（よく出る！フレーズ）、内閣総理大臣の右のような地位及び権限に照らすと、流動的で多様な行政需要に遅滞なく対応するため、内閣総理大臣は、少なくとも、内閣の明示の意思に反しない限り、行政各部に対し、随時、その所掌事務について一定の方向で処理するよう**指導、助言等の指示を与える権限を有する**（よく出る！フレーズ）ものと解するのが相当である。

05

3 国務大臣の訴追に対する同意

憲法75条
　国務大臣は、その在任中、内閣総理大臣の同意がなければ、訴追されない。但し、これがため、訴追の権利は、害されない。

　国務大臣は、その在任中は、内閣総理大臣の同意がなければ訴追（起訴）されません。もし同意が得られなければ、検察官は有効に公訴（起訴）を提起することができないとされています。

国会議員の不逮捕特権と異なり、**国会の会期中であるか否かは関係ありません。** 06

同意がないために訴追（起訴）できない場合、起訴の前提となる逮捕・勾留もできないと考えられています。

国会議員は、不逮捕特権が及ぶ場合であっても、起訴（在宅起訴）は可能であったことに注意して下さい。

なお、但書は、訴追（起訴）について内閣総理大臣の同意がない場合には、時効の進行は停止することを意味しています。したがって、国務大臣を退職するとともに訴追（起訴）することは可能になります。 07

4 法律・政令への連署

憲法74条
　法律及び政令には、すべて主任の国務大臣が署名し、内閣総理大臣が連署することを必要とする。

法律と政令は、主任の国務大臣（担当の省庁の大臣のこと）が署名し、内閣総理大臣が連署（他の署名に連ねて署名すること）をする必要があります。 08

ただし、主任の大臣の署名や内閣総理大臣の連署を欠いた法律・政令であっても、その効力に影響はないとされています。したがって、**署名や連署を欠いた法律・政令も有効に成立している**ことになります。

内閣総理大臣が主任の大臣となっている機関（内閣府等）については、**内閣総理大臣が主任の大臣として署名します。**

第2節 内閣総理大臣の権限

- □ 内閣総理大臣には、**国務大臣を任命し、任意に罷免する権限**が与えられています。
- □ 国務大臣の任免は、内閣総理大臣の専権事項であり、**閣議にかける必要はありません。**
- □ 内閣総理大臣は、少なくとも、内閣の明示の意思に反しない限り、行政各部に対し、随時、その**所掌事務について一定の方向で処理するよう指導、助言等の指示を与える権限を有する**とするのが判例です。
- □ 国務大臣は、その在任中は、**内閣総理大臣の同意**がなければ訴追（起訴）されません。
- □ 国務大臣の訴追に対して、内閣総理大臣の同意がないために訴追（起訴）できない場合、**起訴の前提となる逮捕・勾留もできない**と考えられています。
- □ 法律と政令は、主任の国務大臣が署名し、内閣総理大臣が連署をする必要がありますが、**主任の大臣の署名や内閣総理大臣の連署を欠いた法律・政令であっても、その効力に影響はない**とされています。

第2節　○×スピードチェック

01 明治憲法においては、内閣についての規定がなく、また内閣総理大臣は同輩中の首席にすぎなかった。一方、日本国憲法においては、内閣に行政権の主体としての地位を認めており、また内閣総理大臣に首長としての地位と権能を与え、内閣総理大臣は任意に国務大臣を罷免することができる。　国家専門職2015

○

02 国務大臣の任免権は内閣に属する。　国家専門職2014

× 「内閣」ではなく、「内閣総理大臣」に属します。

03 内閣総理大臣は、やむを得ない事由があるときに限り、国務大臣を罷免することができる。　裁判所2011

× やむを得ない事由があるときに限られません。

04 国務大臣の罷免を天皇が認証するには、「内閣の助言と承認」によらなければならないことから、憲法上、国務大臣の罷免は閣議によることと規定されている。　裁判所2008

× 内閣総理大臣は自分の判断のみで国務大臣を罷免することができます。

05 内閣総理大臣が行政各部に対し指揮監督権を行使するためには、閣議にかけて決定した方針が存在することが必要であるから、これが存在しない場合に、内閣の明示の意思に反しない範囲で、内閣総理大臣が行政各部に対して一定の方向で処理するよう指導、助言等の指示をすることはあり得るが、それは内閣総理大臣としての権限に属するものではないとするのが判例である。　国家一般職2013

× 内閣総理大臣としての権限に属するもので「ある」とするのが判例です。

06 国務大臣は、各議院から答弁又は説明のため出席を求められたときは、

議院に出席する義務があることから、国会の会期中に限り、内閣総理大臣の同意がなければ訴追されない。　国家一般職2016

✕ 国会の会期中に限られるわけではありません。

---

07 国務大臣は、その在任中に、内閣の同意がなければ訴追されず、当該同意に基づかない逮捕、勾留は違法であり、当該訴追は無効となる。ただし、訴追の権利は害されないとされていることから、訴追に内閣の同意がない場合には公訴時効の進行は停止し、国務大臣を退職するとともに訴追が可能となると一般に解されている。　国家一般職2015

✕ 「内閣の同意」ではなく、「内閣総理大臣の同意」です。

---

08 法律及び政令には、すべて主任の国務大臣が署名し、内閣総理大臣が連署することを必要とする。　裁判所2011

〇

第2編

統治機構

第3章

裁判所

第1節 司法権の意義・限界

START! 本節で学習すること

本節では、司法権の意義とその限界について学習します。
「司法権の意義」では、「法律上の争訟」という概念がとても重要です。その意味をきちんと理解する必要があります。
「司法権の限界」とは、本来司法権の行使が可能であるにもかかわらず、司法権が行使できない、もしくは行使されない場合を指します。この分野の学習は、判例が中心です。第1編での学習と同様、判例を押さえていきましょう。

1 司法権の意義

1 司法権とは

憲法76条
① すべて司法権は、最高裁判所及び法律の定めるところにより設置する下級裁判所に属する。

司法権とは、**具体的な争訟(そうしょう)に対して、法を適用することによって、これを解決する国家作用**と一般に定義されています。

争訟／法律的な争いごとのことです。

2 法律上の争訟とは

❶ 法律上の争訟

司法権を行使して、裁判所が審査判断することができる事件が「**法律上の争訟**」であると考えられています。したがって、「法律上の争訟」に該当しなければ、裁判所は司法権を行使できず、審査判断することができません。

つまり、何らかのトラブルが生じていても、それが「法律上の争訟」に該当しない場合は、裁判所では扱ってもらえません。

「法律上の争訟」とは、**①当事者間の具体的な権利義務ないし法律関係の存**

否に関する紛争であって、かつ、②それが法令の適用により終局的に解決することができるものをいいます（判例）。 01 02

明治憲法下では、行政事件の裁判権は司法権の範囲に含まれないと考えられていました。しかし、日本国憲法の下では、「法律上の争訟」に該当すれば、民事・刑事の裁判だけでなく、行政事件の裁判も司法権の範囲に含まれます。

板書 司法権と法律上の争訟

法律上の争訟とは？

①当事者間の具体的な権利義務ないし法律関係の存否に関する紛争
かつ
②法令の適用により終局的に解決することができる紛争

司法権の定義における「**具体的な争訟**」と対応

司法権の定義における「**法を適用することによって、これを解決する**」と対応

「法律上の争訟」は、司法権を行使するにふさわしい事件を示す概念なので、司法権の意義と対応するものになっています。

板書に示した①の例としては、「ＡがＢに100万円の支払いを請求している事件」や「ＡとＢの間に雇用関係が存在していることの確認を求める紛争」が挙げられます。

プラスone 法律上の争訟ではない場合であっても、**個別の法律に根拠があれば、裁判所の判断を仰ぐことが可能**であり、訴え提起が認められます。このような訴訟を**客観訴訟**といい、具体的には、地方自治法で規定する住民訴訟などがあります。

❷「法律上の争訟」に該当しない例

では、「法律上の争訟」に該当しないとされるのは、どのような事件・紛争なのでしょうか？

①が欠けているとされたのは、**具体的な争いごととなっていないケース**です。裁判所は具体的な事件について判定を下す権限を与えられていますので、Ａさ

ん、Bさん、といった具体的な人に権利の侵害等が生じている必要があるからです。

②が欠けているとされたのは、たとえ具体的な争いごとになっていても、**それを判定するために宗教上の教義に基づく判断等が必要なケース**です。法の専門家である裁判官が判断するに適さない事柄を審査対象から除外するためです。

さらに①②が両方とも欠けている場合もあります。

以上をまとめたのが次の表になります。

板書 法律上の争訟に該当しないとされた例

①②の両方が欠けている例	①が欠けている例	②が欠けている例
・単なる事実の存否 ・個人の主観的な意見の当否 ・学問上・技術上の論争 ・国家試験における合格・不合格の判定⇒判例③	抽象的に法令等の合憲性を争う場合⇒判例①	権利義務の争いであってもそれを解決するために教義に基づく宗教的な判断が必要な場合⇒判例②

「法律上の争訟」の①の要件（当事者間の具体的な権利義務ないし法律関係の存否に関する紛争）が欠けるとされたが次の事件です。

最高裁にきいてみよう！ 警察予備隊違憲訴訟（判例①）

野党である日本社会党の代表が、自衛隊の前身である警察予備隊の設置・維持に関する警察予備隊令と警察予備隊自体の違憲性を直接最高裁判所に提訴して争った事件です。

Q 具体的な事件が提起されていないのに抽象的に判断を下す権限を裁判所は有していますか？

A 有していません。

よく出る！フレーズ

我が裁判所は**具体的な争訟事件が提起されないのに将来を予想して憲法及びその他の法律命令等の解釈に対し存在する疑義論争に関し抽象的な判断を下すごとき権限を行い得るものではない。**けだし最高裁判所は法律命令等に関し違憲審査権を有するが、この権限は司法権の範囲内において行使されるものであり、この点においては最高裁判所と下級裁判所との間に異なるところはない。

この事件は、違憲審査権の法的性質（付随的審査制）とも関わる判断がされているので、第３節「違憲審査権」でも再度学習することになります。

「法律上の争訟」の②の要件（法令の適用により終局的に解決することができる紛争）が欠けるとされたのが次の事件です。

最高裁にきいてみよう！

板まんだら事件（判例②）

宗教団体の信者が「板まんだら」を安置すべき建物の資金として寄付を行ったところ、脱退後に、「板まんだら」は偽物であり、偽物を本物と勘違いをして寄付をしてしまったこと（錯誤）を理由に、寄付の返還を求めて訴訟を起こした事件です。

Q 宗教上の教義に基づく判断が必要不可欠な場合、法律上の争訟といえますか？

A いえません。

よく出る！フレーズ

本件訴訟は、**具体的な権利義務ないし法律関係に関する紛争の形式をとっており、その結果信仰の対象の価値又は宗教上の教義に関する判断は請求の当否を決するについての前提問題であるにとどまるものとされてはいるが、本件訴訟の帰趨を左右する必要不可欠のものと認められ**、また、記録にあらわれた本件訴訟の経過に徴すると、本件訴訟の争点及び当事者の主張立証も右の判断に関するものがその核心となっていると認められることからすれば、**結局本件訴訟は、その実質において法令の適用による終局的な解決の不可能なものであって、裁判所法３条にいう法律上の争訟にあたらない**ものといわなければならない。

よく出る！フレーズ

03

語句 **錯誤**／勘違いや言い間違いのこと、民法では錯誤に基づく契約は取消し（この事件当時は無効）できる規定（民法95条）があります。

板書 板まんだら事件の判例の判断を分析すると

要件①は満たす

当事者間（元信者と宗教団体の間）の具体的な権利義務（返還請求権・返還義務）の争いになっています

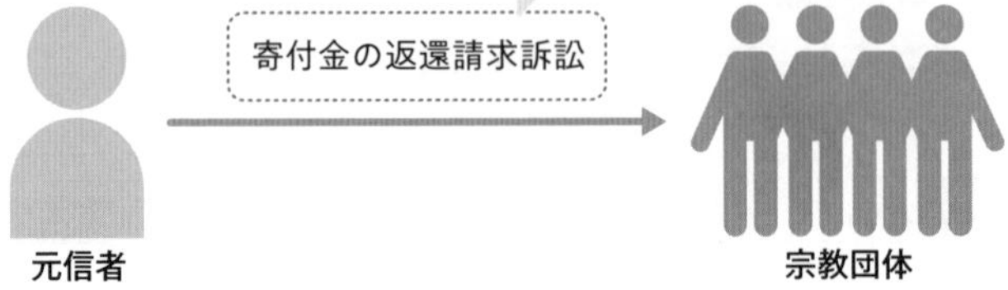

寄付金の返還請求訴訟

元信者

宗教団体

そして

請求が認められるか否かを判定するためには、偽物を本物と勘違いしたのか否か（錯誤があったか否か）を判定する必要があります

しかし

宗教的記念物が偽物か本物かは、宗教上の教義による判断が必要

法を適用して解決可能な紛争とはいえません

要件②を満たさない

「法律上の争訟」の①②の要件とも満たさないとされたのが次の事件です。

最高裁にきいてみよう！

技術士国家試験事件（判例③）

技術士国家試験に不合格になった者が、当該試験の結果の判定に誤りがあるとして、合格への変更と損害賠償を求める訴えを起こした事件です。

Q 国家試験の合否判定は法律上の争訟に該当しますか？

A 該当しません。

国家試験における合格、不合格の判定も学問または技術上の知識、能力、意見等の優劣、当否の判断を内容とする行為であるから、その試験実施機関の最終判断に委せられるべきものであって、その判断の当否を審査し具体的に法令を適用して、その争を解決調整できるものとはいえない。したがって、国家試験の合否判定は法律上の争訟に該当しない。

2 司法権の限界

1 司法権の限界とは

法律上の争訟に該当し、本来は司法権の行使が可能でありながら、裁判所の審査権が及ばない事項があると考えられており、このようなテーマを「**司法権の限界**」と呼んでいます。

「司法権の限界」には、憲法の規定上の限界と解釈上（判例上）の限界があります。

板書 司法権の限界とされる事項

憲法の規定上の限界	解釈上（判例上）の限界
①議員の資格争訟の裁判（55条） ↳議院に任せるべき ②裁判官の弾劾裁判（64条） ↳弾劾裁判所に任せるべき	①自律権に属する行為 ↳議院の判断を尊重すべき ②自由裁量行為 ↳行政や立法の裁量権を尊重すべき ③統治行為 ↳国家統治の重要事項については裁判所は判断を差し控えるべき ④団体内部事項 ↳団体の自治を尊重すべき

2 憲法の規定上の限界

板書 司法権の限界とされる事項

❶議員の資格争訟の裁判（55条）

憲法が明文の規定で、**議員の資格争訟の裁判**は、その所属する議院で行うとしている以上、裁判所による審査権は及びません。

❷裁判官の弾劾裁判（64条）

憲法が明文の規定で、**裁判官を罷免するための弾劾裁判**を弾劾裁判所で行うとしている以上、裁判所による審査権は及びません。

したがって、資格争訟の裁判によって失職した議員や、弾劾裁判によって罷免された裁判官が**裁判所に訴えを起こすことはできません。**

04

3 解釈上（判例上）の限界

❶ 自律権に属する行為

議院が所属議員に対して行う懲罰や議院の内部における議決手続については、**議院の自律権を尊重**する観点から、裁判所の審査権は及ばないと考えられています。

議院内部における議事手続が適法に行われたか否かが裁判所の審査の対象となるかが争われたのが次の事件です。

議院の自律権については、第１章第４節で学習していますね。

⚖最高裁にきいてみよう！　警察法改正無効事件

Q 国会内の議事手続が適法になされたか否かは裁判所の審査の対象となりますか？

A 審査の対象となりません。

両院において議決を経たものとされ適法な手続によって公布されている以上、**裁判所は両院の自主性を尊重すべく同法制定の議事手続に関する所論のような事実を審理してその有効無効を判断すべきでない。** よく出る！フレーズ

ひとこと

議員に対する懲罰等が司法審査の対象となるか否かについては、
国会議員⇒①自律権に属する行為
地方議会議員⇒④団体の内部事項
の問題として判断していきます。

❷ 自由裁量行為

立法権または行政権の自由裁量が認められる行為に対しては、原則として裁判所の審査権は及びません。ただし、**裁量権の逸脱・濫用があれば、例外的に司法審査の対象となります**。

ひとこと

立法権や行政権に自由な裁量権（広範な判断権）が与えられている場合、それは専門的な知見を有する立法権や行政権に委ねようという趣旨と考えられます。そこで、その判断を尊重する観点から、**よほどおかしなことが行われていない限り、裁判所は口出しをするのを控えよう**という考えの表れです。
例えば、生活保護基準の設定などは、厚生労働大臣に任せたほうが適切だろうという判断ですね。具体例としては、第１編第６章第１節で登場した「朝日訴訟」をイメージするとよいでしょう。

❸ 統治行為

統治行為とは、**「直接国家統治の基本に関する高度に政治性のある国家行為」**を指します。法律上の争訟として裁判所による法律的な判断が可能であっても**統治行為に対して、裁判所の審査権は及ばない**、とする考え方を「**統治行為論**」といいます。判例は、衆議院解散の合憲性が争われた次の事件において「統治行為論」に基づく判断を示しています。

最高裁にきいてみよう！　苫米地事件

吉田内閣の「抜き打ち解散」により議員の資格を失った苫米地氏が、当該衆議院の解散は憲法違反であるとして訴えを起こした事件です。

Q 直接国家統治の基本に関する高度に政治性のある国家行為も司法審査の対象となりますか？

A 対象とはなりません。

よく出る！フレーズ

直接国家統治の基本に関する高度に政治性のある国家行為のごときはたとえそれが法律上の争訟となり、これに対する有効無効の判断が法律上可能である場合であっても、かかる国家行為は裁判所の審査権の外にあり、その判断は主権者たる国民に対して政治的責任を負うところの政府、国会等の政治部門の判断に委され、最終的には国民の政治判断に委ねられている。 05

Q 内閣による衆議院解散権の行使は司法審査の対象となりますか？

A 対象となりません。

よく出る！フレーズ

衆議院の解散は、極めて政治性の高い国家統治の基本に関する行為であって、かくのごとき行為について、その法律上の有効無効を審査することは司法裁判所の権限の外にありと解すべきである。

日米安保条約の合憲性が争われた砂川事件でも、統治行為論もしくはそれに類似した考え方を判例は示しています。

最高裁にきいてみよう！　砂川事件

Q 日米安全保障条約には裁判所の審査権が及びますか？

A 原則的には及びませんが、例外的に及ぶ場合もあります。

日米安全保障条約は、主権国としてのわが国の存立の基礎に極めて重大な関係をもつ高度の政治性を有するもの（である）。

日米安全保障条約が違憲なりや否やの法的判断は、純司法的機能をその使命とする司法裁判所の審査には、原則としてなじまない性質のものであるから、**一見極めて明白に違憲無効であると認められない限りは、裁判所の司法審査権の範囲外のもの**であり、それは第一次的には、その条約の締結権を有する内閣およびこれに対して承認権を有する国会の判断に従うべく、終局的には、主権を有する国民の政治的批判に委ねられるべきものである。 06

よく出る！フレーズ

ひとこと

さらに、この点の判断は、日米安保条約の合憲性が前提問題となっている場合でも変わらないと判例は述べています。
砂川事件は、苫米地事件と違って、**例外的にしろ司法審査の余地を認めている**点に注意しましょう。

❹ 団体の内部事項

「法律上の争訟」であれば司法審査の対象となるのが原則です。しかし、それぞれの団体の自治を尊重する観点から、その**団体の単なる内部事項に過ぎないと考えられる事柄については、司法審査の対象とはならない**、とする考え方があります。

判例は、このような考え方を地方議会・大学・政党などに適用しています。

地方議会での所属する議員に対する懲罰について、除名処分および出席停止処分ともに司法審査の対象となるとする判断が出されています。

第2編

第3章

裁判所

最高裁にきいてみよう！ 地方議会における除名処分の司法審査

Q 法律上の争訟であっても司法審査の対象とならない事柄もありますか？

A ありません。

法律上の係争の中には事柄の特質上司法裁判権の対象の外におくを相当とするものがある。なぜなら、**自律的な法規範をもつ社会ないしは団体に在っては、当該規範の実現を内部規律の問題として自治的措置に任せ、必ずしも、裁判にまつのを適当としないものがあるから**である。

よく出る！フレーズ

Q 地方議会における議員の除名処分は、裁判所の司法審査の対象となりますか？

A なります。

地方議会議員の除名処分は、その身分の喪失に関する重大事項で、単なる内部規律の問題にとどまらないのであって、…地方議会議員の除名処分は、司法裁判所の権限内の事項とすべきである。

最高裁にきいてみよう！ 地方議会における出席停止の司法審査

Q 地方議会における議員の出席停止処分は、裁判所の司法審査の対象となりますか？

A なります。

出席停止の懲罰は、議会の自律的な権能に基づいてされたものとして、議会に一定の裁量が認められるべきであるものの、裁判所は、常にその適否を判断することができるというべきである。

したがって、**普通地方公共団体の議会の議員に対する出席停止の懲罰の適否は、司法審査の対象となる**というべきである。

よく出る！フレーズ

07

大学における学生に対する処分については、単なる単位の不認定は司法審査の対象とならないとする一方、専攻科修了（卒業）の不認定については、司法審査の対象となるとする判断が出されています。

⚖ 最高裁にきいてみよう！

富山大学事件

Q 大学内の出来事については司法審査の対象となりますか？

A 単なる内部問題は司法審査の対象となりません。

よく出る！フレーズ

大学は、**国公立であると私立であるとを問わず、学生の教育と学術の研究とを目的とする教育研究施設であって**、…一般市民社会とは異なる特殊な部分社会を形成している。このような特殊な部分社会である大学における法律上の係争のすべてが当然に裁判所の司法審査の対象になるものではなく、**一般市民法秩序と直接の関係を有しない内部的な問題は司法審査の対象から除かれる。** 08

Q 単位授与行為は裁判所の司法審査の対象となりますか？

A 原則として対象となりません。

単位授与（認定）行為は、他にそれが一般市民法秩序と直接の関係を有するものであることを肯認するに足りる特段の事情のない限り、**純然たる大学内部の問題として大学の自主的、自律的な判断に委ねられるべきものであって、裁判所の司法審査の対象にはならない。**

よく出る！フレーズ

Q 専攻科修了認定行為は裁判所の司法審査の対象となりますか？

A なります。

専攻科修了の認定、不認定に関する争いは司法審査の対象になるものというべきである。 09

一般市民法秩序／団体の外にある世界＝一般社会の法秩序のことです。つまり外の世界と関わりがある重要な行為を指すために用いられている言葉です。

政党における除名処分が司法審査の対象になるかが争われたのが次の事件です。

⚖ 最高裁にきいてみよう！

共産党袴田事件

党員であったAが、政党Bから除名処分を受けるとともに、居住していたB所有の建物の明渡しを求める訴えを起こされたので、除名処分の無効を主張して争った事件です。

Q 政党の党員に対する処分は裁判所の司法審査の対象となりますか？

A 単なる内部問題は司法審査の対象となりません。

政党が党員に対してした処分が**一般市民法秩序と直接の関係を有しない内部的な問題にとどまる限り、裁判所の審判権は及ばない。**

よく出る！フレーズ

Q 政党が党員に対してした処分が一般市民としての権利利益を侵害する場合にはどの範囲で司法審査の対象となりますか？

A 手続面だけが審査対象となります。

政党が党員に対してした処分が一般市民としての権利利益を侵害する場合であっても、当該処分の当否は、当該政党の自律的に定めた規範が公序良俗に反するなどの特段の事情のない限り**当該規範に照らし、当該規範を有しないときは条理に基づき、適正な手続に則ってされたか否かによって決すべきであり、審理もその点に限られる。**

よく出る！フレーズ

政党の場合は、たとえ司法審査の対象となる場合でも、**手続面の審査しかしない**、といっている点がこの判例の重要ポイントです。

板書 団体の内部事項の整理

		司法審査の可否
地方議会	除名処分・出席停止処分	○
	戒告・陳謝	×
大学	専攻科修了（卒業）の不認定	○
	単位の不認定	×
政党	除名処分が一般市民法秩序と直接の関係を有する場合	○（審査は手続面に限られる）
	除名処分が一般市民法秩序と直接の関係を有しない場合	×

第1節 司法権の意義・限界

- [ ] 司法権とは、**具体的な争訟に対して、法を適用することによって、これを解決する国家作用**とされています。

- [ ] 「法律上の争訟」とは、①**当事者間の具体的な権利義務ないし法律関係の存否に関する紛争**であって、かつ、②それが**法令の適用により終局的に解決することができるもの**をいいます。

- [ ] 「法律上の争訟」に該当しなければ、原則として、**裁判所の審査判断の対象とはなりません。**

- [ ] 裁判所は、具体的な争訟事件が提起されないのに将来を予想して憲法、法律等の解釈に対し存在する問題に関し**抽象的な判断を下す権限があるわけではない**とするのが判例です。

- [ ] 具体的な権利義務ないし法律関係に関する紛争の形式をとっていたとしても、**宗教上の教義に基づく判断が必要不可欠な場合**、実質において法令の適用による終局的な解決の不可能なものであって、**法律上の争訟にあたらない**とするのが判例です。

- [ ] 「司法権の限界」について、憲法の規定上の限界としては、①**議員の資格争訟の裁判**と②**裁判官の弾劾裁判**があります。

- [ ] 議院が所属議員に対して行う懲罰や議院の内部における議決手続については、**議院の自律権を尊重する観点から、裁判所の審査権は及ばない**と考えられています。

- [ ] 「直接国家統治の基本に関する高度に政治性のある国家行為」に対しては、**裁判所の審査権は及ばない**、とする考え方を「**統治行為論**」といいます。

- [ ] 地方議会の議員に対する除名処分や出席停止処分については、**単なる団体の内部事項とはいえず、司法審査の対象となる**とするのが判例です。

第1節 ○×スピードチェック

01 裁判所法第３条第１項にいう「法律上の争訟」として裁判所の司法審査の対象となるのは、法令を適用することによって解決し得べき権利義務に関する当事者間の紛争をいうと解され、裁判所は、具体的事件を離れて法令の合憲性を判断することができない。 国家専門職2012

○

02 裁判所がその固有の権限に基づいて審判することのできる対象は、当事者間の具体的な権利義務ないし法律関係の存否に関する紛争であって、かつ、それが法令の適用により終局的に解決することができるものに限られ、具体的な権利義務ないし法律関係に関する紛争であっても、法令の適用により終局的に解決するのに適しないものは、裁判所の審査判断の対象とならない。 国家一般職2011

○

03 訴訟が具体的な権利義務ないし法律関係に関する紛争の形式をとっており、その結果信仰の対象の価値又は宗教上の教義に関する判断は請求の当否を決するについての前提問題にとどまるものとされていても、それが訴訟の帰すうを左右する必要不可欠のものであり、紛争の核心となっている場合には、当該訴訟は法律上の争訟に当たらないとするのが判例である。 国家一般職2017

○

04 全て司法権は最高裁判所及び下級裁判所に属するという原則の例外に弾劾裁判所の裁判があるが、弾劾裁判所で罷免の裁判を受けた裁判官は、これに不服がある場合、通常の裁判所に訴訟を提起することができる。 国家専門職2019

× 通常の裁判所に訴訟を提起することはできません。

第2編 第3章 裁判所

05 直接国家統治の基本に関する高度に政治性のある国家行為は、原則として司法審査の対象とはならないが、それが法律上の争訟となり、これに対する有効無効の判断が法律上可能である場合は、例外的に司法審査の対象となるとするのが判例である。 国家専門職2019

✕ 司法審査の対象とならないとするのが判例です。

06 日米安保条約のように、主権国としての我が国の存立の基礎に重大な関係を持つ高度の政治性を有する条約が違憲であるか否かの判断は、内閣と国会の高度の政治的ないし自由裁量的判断に従うべきであり、終局的には主権を有する国民の政治的批判に委ねられるべきものであるから、純司法的機能を使命とする裁判所の審査にはおよそなじまない性質のものであり、裁判所の司法審査の対象にはならない。 国家専門職2012

✕ 一見極めて明白に違憲無効であると認められる場合には、例外的に司法審査の対象になります。

07 最高裁判所の判例では、自律的な法規範をもつ社会ないし団体にあっては、当該規範の実現を内部規律の問題として自治的措置に任せ、必ずしも、裁判にまつを適当としないものがあり、地方議会議員の出席停止処分は、権利行使の一時的制限に過ぎず、司法審査の対象とならないとした。 特別区Ⅰ類2018

✕ 地方議会議員の出席停止処分は司法審査の対象となるとしています。

08 大学は、私立大学である場合に限り、一般市民社会とは異なる特殊な部分社会を形成しているということができるため、単位授与（認定）行為は、一般市民法秩序と直接の関係を有すると認められる特段の事情のない限りは、当該私立大学の自主的な判断に委ねられるべきものであり、司法審査の対象にはならないとするのが判例である。　国家一般職2017

✕ 国公立も含むので私立大学である場合に限られません。

---

09 大学は、一般市民社会とは異なり自律的な法規範を有する特殊な部分社会を形成しており、大学における法律上の係争は、自主的、自律的な解決に委ねるのが適当であるから、裁判所の司法審査の対象にはなり得ない。　裁判所2007

✕ 裁判所の司法審査の対象になる場合もあります。

第2節 裁判所・裁判官

START! 本節で学習すること

本節では、裁判所・裁判官に関する憲法の規定について学習します。
まず、「司法権の独立」に関する規定を見ていきます。裁判官の身分保障に関わる規定は罷免事由と国民審査が大切です。
次に、「裁判所の組織」についての規定を学習します。裁判官の任命手続及び最高裁判所の権限について押さえていきましょう。
最後に「公開原則」を勉強します。条文の規定について、原則と例外をしっかり覚える必要があります。

1 司法権の独立

裁判が公正に行われ、人権が保障されるためには、裁判を担当する裁判官が、外部からのいかなる圧力や干渉も受けずに、公正中立な立場で職責を果たすことが必要となります。そのために求められるのが「**司法権の独立**」です。

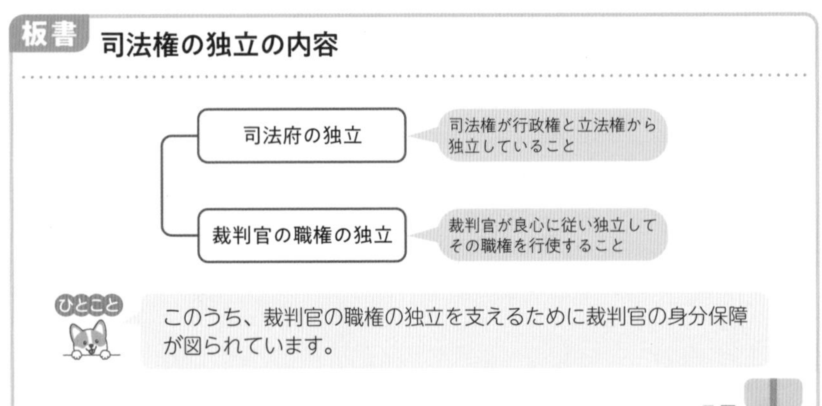

1 裁判官の職権の独立と身分保障

❶ 裁判官の職権の独立

憲法76条
③ すべて裁判官は、その良心に従ひ独立してその職権を行ひ、この憲法及び法律にのみ拘束される。

裁判官の職権行使の独立を規定する本条の趣旨は、裁判の公正確保のため、裁判官に対して不当な影響を与える一切の外部的行為を排除することにあります。

なお、本条の「良心」は19条の「良心」とは異なり、裁判官個人の主観的良心ではなく、**裁判官としての客観的良心**（裁判官としての職業倫理）を意味するとされています。 01

つまり、裁判官の個人的価値観（主観的良心）に基づいて裁判をしていいということではなく、裁判官としてどうすべきかという**職業倫理の観点**から職権は行使されるべきだということです。

「独立してその職権を行ひ」とは、他の何者からの指示・命令も受けずに、自らの判断に基づいて裁判を行うことを意味しています。したがって、**行政機関や立法府はもとより、裁判所内部からの指示・命令もまた排除されます**。 02

❷ 裁判官の身分保障

裁判官の職権行使の独立を制度上、実効性あるものにするために、裁判官の身分保障が規定されています。

憲法78条
裁判官は、裁判により、心身の故障のために職務を執ることができないと決定された場合を除いては、公の弾劾によらなければ罷免されない。裁判官の懲戒処分は、行政機関がこれを行ふことはできない。

裁判官の身分保障にとって非常に重要なのが、罷免事由が限定されていることです。本条は全ての裁判官に共通の２つの罷免事由を明記しています。

板書 裁判官の罷免事由

①裁判により、心身の故障のために職務を執ることができないと決定された場合 ◀ 司法府内部の**分限裁判**による罷免 03

②公の弾劾（弾劾裁判） ◀ 弾劾裁判所の**弾劾裁判**による罷免

③国民審査 ◀ 最高裁判所の裁判官のみが対象 04

ひとこと　②の弾劾が行えるのは、職務上の義務に著しく違反し、または職務を甚だしく怠ったとき、職務の内外を問わず裁判官としての威信を著しく失うべき非行があったとき、です。

05

板書 裁判官の身分保障

	最高裁判所の裁判官	下級裁判所の裁判官
任期	なし	10年（再任可能）
定年	あり	
報酬	定期に相当額の保障 （**減額されない保障あり**）	
罷免事由	職務不能の裁判（分限裁判） 弾劾裁判	
	国民審査	―
懲戒	行政機関（＋立法機関）による懲戒の禁止	

任期10年、再任可能であることは、法律ではなく、**憲法に明記**されています（80条）。

国会議員の歳費受領権には、**減額されないことまでの保障はありません。**

06

条文上は「行政機関」による懲戒だけが禁止されていますが、解釈上「**立法機関**」による**懲戒も禁止**されています。したがって、懲戒処分は裁判所内部で行われることになります。
また、**懲戒処分の内容に「免職」は含まれません。**新たな罷免事由になってしまうからです。

2 国民審査

憲法79条
② 最高裁判所の裁判官の任命は、その任命後初めて行はれる衆議院議員総選挙の際国民の審査に付し、その後10年を経過した後初めて行はれる衆議院議員総選挙の際更に審査に付し、その後も同様とする。
③ 前項の場合において、投票者の多数が裁判官の罷免を可とするときは、その裁判官は、罷免される。
④ 審査に関する事項は、法律でこれを定める。

最高裁判所裁判官に対する民主的コントロールを及ぼす仕組みとして、国民審査の制度が規定されています。

この仕組みは、国民の投票により最高裁判所の裁判官を**解職する制度（リコール制）**と考えられており（判例）、投票者の多数（過半数）が罷免を可とする（賛成する）場合に、その裁判官は罷免されます。 04 07

板書 国民審査制度のポイント

対象は？	最高裁判所の裁判官
実施のタイミングは？	**任命後初めて行われる衆議院議員総選挙**のときに同時に実施される（その後**10年ごと**に実施） 07
どんな性質の制度？	**解職**のための制度（リコール制） 08

判例は、現行の「罷免を可とする」者に×をつけさせ、それ以外は無記入で投票させる方式は、合憲である（思想・良心の自由を侵害するものではない）としています。

第2編 第3章 裁判所

最高裁にきいてみよう！ 国民審査投票方法違憲訴訟

国民審査の投票方法は、「罷免を可とする」裁判官の欄に×印を記載する方法で行われ、「罷免を可としない」裁判官の欄は無印とする方式が採られています。しかし、「罷免を可としない」という意思を持っているわけではなく、単にその裁判官に対しては投票自体を棄権する意図であったのに、無印にしたことで「罷免を可としない」とみなされるのは、自分の意思に反した処理がされるということで憲法19条（思想・良心の自由）を侵害するとして訴えが提起されました。

Q 無印の投票を「罷免を可としない」投票とすることは憲法19条（思想・良心の自由）を侵害しますか？

A 侵害しません。

罷免する方がいいか悪いかわからない者は、積極的に「罷免を可とする」という意思を持たないこと勿論だから、かかる者の投票に対し「罷免を可とするものではない」との効果を発生せしめることは、何ら意思に反する効果を発生せしめるものではない。解職制度の精神からいえばむしろ意思に合致する効果を生ぜしめているといって差し支えないのである。それ故論旨のいうように思想の自由や良心の自由を制限するものでないことは勿論である。

判例は、国民審査を解職制（リコール制）と考えているので、積極的に「罷免を可」とする者、つまり×をつけた者が全体の中で過半数を占めているかを把握すればよいと考えています。

2 裁判所の組織

1 裁判所の構成

憲法76条
① すべて司法権は、最高裁判所及び法律の定めるところにより設置する下級裁判所に属する。

裁判所は、最高裁判所と下級裁判所で構成されます。この規定を受けて、裁判所法では、下級裁判所として、高等裁判所、地方裁判所、家庭裁判所、簡易裁判所の４つを設置しています。これらの裁判所をまとめて**通常裁判所**、もしくは**司法裁判所**と呼ぶ場合もあります。

司法制度としては３回審判を受けられる三審制が採られていますが（例えば①地方裁判所⇒②高等裁判所⇒③最高裁判所の３回）、それは憲法上明文で保障されたものではありません。

2 特別裁判所および行政機関による終審裁判の禁止

憲法76条
② 特別裁判所は、これを設置することができない。行政機関は、終審として裁判を行ふことができない。

本条前段は、「特別裁判所の禁止」を規定しています。

「特別裁判所」とは、最高裁判所を頂点とする通常裁判所の系列の外に独立して設置される裁判所を指します。ここでいう通常裁判所の系列とは、**その裁判所の判断に不服を申し立てることにより最高裁判所に至るような裁判所**のことを指します。不服を申し立てても最高裁判所の判断を仰げる可能性のない裁判所は系列の外の裁判所であり、特別裁判所となります。

家庭裁判所や簡易裁判所は通常裁判所の系列に属する裁判所なので、特別裁判所ではありません。

国会に設置される弾劾裁判所は特別裁判所であり、**憲法が許している例外**ということになります。 09

本条後段は、「行政機関による終審裁判の禁止」を規定しています。

行政機関の判断が最終判断（終審）となり、裁判所の判断を仰げない仕組みは許されません。一方、**裁判所の前の審判（前審）として行政機関が判断を下すことは許される**とされています。

3 裁判官の選任手続

板書 裁判官の選任関係の整理

	最高裁判所		下級裁判所裁判官
	長官	長官以外の裁判官	
指名	**内閣**	―	最高裁判所
任命	天皇	**内閣**	**内閣**
認証	―	天皇	（高等裁判所長官のみ）天皇

できるだけ正確に覚えておきたい表ですが、最高裁判所長官以外の全ての裁判官は内閣が任命していることは、最低限覚えておきましょう。

3 最高裁判所の権限

最高裁判所には、司法府の独立の観点から、規則制定権、下級裁判所の裁判官の指名権、司法行政監督権が与えられています。このうち規則制定権について次の条文で規定されています。

憲法77条

① 最高裁判所は、訴訟に関する手続、弁護士、裁判所の内部規律及び司法事務処理に関する事項について、規則を定める権限を有する。

② 検察官は、最高裁判所の定める規則に従はなければならない。

③ 最高裁判所は、下級裁判所に関する規則を定める権限を、下級裁判所に委任することができる。

本条では、４つの事柄（①訴訟に関する手続、②弁護士、③裁判所の内部規律、④司法事務処理に関する事項）について、最高裁判所の規則を制定する権限を与えています。

この規則制定権は、国会中心立法の原則の例外であると考えられています。なお、明記されている４つの事項については、**法律で規定することも可能です**。

実際に訴訟に関する手続は、**刑事訴訟法や民事訴訟法で規定されています。**

4 裁判の公開

憲法82条
① 裁判の対審及び判決は、公開法廷でこれを行ふ。
② 裁判所が、裁判官の全員一致で、公の秩序又は善良の風俗を害する虞があると決した場合には、対審は、公開しないでこれを行ふことができる。但し、政治犯罪、出版に関する犯罪又はこの憲法第３章で保障する国民の権利が問題となつてゐる事件の対審は、常にこれを公開しなければならない。

本条は、裁判の公正を確保し、裁判に対する国民の監督を図るために「裁判の公開原則」を規定しています。

「公開」とは、**国民が法廷を傍聴できるようにすること**を指します。また、「対審」とは**法廷での審理**を指しています。

板書 「裁判の公開」の条文内容の整理

対審	①政治犯罪 ②出版に関する犯罪 ③憲法第３章の国民の権利（人権）が問題となっている事件	**絶対公開**
	上記①②③以外の事件	**非公開の可能性あり（公序良俗を害すると裁判官が全員一致で決したとき）**
判決		**絶対公開**

10

ひとこと **判決は絶対公開**であり、非公開にできる場合はありません。

82条の「公開原則」の対象となる裁判について、判例は、32条（裁判を受ける権利）の「裁判」と同じ意味であって、当事者間の権利義務の存否に争いが

あり、これを終局的に確定することを目的とする訴訟事件についての裁判のことを意味するとしています。 11

民事裁判や刑事裁判は訴訟事件としての性質を有していますので、公開原則の対象となります。

しかし、夫婦同居の審判、婚姻費用分担審判などの家事審判は、権利や義務を確定する性質のものではありません。このような事件は**非訟事件**（ひしょう）と呼ばれ、**公開原則の対象ではない**と考えられています。 12

例えば、夫婦同居の審判は、同居の義務があるかないかを争っているわけではなく、それがあることを前提にしつつ同居の時期、場所、態様等について具体的内容を定める裁判です。

82条の「公開原則」の規定によって、国民には裁判を傍聴する権利や法廷でメモをとる権利が保障されているかが争われたのが次の事件です。いずれの権利も82条の規定から権利として保障されるわけではないと判断されています。

最高裁にきいてみよう！

レペタ訴訟

Q 憲法82条の規定により裁判を傍聴する権利や法廷でメモを取る権利が保障されますか？

A 憲法82条の規定から権利として保障されるわけではありません。

裁判の公開が制度として保障されていることに伴い、各人は、裁判を傍聴することができることとなるが、憲法82条１項の規定は、**各人が裁判所に対して傍聴することを権利として要求できることまでを認めたものでないことはもとより、傍聴人に対して法廷においてメモを取ることを権利として保障しているものでない**ことも、いうまでもないところである。 よく出る！フレーズ 13

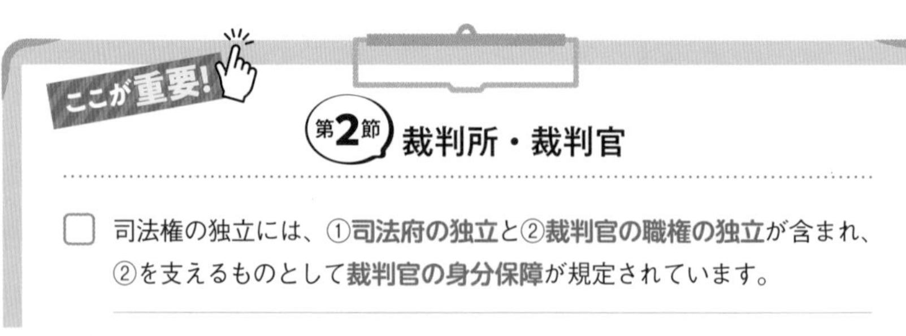

☐ すべての裁判官に共通の罷免事由として、①**裁判により心身の故障のために職務を執ることができないと決定された場合**と②**公の弾劾による場合**があります。

☐ 最高裁判所裁判官の国民審査の仕組みは、国民の投票により最高裁判所の裁判官を**解職する制度（リコール制）**と考えられています。

☐ 特別裁判所の設置は明文で禁止されていますが、特別裁判所とは最高裁判所を頂点とする通常裁判所の系列の外に設置される裁判所を指し、**家庭裁判所や簡易裁判所は特別裁判所ではありません。**

☐ 最高裁判所の長官は、内閣が指名し、天皇が任命しますが、**それ以外のすべての裁判官は、内閣が任命します。**

☐ 最高裁判所には、訴訟に関する手続、弁護士、裁判所の内部規律、司法事務処理に関する事項について、規則を制定する権限が与えられており、この**規則制定権は、国会中心立法の原則の例外**です。

☐ **判決を非公開で行うことはできません**が、対審については非公開にできる例外が定められています。

☐ 82条の「公開原則」の対象となる裁判について、判例は、**当事者間の権利義務の存否に争いがあり、これを終局的に確定することを目的とする訴訟事件についての裁判**のことを意味するとしています。

☐ 82条１項の規定は、**各人が裁判所に対して傍聴することを権利として要求できることまでを認めたものでない**ことはもとより、**傍聴人に対して法廷においてメモを取ることを権利として保障しているものでない**とするのが判例です。

第2節 ○×スピードチェック

01 憲法は、すべて裁判官はその良心に従い独立してその職権を行うことを定めているが、ここでいう裁判官の良心とは、裁判官としての客観的な良心をいうのではなく、裁判官個人の主観的な良心をいう。

特別区Ⅰ類2013

× 主観的な良心ではなく、裁判官としての客観的な良心をいいます。

02 日本国憲法においては司法権の独立が著しく強化されているが、司法権の独立とは、司法権が立法権や行政権から独立していることを意味するにとどまり、裁判官が裁判を行う際には、裁判所の組織の秩序維持の観点から、司法部内における上司や管理者からの指示や命令に従う必要がある。 国家専門職2007

× 立法権や行政権はもとより司法部内における上司や管理者からの指示や命令にも従う必要はありません。

03 裁判官は、分限裁判により、回復の困難な心身の故障のために職務を執ることができないと決定された場合には、罷免される。 特別区Ⅰ類2013

○

04 最高裁判所の裁判官については、下級裁判所の裁判官と同様に両議院の議員で組織される弾劾裁判所の弾劾の対象となり得るほか、特に国民審査の制度が設けられており、国民審査の結果、投票者の多数が裁判官の罷免を可とするときは、その裁判官は罷免される。 国家一般職2009

○

05 最高裁判所の裁判官は、罷免すべきか否かを決定する国民審査に付されるので、職務を甚だしく怠った場合であっても、弾劾裁判により罷免されることがない。 特別区Ⅰ類2002

× 職務を甚だしく怠った場合、弾劾裁判により罷免されることもあります。

06 裁判官は、定期に相当額の報酬を受けると定められているが、行政機関は、懲戒処分として、その報酬を減額することができる。

特別区Ⅰ類2013

✕ 報酬を減額することはできません。

07 最高裁判所裁判官は、衆議院議員総選挙のたびごとに、15人の裁判官全員について、国民審査に付される。国民審査は、罷免を可とすべき裁判官に×印を付し、罷免をすべきでない裁判官及び可否を保留する裁判官には何も記入しない方法により行われる。 国家専門職2011

✕ 総選挙のたびではなく、任命後最初の総選挙のときに実施され、その後は10年ごとに審査されます。

08 最高裁判所の裁判官がその任命後初めて行われる衆議院議員総選挙の際に国民審査に付される趣旨は、内閣による任命の可否を国民に問い、当該審査により任命行為を完成又は確定させるためであるとするのが判例である。 国家一般職2005

✕ 解職のための制度であるとするのが判例です。

09 憲法は特別裁判所の設置を禁止するが、その憲法上の例外として弾劾裁判所の設置が認められている。 裁判所2004

○

10 憲法第３章で保障する国民の権利が問題となっている事件の対審は、原則として公開して行う必要があるが、裁判官の全員一致で、公の秩序又は善良な風俗を害するおそれがあると決した場合には、公開しないで行うことができ、これに係る判決についても公開しないで行うことができる。　国家一般職2015

× 憲法第３章で保障する国民の権利が問題となっている事件の対審は公開しないで行うことはできません。また、判決は絶対的に公開されます。

11 終局的に事実を確定し当事者の主張する実体的権利義務の存否を確定することを目的とする純然たる訴訟事件については、原則として公開の法廷における対審及び判決によらなければならない。　裁判所2021

○

12 裁判を受ける権利（憲法32条）の「裁判」とは、憲法82条が定める公開・対審・判決という原則が保障される訴訟事件の裁判に限らず、家庭裁判所で行われる家事審判のような非訟事件の裁判も含まれると解されている。　裁判所2013

× 非訟事件の裁判は含まれません。

13 憲法82条１項の趣旨は、裁判を一般に公開して裁判が公正に行われることを制度として保障し、ひいては裁判に対する国民の信頼を確保しようとすることにあるから、憲法82条１項は、各人が裁判所に対して傍聴することを権利として要求できることを認めたものと解される。

裁判所2014

× 権利として要求できることを認めたものではないと解されています。

第3節 違憲審査権

START! 本節で学習すること

本節では、「違憲審査権」について学習します。
「違憲審査権」については、その法的性質の議論がとても重要です。付随的違憲審査制という考え方をきちんと理解しましょう。
さらに、違憲審査権の主体・対象を押さえます。
最後に、違憲判決の効力について学習します。個別的効力説を理解していきましょう。

1 違憲審査権の法的性質

憲法81条
最高裁判所は、一切の法律、命令、規則又は処分が憲法に適合するかしないかを決定する権限を有する終審裁判所である。

違憲審査権とは、法律、命令、規則、処分が憲法に適合するかどうかを審査する権限のことであり、憲法に違反する（違憲）と判断されたものは無効となります。

本条は、違憲審査権を最高裁判所が有していることを示しています。違憲審査の仕組みについては付随的違憲審査制と抽象的違憲審査制の２つの仕組みがありますが、**日本国憲法は付随的違憲審査制を採用している**と考えられています（判例）。

付随的違憲審査制は、法律上の争訟として司法権が行使できる適法な訴えが提起されていることを前提に、その事件の解決に必要な限度で違憲審査をなしうるとする仕組みです。

板書 付随的違憲審査制と抽象的違憲審査制の比較

付随的違憲審査制		抽象的違憲審査制
通常の裁判所が具体的な事件を裁判する際に必要な範囲で法令の違憲審査を行う制度	定義	特別に設置された憲法裁判所が具体的な事件と関係なく、抽象的に法令の違憲審査を行う制度
司法裁判所 （通常裁判所）	行使主体	憲法裁判所
アメリカ合衆国・日本	採用国	ドイツ

01

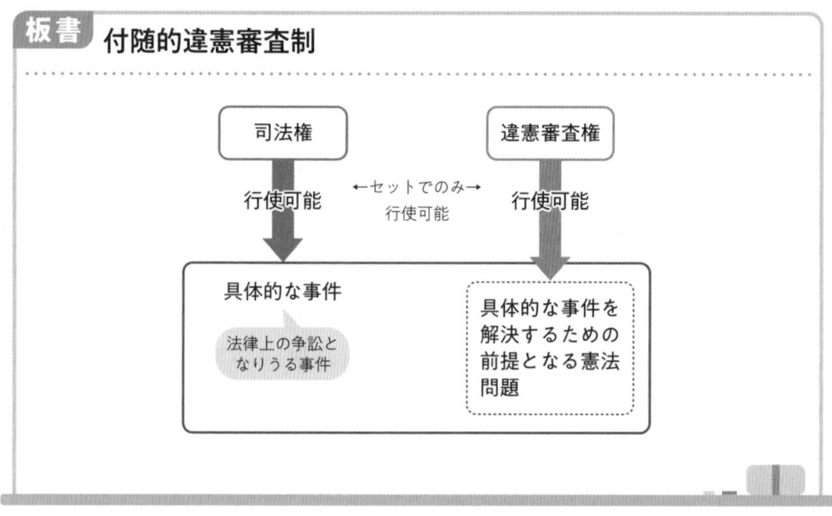

例えば、旧民法900条４号の下で、①嫡出子との遺産の平等な分割を求める訴えを非嫡出子が起こしたとします。それを解決するために②非嫡出子の相続分を嫡出子の半分とする旧民法900条４号但書の規定が憲法違反か否かが争点となります。

法律上の争訟として適法に提起された訴訟である①の事件を解決するためには、②についての違憲審査が必要です。このような場合のみ違憲審査権が行使できるとするのが付随的違憲審査制です。

最高裁にきいてみよう！

警察予備隊違憲訴訟

Q 最高裁判所は憲法裁判所として抽象的な違憲審査権を有していますか？

A 有していません。

わが現行の制度の下においては、特定の者の具体的な法律関係につき紛争の存する場合においてのみ裁判所にその判断を求めることができるのであり、**裁判所がかような具体的事件を離れて抽象的に法律命令等の合憲性を判断する権限を有するとの見解には、憲法上及び法令上何等の根拠も存しない。** よく出る！フレーズ 02

2 違憲審査権の主体・対象

1 違憲審査権の主体

81条は、違憲審査権を行使する終審裁判所が最高裁判所であることを規定しています。これは、最高裁判所が終審でなければならないことを規定するものであり、下級裁判所の違憲審査権を否定するものではありません。最高裁判所だけでなく**下級裁判所にも違憲審査権はある**と考えられています。

2 違憲審査権の対象

81条は、「法律、命令、規則又は処分」が違憲審査の対象であることを明記しています。さらに、裁判自体や条例も違憲審査の対象となります。

また、**憲法が条約に優位することを前提に、条約に対する違憲審査も可能である**と考えられています。 03

条約に対する違憲審査の可否について、判例は立場を明言したことはありませんが、砂川事件の判決内容から判断すると、**条約一般に対する違憲審査は可能である**ことを前提にしていると読み取れます。

さらに、**立法不作為（法律を作らないこと）も違憲審査の対象となりうる**と考えられています。

3 違憲判決の種類と効力

1 違憲判決の種類

違憲判決には、法令自体を違憲とする判決（法令違憲判決）とそれ以外の判決があります。

板書 違憲判決の種類

法令違憲	その他の違憲判決
①尊属殺重罰規定事件 ②衆議院議員定数不均衡訴訟（昭和51・60年） ③薬事法違反事件 ④森林法共有林事件 ⑤郵便法違憲事件 ⑥在外邦人選挙権制限事件 ⑦国籍法違憲事件 ⑧非嫡出子相続分事件 ⑨女性再婚禁止期間事件 ⑩在外邦人国民審査権制限事件	①第三者所有物没収事件 ②愛媛玉串料訴訟 ③空知太神社事件 ④沖縄孔子廟訴訟

「適用違憲」という概念もあります。法令自体は合憲としつつも個別の事件に適用する限度で違憲と判断するものです。その定義は明確ではないのですが、その例として右欄の①第三者所有物没収事件を挙げる論者もいます。

2 違憲判決の効力

ある法令に対する違憲判決（法令違憲判決）が出された場合、その法令は違憲無効となります。その点に争いはありませんが、問題はその無効という効力がどこまで及ぶかです。

この点については、学説上、①違憲とされた法律はその訴訟における当事者の間においてのみ（その事件限りで）無効であるとする**個別的効力説**と②違憲とされた法律は国会による廃止の手続なくしてその存在を失う、つまり違憲判決には客観的に無効な法律にしてしまう効果があるとする**一般的効力説**があります。 04

個別的効力説が通説です。したがって、違憲と判断された法律も国会による廃止の手続を経なければ、存在し続けていることになります。 05

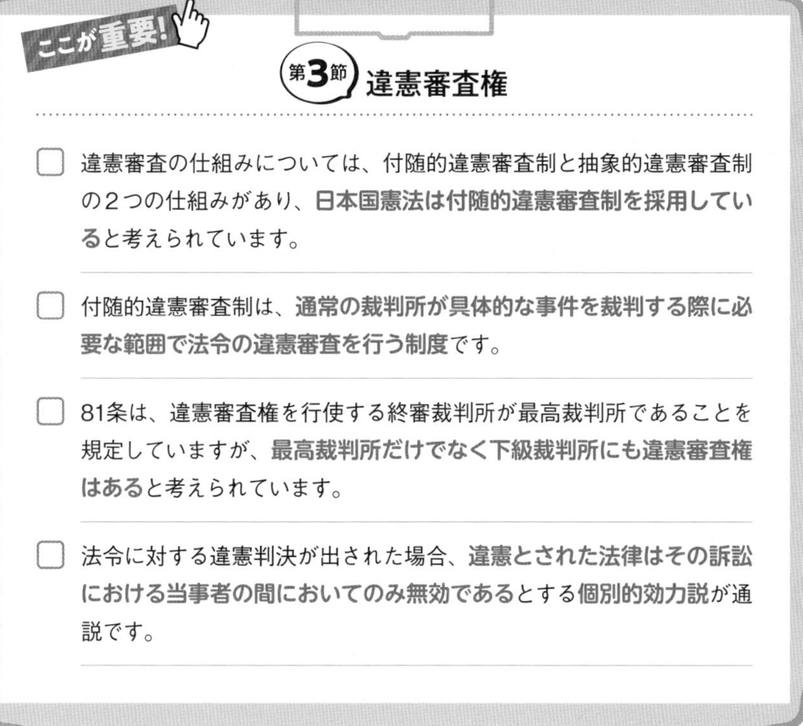

第3節 ○×スピードチェック

01 違憲審査制には、憲法裁判所が争訟と関係なく違憲審査を行う付随的違憲審査制と、通常の裁判所が訴訟事件を裁判する際に違憲審査を行う抽象的違憲審査制があり、日本は抽象的違憲審査制を採用している。

特別区Ⅰ類2008

× 付随的違憲審査制と抽象的違憲審査制が逆になっています。日本が採用するのは付随的違憲審査制です。

02 現行の制度の下において、裁判所は、特定の者の具体的な法律関係につき紛争の存する場合に限らず、具体的事件を離れて抽象的に法律命令等の合憲性を判断する権限を有する。 裁判所2017

× 抽象的に法律命令等の合憲性を判断する権限を有するとは考えられていません。

03 条約は、憲法81条の列挙事項から除外されているので、違憲審査の対象とならない。 裁判所2009

× 条約も違憲審査の対象となりうると一般に解されています。

04 最高裁判所によって、ある法律の規定が違憲と判断された場合、違憲とされた法律の規定は、当該事件に限らず、一般的に無効となるとするのが個別的効力説である。 特別区Ⅰ類2010

× 「個別的効力説」ではなく、「一般的効力説」です。

05 最高裁判所によって違憲と判断された法律について、当該事件についてのみその適用を排除されるにとどまるとする説によると、違憲と判断された法律は、国会による廃止の手続を経ることなく、その存在を失うこととなる。 裁判所2004

× 国会による廃止の手続を経なければ、その存在を失うことにはなりません。

第2編

統治機構

第4章

財政・地方自治・憲法改正

第1節 財　政

START! 本節で学習すること

本節では、「財政」に関する憲法の規定を学習します。
まず最初に、財政に関する大原則である財政民主主義を押さえます。財政では「租税法律主義」がとても重要です。判例も含めてしっかり理解していきましょう。
「予算」も重要度が高いです。予算についての作成提出権は内閣だけが持っています。

1 財政民主主義

憲法83条
　国の財政を処理する権限は、国会の議決に基いて、これを行使しなければならない。

財政とは、国または地方公共団体が活動するために必要な財を取得し、これを管理・処分する一切の活動を指します。

国の財政活動は国民の納める税金によって賄われるものであり、収入・支出の両面において国民生活に重大な影響を及ぼします。そのため、財政への民主的コントロールを確保することが必要であり、国の財政は、国民の代表機関である国会の議決に基づかなければならないとする**財政民主主義**が採られています。

2 租税法律主義

憲法84条
　あらたに租税を課し、又は現行の租税を変更するには、法律又は法律の定める条件によることを必要とする。

1 租税法律主義

本条は、新たに租税（税金）を課す場合、または現行の租税を変更する場合には、国民の代表機関である国会が制定する法律又は法律の定める条件によらなければならないと規定し、**租税法律主義**を定めています。財政民主主義の収入面での表れが租税法律主義になります。

「法律」で定めるべき内容とは、①納税義務者、課税標準、課税物件、税率などの課税要件だけでなく、②賦課徴収の手続も含まれると考えられています。

2 条例による課税

租税法律主義の下で、条例による課税は許されるのでしょうか？

条例は住民の代表機関である地方議会によって制定されるものであり、法律同様の民主的基盤があることから、租税法律主義（84条）における**「法律」には条例も含まれる**と考えられています。したがって、**条例による課税（地方税を定めること）も許されます**。 01

一方、**通達による課税は許されません**。これが問題となったのが次の判例です。

語句 **通達**／上級の行政機関が下級の行政機関に対して出す文書による命令のことです。例えば、税金の徴収の仕方について、国税庁長官から各地の税務署長に通達の形で指示が出されます。

最高裁にきいてみよう！ パチンコ球遊器事件

パチンコ球遊器について、それまで課税がされていなかったにもかかわらず、国税局長の通達をきっかけに、旧物品税法上の「遊戯具」として課税され始めたことが、通達による課税（通達課税）ではないかが争われた事件です。

Q 通達が出されたことから課税が始まったことは租税法律主義に反しませんか？

A 本来課税されるべきものであったので通達課税ではなく租税法律主義には反しません。

通達課税による憲法違反を主張しているが、本件の課税がたまたま所論通達を機縁として行われたものであっても、通達の内容が法の正しい解釈に合致するものである以上、本件課税処分は法の根拠に基づく処分と解するに妨げがない。したがって、本件課税処分は憲法に違反しない。

市町村が運営主体となっている国民健康保険の保険料にも租税法律主義が適用されるかが争われたのが次の判例です。

最高裁にきいてみよう！

旭川市国民健康保険条例事件

Q 租税法律主義（84条）における租税とは何を指しますか？

A 「税」という名称がつけられているか否かで形式的に決まるものではなく、下記の定義に該当するものを指します。

国又は地方公共団体が、課税権に基づき、その経費に充てるための資金を調達する目的をもって、**特別の給付に対する反対給付としてでなく、一定の要件に該当するすべての者に対して課する金銭給付は、その形式のいかんにかかわらず、憲法84条に規定する租税に当たる**というべきである。よく出る！フレーズ

Q 市町村が行う国民健康保険の保険料に84条は直接適用されますか？

A 国民健康保険料は租税ではないので、直接に適用されることはありません。

市町村が行う国民健康保険の保険料は、租税と異なり、被保険者において保険給付を受け得ることに対する反対給付として徴収されるものである。したがって、上記保険料に憲法84条の規定が直接に適用されることはないというべきである。 02

Q 租税以外の公課には84条はどのように適用されますか？

A 租税に類似するものには84条の趣旨が及びます。

租税以外の公課であっても、賦課徴収の強制の度合い等の点において租税に類似する性質を有するものについては、憲法84条の趣旨が及ぶと解すべきである。よく出る！フレーズ

Q 市町村が行う国民健康保険の保険料に84条の趣旨は及びますか？

A 及びます。

市町村が行う国民健康保険は、保険料を徴収する方式のものであっても、強制加入とされ、保険料が強制徴収され、**賦課徴収の強制の度合いにおいては租税に類似する性質を有するものであるから、これについても憲法84条の趣旨が及ぶ**と解すべきである。よく出る！フレーズ

84条が直接適用はされないものの、その趣旨は及ぶ、というロジックを把握しておきましょう。

3 予　算

1 予算の作成と国会への提出

憲法86条
内閣は、毎会計年度の予算を作成し、国会に提出して、その審議を受け議決を経なければならない。

予算とは、一会計年度における国の財政行為の準則（従うべきルール）です。本条は、**予算案の作成権、国会への提出権が内閣に専属している**ことを示しています。また、国会における予算案の議決には、**衆議院の優越**が認められています。 03 04

法律案と異なり、**国会議員は予算案を国会に提出することはできません。**

2 予算の種類

予算の種類には、**本予算**、**暫定予算**、**補正予算**があります。

暫定予算は、会計年度開始時までに予算が成立しない場合など、必要に応じて作られる暫定的な予算です。

補正予算は、本予算の成立後に臨時的な支出を要する災害や感染症の大流行、景気への対応の必要等が生じた場合に対応するために作られる追加的な予算です。

暫定予算、補正予算ともに、本予算同様、内閣が作成し、国会に提出して、その議決を経て成立します。 05

3 予算の法的性質と国会による予算の修正

予算の法的性質については、①予算行政説、②予算法形式説、③予算法律説がありますが、②**予算法形式説が通説**とされています。

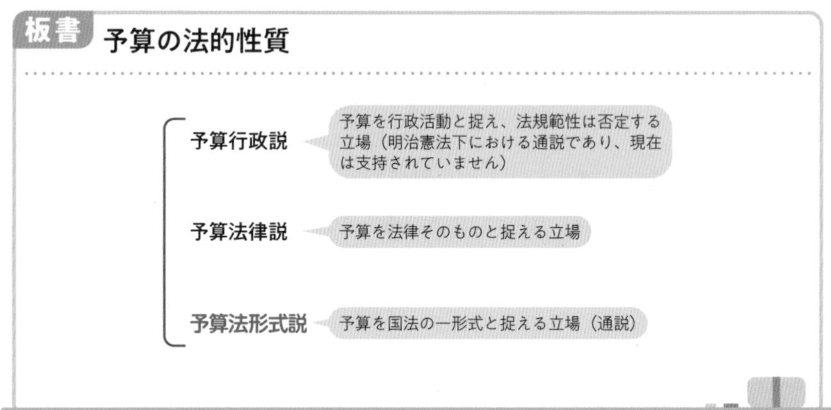

通説である予算法形式説を前提にしたとき、国会は内閣が提出した予算案を減額したり増額したりすることが許されるでしょうか。

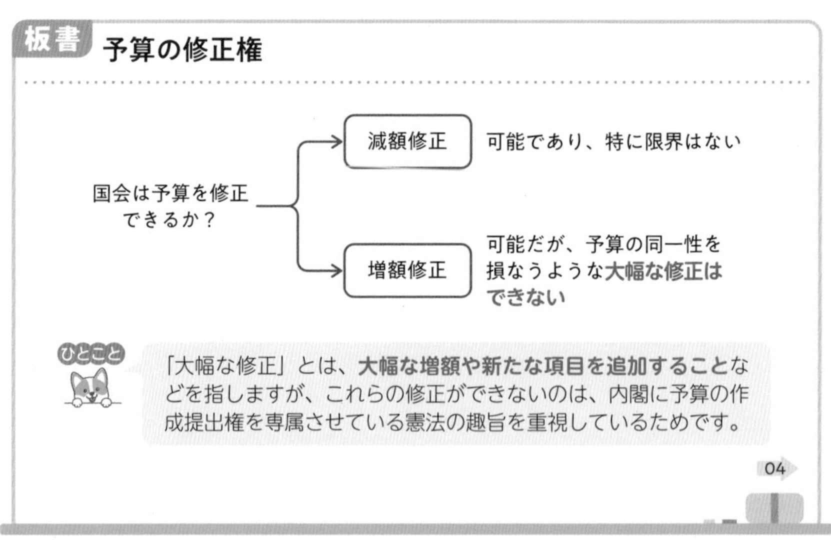

4 財政に関するその他の規律

1 国費の支出・国の債務負担

憲法85条
国費を支出し、又は国が債務を負担するには、国会の議決に基くことを必要とする。

国費を支出し、国が債務を負担するためには、国会の議決を必要とすることで、支出行為および債務負担行為に対して、民主的なコントロールを図ろうとしています。 06

2 予備費

憲法87条
① 予見し難い予算の不足に充てるため、国会の議決に基いて予備費を設け、内閣の責任でこれを支出することができる。
② すべて予備費の支出については、内閣は、事後に国会の承諾を得なければならない。

予備費とは、予見し難い出来事等に対処するために、内閣の責任で支出できる財源をいいます。 07

支出後に国会の承諾が必要ですが、たとえ**承諾されなくても支出自体は有効**であり、内閣の政治的責任が生じるだけとされています。 08

3 皇室の財産および費用

憲法88条
すべて皇室財産は、国に属する。すべて皇室の費用は、予算に計上して国会の議決を経なければならない。

皇室財産とは天皇や皇族の財産のことであり、そのすべてが国に帰属します。また、皇室費用とは天皇や皇族の生活費等であり、その費用はすべてを予算に計上して、国会の議決を経ることが求められています。

4 公金支出の禁止

憲法89条
　公金その他の公の財産は、宗教上の組織若しくは団体の使用、便益若しくは維持のため、又は公の支配に属しない慈善、教育若しくは博愛の事業に対し、これを支出し、又はその利用に供してはならない。

　前段は、政教分離原則の財政面での表れの規定です。

　後段は、「公の支配に属しない慈善、教育、博愛の事業」に対する公金支出を禁止しています。これは、公費を濫費（無駄遣い）することを防ぐための規定と考えられています。

5 決　算

憲法90条
① 国の収入支出の決算は、すべて毎年会計検査院がこれを検査し、内閣は、次の年度に、その検査報告とともに、これを国会に提出しなければならない。
② 会計検査院の組織及び権限は、法律でこれを定める。

　提出を受けた国会は、実際の支出等が予算どおりに行われたかを審査します。たとえ**国会で決算が否認されたとしても、すでになされた収入支出の効力には影響せず、内閣の政治的責任が生じるに過ぎない**とされています。 09

6 財政状況の報告

憲法91条
　内閣は、国会及び国民に対し、定期に、少くとも毎年１回、国の財政状況について報告しなければならない。

　内閣は、財政状況について、国会と国民に対し、毎年１回以上、定期的に報告をする必要があります。

第1節 財　政

- [ ] 国の財政を処理する権限は、**国会の議決に基づいて、これを行使しなければなりません**。

- [ ] 84条は「あらたに租税を課し、又は現行の租税を変更するには、法律又は法律の定める条件によることを必要とする」と定め、**租税法律主義**を規定しています。

- [ ] 地方公共団体が、課税権に基づき、その経費に充てるための資金を調達する目的をもって、特別の給付に対する反対給付としてでなく、一定の要件に該当するすべての者に対して課する金銭給付は、**その形式のいかんにかかわらず、84条に規定する租税に当たる**とするのが判例です。

- [ ] **市町村が行う国民健康保険**は、保険料を徴収する方式のものであっても、強制加入とされ、保険料が強制徴収され、賦課徴収の強制の度合いにおいては**租税に類似する性質を有するものであるから84条の趣旨が及ぶ**とするのが判例です。

- [ ] **予算案の作成・提出権は内閣に専属**しており、国会議員が予算案を国会に提出することはできません。

- [ ] 予見し難い予算の不足に充てるため、**国会の議決に基づいて予備費を設け、内閣の責任でこれを支出する**ことができます。

- [ ] 国の収入支出の決算は、すべて毎年**会計検査院がこれを検査**し、**内閣**は、次の年度に、その検査報告とともに、これを**国会**に提出しなければなりません。

第1節 ○×スピードチェック

01 憲法第84条は、「あらたに租税を課し、又は現行の租税を変更するには、法律又は法律の定める条件によることを必要とする」と規定しているところ、この「法律」には条例が含まれないため、条例によって地方税を定めることはできないと一般に解されている。 国家専門職2016

× 84条の法律には条例も含まれ、条例によって地方税を定めることはできます。

02 形式的には租税ではないとしても、一般国民に対して一方的・強制的に賦課徴収する金銭は、実質的には租税と同視できることから、市町村が行う国民健康保険の保険料には、その形式にかかわらず、租税法律主義について定めた憲法第84条の規定が直接適用されるとするのが判例である。 国家専門職2019

× 国民健康保険の保険料に直接適用はされないとするのが判例です。

03 予算の作成・提出権は、内閣に専属するものではなく、法律案の作成・提出権と同様、国会議員も保有している。 国家専門職2000

× 予算の作成・提出権は内閣に専属しており、国会議員は有していません。

04 予算は内閣によって作成され、内閣のみが国会への予算提出権を有するため、国会は、予算の議決に際して、原案の減額修正はできるが、原案に新たな項を設けたり原案の増額修正を行ったりすることはできないと一般に解されている。 国家専門職2019

× 新たな項を設けることも増額修正を行うこともできると一般に解されています。

05 内閣は、会計年度が開始する時までに当該年度の予算が成立しない場合、一会計年度のうちの一定期間に係る暫定予算を作成することができるが、暫定予算の成立に国会の議決は必要ない。 特別区Ⅰ類2015

× 暫定予算も国会の議決が必要です。

06 日本国憲法は、国費の支出は国会の議決に基づかなければならないと定めているが、国が債務を負担することについてはそのような定めをしていない。 国家一般職2008

✕ 国が債務を負担することについても国会の議決に基づかなければなりません。

07 予算に予備費を計上し、内閣総理大臣の責任でこれを支出することができるが、その支出については、事後に国会の承諾を得なければならない。 国家一般職2013

✕ 「内閣総理大臣」ではなく「内閣」の責任です。

08 内閣は、予備費の支出について、事後に国会の承諾を得なければならないが、承諾が得られない場合においても、すでになされた予備費支出の法的効果には影響を及ぼさない。 特別区Ⅰ類2015

〇

09 国の収入支出の決算は、全て毎年会計検査院が検査し、内閣は、次の年度に、その検査報告とともに、これを国会に提出しなければならない。国会に提出された決算は、両議院一致の議決を経る必要があり、当該議決を経なければ予算執行の効力が失われる。 国家専門職2020

✕ 予算執行の効力が失われるわけではありません。

第2節 地方自治

START! 本節で学習すること

本節では、「地方自治」について学習します。
まず、「地方自治の本旨」の内容を押さえます。次に、憲法上「地方公共団体」とは何を指すかを把握しましょう。「条例」も重要です。関連する判例をきちんと理解していきましょう。

1 地方自治の本旨

1 地方自治制度の性質

明治憲法下では、地方自治制度は法律上の制度に過ぎず、憲法には規定されていませんでした。しかし、日本国憲法は「地方自治」について独立の章を設け、憲法上の制度として保障しています。

この保障の意味については、以前学習した政教分離原則や私有財産の保障と同じく、地方自治という制度を保障したもの、つまり**制度的保障**と考えられています。

2 地方自治の本旨

憲法92条
地方公共団体の組織及び運営に関する事項は、地方自治の本旨に基いて、法律でこれを定める。

地方公共団体の組織及び運営に関する事項は、法律（地方自治法等）で定めるとしつつ、それが「**地方自治の本旨**」に基づいて定められるべきことを本条は規定しています。 01

では「地方自治の本旨」とは何を指すのでしょうか？

板書 「地方自治の本旨」の意味

地方自治の本旨

- **住民自治**：地方の政治・行政は、その地方の住民の意思によって行われるべき
  - 民主主義的側面
- **団体自治**：地方の政治・行政の運営は、国とは独立した地方公共団体の意思と責任の下に行われるべき
  - 自由主義的側面

01

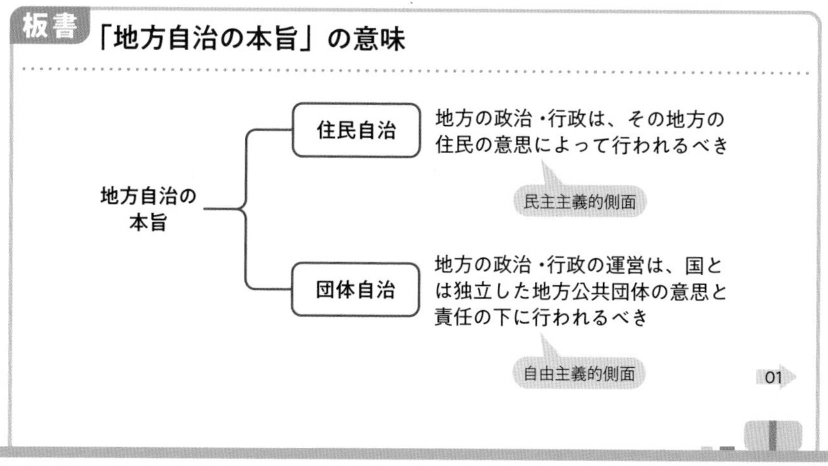

板書 「地方自治の本旨」のイメージ

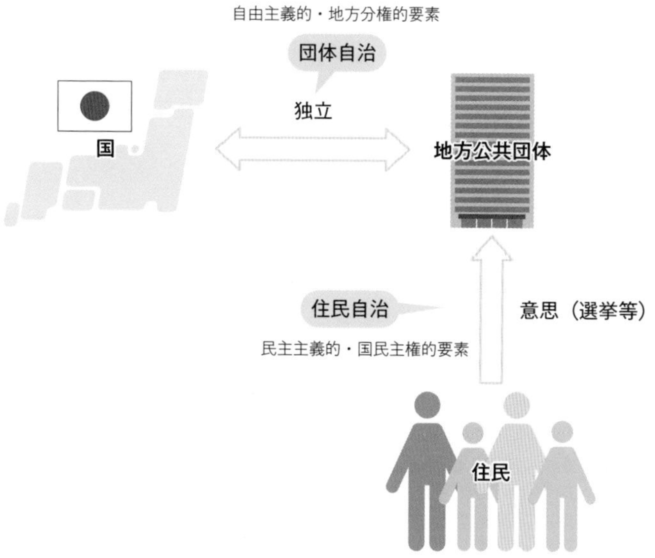

自由主義的・地方分権的要素
団体自治
独立
国
地方公共団体
住民自治
民主主義的・国民主権的要素
意思（選挙等）
住民

2 憲法上の地方公共団体の意義

憲法上の「地方公共団体」とは何を指すのでしょうか？

93条では、「地方公共団体」の長は、住民の直接選挙で選ぶことが明記されています。したがって、仮に憲法上の「地方公共団体」となった場合には、長を住民の直接選挙で選ばない仕組みを採用することは許されないことになります。

> **憲法93条**
> ① 地方公共団体には、法律の定めるところにより、その議事機関として議会を設置する。
> ② 地方公共団体の長、その議会の議員及び法律の定めるその他の吏員は、その地方公共団体の住民が、直接これを選挙する。

判例は、憲法上の「地方公共団体」とは、都道府県・市町村を指し、**東京都の特別区は含まれない**と判断しています。 02

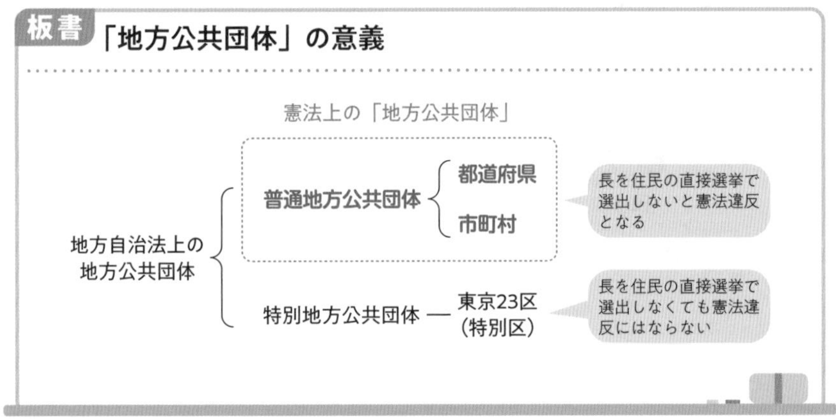

プラスone 判例は、憲法上の「地方公共団体」といえるための要件について、「事実上住民が経済的文化的に密接な共同生活を営み、共同体意識をもっているという社会的基盤が存在し、沿革的にみても、また現実の行政の上においても、相当程度の自主立法権、自主行政権、自主財政権等地方自治の基本的権能を附与された地域団体であることを必要とする」と述べています。 03

3 条　例

憲法94条
地方公共団体は、その財産を管理し、事務を処理し、及び行政を執行する権能を有し、法律の範囲内で条例を制定することができる。

1 法律留保事項についての条例制定

本条は、法律の範囲内での条例制定権を地方公共団体に認める規定です。

地方公共団体が、条例によって住民の人権を制限することも、公共の福祉による制約として許されるものであれば認められます。

ところで、憲法において法律で規定すべきとされている事項のことを法律留保事項といい、①財産権制限、②罰則規定、③課税がありますが、これらについて、条例で規定することは許されるのでしょうか？

①～③のいずれも**条例で規定することは許される**と考えられています。

板書　法律留保事項を条例で定められるか？

	条例で定められるか？	法律による委任
財産権制限（29条２項が「法律」を要求）	○可能	不要
罰則規定（罪刑法定主義（31条））	○可能	必要（相当程度具体化されていれば足りる（判例））
課税（租税法律主義（84条））	○可能	不要

04　05

最高裁にきいてみよう！　　大阪市売春取締条例事件

大阪市の売春取締条例に違反して起訴された者が、罰則を条例に委任する場合、法律で個別具体的な委任規定を置く必要があるにもかかわらず、地方自治法は個別具体的な委任をせずに条例で罰則を制定することを認めているとして、地方自治法および本件条例の規定は憲法31条に違反すると主張した事件です。

Q 罰則の条例への委任は個別具体的なものである必要がありますか？

A 個別的である必要はなく、相当程度に具体的で限定されてあれば足ります。

条例は、法律以下の法令といっても、…公選の議員をもって組織する地方公共団体の議会の議決を経て制定される自治立法であって、行政府の制定する命令等とは性質を異にし、むしろ国民の公選した議員をもって組織する国会の議決を経て制定される法律に類するものであるから、**条例によって刑罰を定める場合には、法律の授権が相当な程度に具体的であり、限定されておればたりる。**

よく出る！フレーズ

「相当な程度に具体的であり、限定されておればたりる」という判例の言い回しは、「**個別具体的**」**であることまでは要求されていない**という意味です。

2 「法律の範囲内」の意味

94条の「法律の範囲内」とは、どのような意味なのでしょうか？

法律よりも厳しい規制をする条例のことを**上乗せ条例**といい、法律で規制していない事項を規制する条例のことを**横出し条例**といいますが、このような条例を制定することが許されるかが問題となります。

この点についての判断を示したのが次の判例です。

最高裁にきいてみよう！

徳島市公安条例事件

Q 条例が国の法令に違反するか否かはどのように判断されますか？

A 実質的に見て両者の間に矛盾抵触があるかどうかで判断されます。

条例が国の法令に違反するかどうかは、**両者の対象事項と規定文言を対比するのみでなく、それぞれの趣旨、目的、内容及び効果を比較し、両者の間に矛盾抵触があるかどうかによってこれを決しなければならない。**

よく出る！フレーズ

Q 具体的にはどのように判断されますか？

A 次のように判断されます。

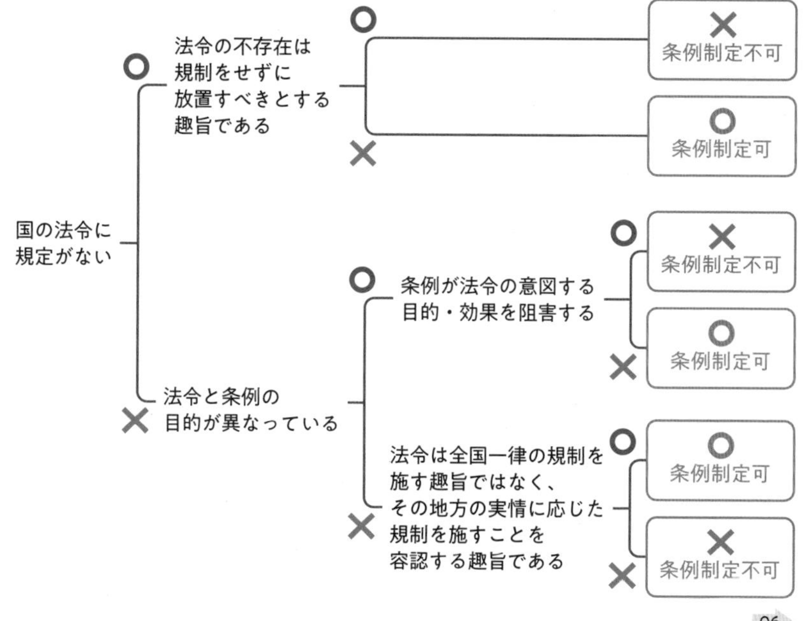

06

ひとこと

この基準に照らして、許される条例であれば、上乗せ条例も横出し条例も可能ということになります。

4 地方自治特別法の住民投票

憲法95条
一の地方公共団体のみに適用される特別法は、法律の定めるところにより、**その地方公共団体の住民の投票においてその過半数の同意を得なければ**、国会は、これを制定することができない。
よく出る! フレーズ

本条は、法律の制定に対象となる地方公共団体の住民の参与を規定していますので、国会単独立法の原則の例外になります。 07

「一の地方公共団体」とは、一つの地方公共団体という意味ではなく、「ある特定の地方公共団体」を意味するものです。したがって、対象となる地方公共団体が複数ある場合も含まれます。

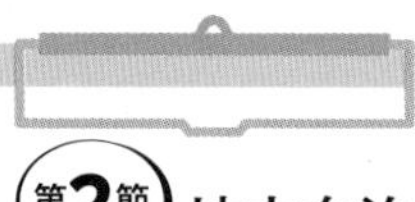

第2節 地方自治

- [ ] 92条の「地方自治の本旨」には、**住民自治**と**団体自治**の２つの要素が含まれます。

- [ ] 住民自治とは、**地方の政治・行政は、その地方の住民の意思によって行われること**であり、団体自治とは、**地方の政治・行政の運営は、国とは独立した地方公共団体の意思と責任の下に行われること**を意味しています。

- [ ] 判例は、憲法上の「地方公共団体」とは、都道府県・市町村を指し、**東京都の特別区は含まれない**と判断しています。

- [ ] 条例で財産権の制限をすることや地方税を設けることも可能であり、その場合に**法律の委任は必ずしも必要ではありません。**

- [ ] 条例で罰則を設けることも可能ですが、その場合には法律の委任が必要です。ただし、委任の程度は、**相当な程度に具体的であり、限定されておれば足り、個別具体性までは要求されません。**

- [ ] 条例が国の法令に違反するかどうかは、両者の対象事項と規定文言を対比するのみでなく、**それぞれの趣旨、目的、内容及び効果を比較し、両者の間に矛盾牴触があるかどうかによってこれを決しなければならない**とするのが判例です。

- [ ] 一の地方公共団体のみに適用される特別法は、法律の定めるところにより、**その地方公共団体の住民の投票においてその過半数の同意を得る必要があります。**

第2節 ○×スピードチェック

01 憲法は、地方公共団体の組織及び運営に関する事項は、地方自治の本旨に基づいて、法律でこれを定めると規定しており、この地方自治の本旨には、住民自治と団体自治の２つの要素がある。 特別区Ⅰ類2017

○

---

02 東京都の特別区は、その沿革や実質に鑑みて、憲法93条２項にいう「地方公共団体」に含まれる。 裁判所2016

× 憲法上の「地方公共団体」には含まれません。

---

03 憲法上の地方公共団体といい得るためには、単に法律で地方公共団体として取り扱われているということだけでは足りず、事実上住民が経済的文化的に密接な共同生活を営み、共同体意識をもっているという社会的基盤が存在することが必要であるが、相当程度の自主立法権、自主行政権、自主財政権等地方自治の基本的権能を付与された地域団体である必要はないとするのが判例である。 国家専門職2013

× 必要があるとするのが判例です。

---

04 憲法第29条第２項は、「財産権の内容は、公共の福祉に適合するやうに、法律でこれを定める」と規定しているところ、この「法律」には条例は含まれないため、法律の個別的な委任がある場合を除いて、条例で財産権を規制することはできないと一般に解されている。

国家専門職2016

× 29条２項の「法律」には条例も含まれ、条例で財産権を規制することはできると一般に解されています。

---

05 憲法第31条は必ずしも刑罰が全て法律そのもので定められなければならないとするものでなく、法律の授権によってそれ以下の法令によって定めることもできると解すべきであるところ、条例によって刑罰を定める場合には、法律の授権が相当な程度に具体的であり、限定されていれば

足りるとするのが判例である。 国家専門職2016

○

---

06 地方公共団体は法律の範囲内で条例を制定することを認められているのであり、ある事項について既にこれを規律する国の法律がある場合、法律とは別の目的に基づく条例であれば、法律の定める規制基準よりも厳しい基準を定める条例を制定することも認められるが、法律と同一目的の規制については、これを制定することは許されないとするのが判例である。 国家一般職2004

× 「法律と同一目的の規制については、これを制定することは許されないとするのが判例である」とはいえません。

---

07 法律は、原則として、国会の議決のみで制定されるが、特定の地方公共団体のみに適用される特別法を制定するには、その地方公共団体の住民の投票においてその過半数の同意を得なければならない。 裁判所2010

○

第3節 憲法改正

START! 本節で学習すること

本節では、「憲法改正」について学習します。
憲法改正とは、個別の条項の修正、削除や新しい条項の追加等によって憲法の内容を変更していくことをいいます。
まず、条文に規定されている改正の手続をしっかり覚えましょう。
次に、憲法改正には限界があるとする立場が通説であることを理解しておきましょう。

1 憲法改正の手続

憲法96条
① この憲法の改正は、各議院の総議員の３分の２以上の賛成で、国会が、これを発議し、国民に提案してその承認を経なければならない。この承認には、特別の国民投票又は国会の定める選挙の際行はれる投票において、その過半数の賛成を必要とする。
② 憲法改正について前項の承認を経たときは、天皇は、国民の名で、この憲法と一体を成すものとして、直ちにこれを公布する。

日本国憲法における改正の手続は、かなり厳格になっています。このように改正手続が、法律の制定手続よりも厳格な憲法を**硬性憲法**（こうせい）といいます（一方、法律の制定と同様の手続で改正できる憲法を軟性憲法（なんせい）といいます）。 01

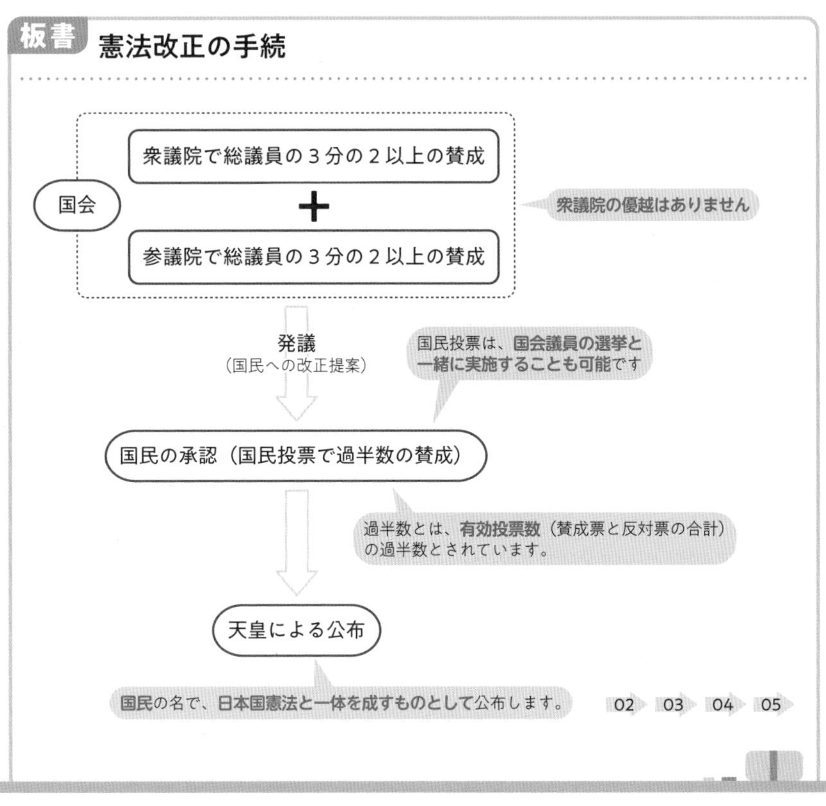

2 憲法改正の限界

96条の改正手続を経れば、どのような改正でも可能と考える立場もありますが(改正無限界説)、**改正には限界がある**とする立場が通説です(改正限界説)。

この立場では、憲法改正には法的な限界があり、**基本原理(国民主権、平和主義、基本的人権の尊重)に反する変更は許されない**と考えられています。

06

第3節 憲法改正

- [ ] 憲法の改正が通常の法律制定手続よりも厳格な憲法を**硬性憲法**といいます。

- [ ] 憲法改正の国会による発議には、**各議院の総議員の3分の2以上の賛成**が必要であり、**衆議院の優越はありません。**

- [ ] 憲法の改正は**国会の発議を受けて国民の承認を受ける必要**があり、**特別の国民投票または国会の定める選挙の際行われる投票**において、その**過半数の賛成**を必要とします。

- [ ] 憲法改正について国民の承認を経たときは、**天皇は、国民の名で、この憲法と一体を成すものとして、直ちにこれを公布**します。

- [ ] 憲法改正には法的な限界があり、**国民主権、基本的人権の尊重等の基本原理に反する変更は許されない**と考えられています。

第3節 ○×スピードチェック

01 憲法改正手続を一般の法改正よりも厳格にすることで憲法保障を高めようとする憲法を硬性憲法といい、日本国憲法はこれに属する。特別区Ⅰ類2009

○

---

02 憲法改正について、衆議院で発議し、参議院でこれと異なった発議をした場合、衆議院で総議員の三分の二以上の賛成で再び発議したときは、衆議院の発議が国会の発議となる。特別区Ⅰ類2011

× 憲法改正の発議については衆議院の優越はなく、このような規定は存在しません。

---

03 憲法を改正するのに必要な国民の承認は、特別の国民投票によって行わなければならず、国会議員の選挙の際に国民投票を行うことはできない。裁判所2011

× 国会議員の選挙の際に国民投票を行うこともできます。

---

04 憲法改正についての国民の承認には、特別の国民投票又は国会の定める選挙の際に行われる投票において、有権者総数の過半数の賛成が必要とされている。国家専門職2018

× 「有権者総数の過半数」ではなく、「有効投票数の過半数」です。

---

05 憲法改正について、国会が発議し、国民に提案してその承認を経たときは、天皇は、国民の名で、日本国憲法と一体を成すものとして直ちにこれを公布するが、この公布に関する行為には内閣の助言と承認を必要とし、内閣がその責任を負う。特別区Ⅰ類2020

○

---

06 憲法には、明文で改正禁止規定が設けられていないため、憲法所定の改正手続に基づくものである限り、国民主権、人権保障及び平和主義の基本原理そのものに変更を加えることも法的に認められる。特別区Ⅰ類2020

× 基本原理そのものに変更を加えることは法的に認められません。

索引

■さ行■

■た行■

■ な行 ■

■ は行 ■

■ ま行 ■

■ や行 ■

■ ら行 ■

判例索引

■ た行 ■

■ な行 ■

■ は行 ■

■ ま行 ■

■ や行 ■

■ ら行 ■

カバーデザイン／黒瀬 章夫（ナカグログラフ）

みんなが欲しかった！ 公務員 憲法の教科書&問題集

2023年3月25日　初　版　第1刷発行

著　　者　早　川　兼　紹

発 行 者　多　田　敏　男

発 行 所　ＴＡＣ株式会社　出版事業部
（TAC出版）

〒101-8383
東京都千代田区神田三崎町3-2-18
電話　03(5276)9492(営業)
FAX　03(5276)9674
https://shuppan.tac-school.co.jp

組　　版　株式会社　明　昌　堂
印　　刷　株式会社　光　　邦
製　　本　東京美術紙工協業組合

ISBN 978-4-300-10574-0
N.D.C. 317

乱丁・落丁による交換，および正誤のお問合せ対応は，該当書籍の改訂版刊行月末日までといたします。なお，交換につきましては，書籍の在庫状況等により，お受けできない場合もございます。
また，各種本試験の実施の延期，中止を理由とした本書の返品はお受けいたしません。返金もいたしかねますので，あらかじめご了承くださいますようお願い申し上げます。

■ わ行 ■